陈建平 谭晖 著

沧海何曾
断地脉

# 丝路之琼海

九州出版社
JIUZHOUPRESS

图书在版编目（CIP）数据

丝路之琼海：沧海何曾断地脉 / 陈建平，谭晖著.

北京：九州出版社，2025.6. -- ISBN 978-7-5225
-3968-3

I. K296.6

中国国家版本馆 CIP 数据核字第 202520A7J5 号

**丝路之琼海：沧海何曾断地脉**

| | | |
|---|---|---|
| 作　　者 | 陈建平　谭晖　著 | |
| 责任编辑 | 陈春玲 | |
| 出版发行 | 九州出版社 | |
| 地　　址 | 北京市西城区阜外大街甲 35 号（100037） | |
| 发行电话 | （010）68992190/3/5/6 | |
| 网　　址 | www.jiuzhoupress.com | |
| 印　　刷 | 长沙市精宏印务有限公司 | |
| 开　　本 | 710毫米×1000毫米　16开 | |
| 印　　张 | 18 | |
| 字　　数 | 250千字 | |
| 版　　次 | 2025年6月第1版 | |
| 印　　次 | 2025年6月第1次印刷 | |
| 书　　号 | ISBN 978-7-5225-3968-3 | |
| 定　　价 | 89.00元 | |

# 前　言

在"丝路"的意义体系里，有空间的千山万水，有时间的岁月延绵，于具象有沧海桑田，于无相有深情与豪迈。深情和豪迈穿越千山万水，经岁月延绵、沧海桑田，亘古万年。

从琼州海峡开始，我们把丝路的画卷铺开。这一部，是波澜壮阔的渡海之卷。

在海南海口与雷州半岛湛江之间，静卧着"宽若天际，近若咫尺"的琼州海峡，这对我们来说，是一个人尽皆知的地理常识。

然而，这道海峡的历史远比其外观所展现的更为悠远与传奇。在遥远的地质时代，海南与湛江徐闻，曾是一片紧密相连的陆地，海南岛实为大陆架延伸而成的岛屿。史前的一场规模宏大的地壳构造运动，在这片区域撕开了三条断裂带，为未来的海峡铺设出雏形。断裂带又经历了前所未有的地质活跃期，地层的升降错位，逐渐雕琢出一个狭长的断裂区域，这便是琼州海峡的原始形态。

约12 000年前，第四冰川期结束，地球气温逐渐上升，冰川消融，海平面上升，一场全球性的海侵席卷而来。昔日的山谷、平原与低地，在这场自然力量的作用下，逐渐被海水侵蚀，转化为了海湾、浅海，例如今日我们所见的琼州海峡；而那丘陵与山岗，则化身为暗礁、石岛、半岛乃至岛屿，点缀在这片蔚蓝之中，讲述着海陆变迁的沧桑故事。

在大自然的鬼斧神工之下，琼雷之间的断陷地带先是以低地之姿悄然成形，随后遭遇海侵的洗礼，终化作了波涛汹涌的琼州海峡。这也是对"沧海桑田"的生动诠释。

当琼岛与雷州半岛缓缓分离，两地的人类始祖被迫走向不同的归途，从此天各一方。然而，生命的坚韧与血脉的相连，并未因这千万年岁月雕琢而成的海峡而有所减弱。相反，那份翻山越水的深切思念，如同潮水般日益汹涌，推动着人类从简陋的木筏到精巧的舟楫，再到今日渡轮的平稳穿梭，每一次进步都是对"人岛情深，永不分离"誓言的坚守与践行。

"天南海北"，这不仅仅是地理上的遥远，更蕴含了人类情感的广阔与空灵。尽管海南与湛江在行政版图上大多时候各自为政，但在历史的长河中，徐闻作为先驱，珠崖、儋耳相继兴起，这一脉络清晰可辨，证明了两地间深厚的历史渊源。琼州海峡虽为天堑，却默默见证了陆与海的一往情深。

海南与湛江最早的典籍"勾连"可追溯至先秦。汉武帝元封元年，伏波将军路博德平定南越，随后于次年，在徐闻设立合浦郡，其辖域广袤，琼岛珠崖、儋耳二郡虽遥领于徐闻合浦之下，却已标志着两地不可分割的历史渊源。这一状态持续至三国吴赤乌五年。

真真切切地谓琼岛为"海南"则是元代于海南与徐闻之境设立海北海南道宣抚司，海南便因其位居琼州海峡之南而雅称"海南"，徐闻则因地处海峡之北而被赋予"海北"之名，两地一衣带水，名称之中蕴含了深厚的地理与文化意味。

海口与湛江，虽隔琼州海峡相望，但深厚的历史文化渊源使两地在饮食、民俗、信仰等诸多方面展现出高度的相似性与亲近感。随着时代的进步，琼州海峡一体化建设的加速推进，两地间的经济合作日益紧密，人民的友谊也如同海峡之水，虽隔不断，反而在交流中愈发深厚，如醇似酿。

本书所触及的琼州海峡渡海史，实则是一部波澜壮阔的海南与移民迁徙的史诗与发展画卷。它见证了从远古先民怀揣生存渴望横渡海峡的生命启程，到中华早期帝国时隐时现的拓荒足迹；历经唐宋，琼岛逐渐从荒僻的流放之地蜕变为"衣冠南渡"的避世桃源，至明清时期，更以"南溟奇甸"之姿，汇入近代中国"下南洋"的壮阔洪流，成为连接中国与世界的桥梁。

在这条历史的长河中，海南岛与琼州海峡不仅是古代"海上丝绸之路"上不可或缺的物资中转站与避风良港，更承载了无数贬谪官员的辛酸过往，以及战乱时期士大夫们寻求安宁的南渡梦想。它们静静矗立着，任凭历史的车轮滚滚向前，无论是尘世的喧嚣还是海上的惊涛骇浪，都无法掩盖或冲淡中华儿女对这片海域、这片土地的深情厚谊与无限眷恋。

世代琼海人来往于海峡两岸，不仅仅是一次次物理空间的跨越，更承载了岭南始祖世代相传、生生不息的家园情怀；是岛与陆之间，"沧海何曾断地脉"般跨越时空的深情；是千万年来，中华民族子孙面对自然挑战，踏波而行、不屈不挠的坚韧精神；更是当代中华儿女在新时代的浪潮中，以"敢教日月换新天"的豪迈气概，奋力书写中华民族伟大复兴的壮丽诗篇。

撰写本书之初，内心满是忐忑与不安。海南岛、琼州海峡，早已被无数学者以多元化的视角、细腻的笔触剖析得淋漓尽致，仿佛每一寸土地、每一滴水珠都已被详尽描绘，让我们自愧难有新意。然而，在亲朋挚友的鼓舞与支持下，我们鼓起勇气，缓缓掀开了"琼海"这部浩瀚史书的扉页。

自远古洪荒起，海岛便与大陆血脉相连、同气连枝，其记忆深处，处处镌刻着母土的痕迹；其成长之路，无时无刻不在汲取着大陆母亲无私的滋养。岛，依旧屹立；峡，依旧深邃。青山不改，绿水长流，它们共同见证着琼岛儿女生生不息的繁衍与变迁。岁月流转，物换星移，唯余下那些或真或伪、零星散落的记载与传说，如同历史的低语，等待着后人的倾听与解读。

偶得地下遗存，也只是为考古学家们提供了更多待解的谜题，他们的放大镜下，或许能窥见一丝丝不为人知的秘密。但归根结底，这座岛、这道峡，在每一个历史节点上，都必然上演着属于它们的独特故事，正是这些故事的沉淀与交织，才有了今日的华美乐章。此刻，恍然悟到，具体的事件或许会逐渐淡去，但人民——那些平凡而伟大的创造者，才是推动历史车轮滚滚向前的不竭动力。

念及此，我们的思绪仿佛被一阵清风拂空，所有的疑虑与迷茫都烟消云散。是的，重要的是过程，是人的力量，是那份对未知世界不断探索与创造的勇气与坚持。于是提笔欲书，心中充满了前所未有的坚定与期待。

在思绪混沌的深渊中，一抹灵光乍现：我们欲以广角镜头的视角，缓缓穿越岁月的长河，自远古的苍茫起始，逐渐聚焦于当下。这幅历史的织锦，是由我们勤劳智慧的先祖，以琼岛的沧桑变迁为经，移民迁徙的壮阔历程为纬，精心编织而成的。人，作为海岛的灵魂与血脉，不仅是故事的讲述者，更是其创造者与推动者。尽管舟楫已在历史的长河中腐朽消逝，但海峡两岸人民那份沉甸甸的历史记忆，却如同海水般，渗透进海岛的每一寸土地之中，永不磨灭。

于是，本书起航于远古海岛先民的故事，描绘岛与陆之间那份难以割舍的情愫，以及人与人之间跨越世代的承诺与守望。年复一年，岛与陆静默地见证着海峡上往来不绝的先祖、拓荒者、贬谪官员与流民的身影，他们的足迹汇聚成一部生动的历史长卷。

岛，虽曾远离大陆，却又以独特的方式"回归"其怀抱，这不仅是地理上的靠近，更是心灵与文化的深度融合。而这一切，最生动的见证便是那连接古今、承载无数故事的"轻舟"。旧舟已逝，新舟继航，历史的巨轮正以前所未有的速度滚滚向前。

愿这本小书，能引领读者从一个全新的视角，重新审视海岛与大陆之间"沧海何曾断地脉"的紧密联系，激发我们共同参与"跨空结飞梁、渡此往来人"这一伟大实践的热情与决心，共同书写海岛与大陆共荣共生的新华章。

沧海不曾断地脉，亘古万年。

目录
CONTENTS

# 第一章 琼岛——遗留在人间的珍珠

# 第二章　琼岛先祖——从远古走来

# 第三章　白马踏泉——抚定珠崖

## 第四章　天涯海角——流放者的"家"

## 第五章　衣冠南渡——从闽南到南溟

# 第六章　丝路碧浪——岛与峡的情缘

# 第七章　逐浪而去——南海与南洋

# 第八章　劫波渡尽——白袍端合破天荒

# 第九章　跨空结飞梁，渡此来往人

# 第一章
## 琼岛——遗留在人间的珍珠

在风和日丽，尤其是在暴雨初歇、碧空如洗的绝美时刻，伫立于琼州海峡之畔，静谧地眺望，对面的海岸线在微光中若隐若现，宛如一幅淡雅的水墨画卷。此刻，时空仿佛凝固，不仅我们得以见证，先人的目光亦能穿越时空的界限，与这壮丽景致相遇；海峡两侧的丛林深处，生灵们亦共享这份宁静，而那些历经沧桑、生生不息的花草树木，更是以它们独有的方式，静静凝视着这一切。岁月悠悠，风干了过往，往事如烟，却都被这碧水蓝天温柔地镌刻进了天地不息的轮回之中。

回溯至遥远的史前时代，这蔚蓝星球上的每一刻都充满了未知与奇迹。无论是人类的远古先祖，还是那些在地球上生生不息的虫鱼鸟兽，乃至四季更迭中绽放凋零的花草，它们年复一年，究竟经历了怎样的风雨沧桑，又将迎接何种未来，这一切都是宇宙间最深邃的秘密。然而，正如地球每一个角落都遍布着或远或近、基因相连的生命体，这一事实无可置疑，它既是自然法则的彰显，也是生物繁衍不息的本能驱动，一种超越理解的魔力，悄然引导着万物向更加美好的方向进化与发展。

这些故事，无时无刻不在世界的每一个角落悄然上演，而在这片亚欧大陆东南边缘散落的遗珠——海南岛，亦不例外。这片古称"珠崖"的岛屿上的每一寸土地，都孕育着生命的奇迹，花草树木沐浴日月之辉，汲取大地之养，自由而蓬勃地生长。亿万年来，岛上的生命轨迹与大陆遥相呼应，共同遵循着自然的法则，演绎着生生不息的传奇。

大自然以其独有的方式记录着这一切，而人类的出现，无疑是这蓝色星球漫长生命中最不可思议的奇迹。对于这座岛，史前人类是如何踏上去的，与岛屿的出现本身，同样是一个令人叹为观止的奇迹。

到底是人先来到了岛上，而后岛与大陆分开，还是岛形成后才有人来到岛上，要想弄清楚这些是一件很费脑的事情；迄今为止，似乎没有人能说清楚，也永远说不清楚。

# 一、南海，巨浸，海南岛

所谓沧海桑田，人类自有了思想和记忆之后，都是这么"说"的，客观"实事"也是如此。在人类没有思维和记忆之前，以及没有人类的更早岁月里，地球都是在自由任性地描画着自己的形象。据说，这座岛屿原本是亚欧大陆板块的一部分，大约在一千万年前，由于板块在亚洲南部发生了剧烈的碰撞，继而发生了"球史"上一场著名的造山运动（喜马拉雅造山运动），这座岛屿才从大陆板块上逐渐分离出来，成为一个与大陆若即若离的存在。这场著名的造山运动至今还在进行着，都说沧海变桑田，对于这样一个岛屿，一次猛烈的地震，或许就可以生成，也可以完全消失，用什么方式来创造和养育它，这都是由地球母亲自己来决定的。

然而，无论岛屿的过去如何波澜壮阔，今日的它，也是虽看似静谧沉稳，实则蕴藏着无尽的成长与变迁之迷。只不过，在人类短暂的生命尺度下，这些变化显得如此微不可察，让我们误以为岛屿自古便是如此模样。实则不然，它的每一寸土地，每一滴水珠，都承载着千万年的故事，记录着地球母亲那不息的创造力。

## （一）岛与海，从远古走来

地球在步入冰川期的过程中，经历了数次冷暖更迭的循环，这座岛屿与大陆之间的纽带仿佛被时间的潮汐反复撕裂与缝合，直至全新世这一地质纪元，才终于有了今日我们所见相对稳定的轮廓。

关于岛屿现今形态的定型时期，地质学与考古学联合给出了大致的答案——约一万年前，这一时间点成为岛屿面貌基本固定的关键节点。岛屿的成长历程，与环抱其侧的南海的孕育过程紧密相连。由中国地质矿产部与美国哥伦比亚大学于1979—1985年间合作完成的《南海海洋地质联合调查中方报告》，揭示了南海海盆扩张运动的过程。这一壮阔的地质活动正是大陆架与海盆间复杂互动的产物，其直接后果便是琼州海峡的诞生；尤其是进入"晚更新世"这一气候剧变的冰期尾声，自然之力重新塑造了地貌，海南岛北部的琼州海峡在气候变迁的驱动下深陷至现今的120米深度，形成了今日我们所见的海峡轮廓。①

在地质学的浩瀚时间轴上，"更新世"作为第四纪的序曲，横跨了从约181万年前至1万年前的广阔时期，而"晚更新世"则作为其尾声，恰好与地质勘探中对琼州海峡沉积物进行的"碳+14"测定年龄相吻合。这一科学共识，与刘昭蜀等学者在《海南地质》中的研究结论不谋而合。

迄今为止，考古学的发现为我们勾勒出了一幅清晰的历史画卷：大约一万年前，正值人类历史加速演进的黄金时期，史前先民们已遍布他们足迹所能触及的每一个角落，这标志着人类从原始的混沌迈向了文明的曙光。恰在此时，海南岛也悄然完成了与大陆的分离，成为孤悬海上的独立世界。

谈及南海及其众多岛屿的命名起源，我们不得不认识到，万物的存在先于命名，它们静静地存在于世，不以人的意志为转移；而命名，则是人类智慧的产物，是人类对自然世界认知与理解的体现。在正式的文字记载出现之前，这些名字或许只是部落间口耳相传的神话传说，或是简陋的实物标记，其具体形态已难以考证。

回溯至先秦时期，岭南地区常被视作蛮荒之地，直至秦始皇一统天下，将其纳入中华版图，南海及其岛礁才开始在中国文明的史册上留下痕迹，尽管这些记载初时或许只是零星片段，甚至掺杂着口耳相传的不确定性。

至东汉时期，杨孚在《异物志》中依据南海潮汐涨落的独特景观，赋予其"涨海"之名，这不仅是南海最早的正式称谓，也反映了古人对自然现象

---

① 刘昭蜀.海南地质[M].北京：科学出版社，2002：21-22.

细腻入微的观察与感悟。然而，此时南海中的岛屿、礁石、沙洲等，尚未拥有各自的名字，它们静待着后来者的探索与命名。

至于南海诸岛的书面正式称谓当追溯至三国时期。吴国名将康泰于黄武五年（226年），受交州刺史吕岱之托，与朱应携手启程，远赴南海诸国执行外交与探索使命。此行中，康泰撰写了《扶南传》，其中首次提及"珊瑚洲"之名，此称谓极有可能是对南海诸多岛屿的最早描述。

随后，晋代裴渊在其著作《广州记》中亦有"珊瑚洲"之记载，描述其位于（今广东东莞）以南五百里之遥，并提及古人于海中捕鱼时偶得珊瑚的轶事。值得注意的是，裴渊笔下的"珊瑚洲"虽与康泰所述同名，但据推测，其所指或许更为具体，或指东沙群岛及其周边环礁，展现了随着时代变迁，人们对南海诸岛认识的不断深化与细化。然而，无论是康泰的泛泛而谈，还是裴渊的具体描绘，两者均无疑都将目光投向了这片神秘而富饶的土地，成为古代中国对南海地区早期认知的文献记载之一。

随着海上丝绸之路的蓬勃兴起，出于保障航海安全的迫切需求，一系列反映南海诸岛独特地理与地形特征的岛礁名称逐渐浮现，如"长沙"、"石塘"等，这些名称随后跨越时空，成为历朝历代广泛采用的地理标识。在遗失的13世纪初古籍《琼管志》的模糊记忆中，我们仍能捕捉到其首次将南海及其环礁系统性地命名为"万里石塘"与"千里长沙"，字里行间流露出古人对这片蔚蓝海域的敬畏与探索。

南宋时期，周去非的《岭外代答》与王象之的《舆地纪胜》两书中提及的"千里长沙"与"万里石塘"，无一不指向那片遥远而神秘的南海群岛，进一步印证了古代这一命名体系的形成。回溯至北宋，曾公亮与丁度合著的大型军事地理文献《武经总要》中有"九乳螺洲"这一生动描绘，精准对应了现今的西沙群岛，这不仅是文献记载中对于南海诸岛最为详尽且具体的早期描述之一，更是中华民族自古以来对南海拥有主权的历史见证。

在随后的明代与清代的航海文献典籍中，南海群岛及其星罗棋布的岛礁被赋予了详尽而细腻的笔触。《混一疆理万代国都之图》（绘于1402年），所提及的"石塘"一词，精准无误地指向了今日我们所认知的南沙群岛。

直至雍正八年（1730年），陈伦炯编纂《海国闻见录》这部集大成的海洋地理著作，毫不吝惜笔墨，记录了南海群岛及其众多岛礁的详细名称，为后世留下了宝贵的海洋地理与历史文化资料，显示出中华民族对南海海域及其岛礁拥有毫无争辩的主权。

进一步追溯至清代嘉庆年间，从《永乐大典》中精心辑录出的宋代官方编纂巨著《会要》之精华——《宋会要辑稿》中，有"石堂"即为"石塘"之记载，两者同指现今南沙群岛，这不仅是对历史传承的精准接续，也凸显了中华文明对海洋领土认知的连续性与稳定性。

上述记载虽为历史文献中的正统叙述，但在岭南先民勤劳勇敢的记忆长河中，南海及其星罗棋布的岛屿其实早已被赋予了它们独有的名字，这些名字如同家族密语，通过口耳相传的方式，跨越世代，生生不息。因为这片海域是他们赖以生存、世代繁衍的母亲之海，而《更路簿》，便是这些传承中最为耀眼的瑰宝，它不仅是渔民智慧的结晶，更是历史的活化石。

具体而言，《更路簿》犹如南海渔民手中的航海宝典，是他们为了在这片浩瀚海域中捕鱼航行、相互联络时能够精确定位、准确导航而创造的。海中的每一座岛屿、每一块礁石，都被赋予了亲切而形象的"小名"或"乳名"，这些名字在渔民之间通过口头讲述和简单的书面记录逐渐固化，成为一种不成文的约定俗成。这些"小名"不仅承载了渔民对这片海域的深厚情感，也见证了他们对海洋的敬畏与依赖。

更为重要的是，这些世代相传的南海岛礁"小名"，后来往往成为国家为南海各岛礁正式命名的重要依据和灵感来源，进而赋予了它们更为庄重和官方的"大名"。因此，《更路簿》不仅是岭南渔民以南海为家、勇闯海疆的历史见证，更是中华民族对南海主权拥有悠久历史和深厚情感的有力证明。

## （二）南海巨浸，海南岛

海南岛，作为南海北滨最大的一座岛屿，因紧邻大陆之便，其名称的起源相较于南海其他岛屿与礁石要早得多，它也因此经历了更为纷繁复杂的演变历程。从现有文献记述进行探寻，我们发现，"南海"称谓先行于世，随后，人们逐渐将这一称谓的意象延伸至那片更为庞大的陆地——海南岛之上，这一过程再现了人类对南海及其岛礁认知的不断深化与拓展。

"海南"一词，在历史文献的海洋中如同一位穿越时空的旅者，早在正史、野史乃至市井杂谈中便频繁现身。然而，其含义与指向却如同镜花水月，随着岁月的流转而变幻莫测。早期的"海南"，或许更多是一种泛指的地理概念或方位标识，而非今日我们所熟知的海南岛之专称。直至唐代，这一名词才逐渐聚焦于海南岛，历经宋代的进一步确认与稳固，最终在元代官方史料中正式确立了其作为海南岛行政区划名称的地位，这也标志着"海南"一词在历史长河中的身份定位得以明确且固定。

在浩瀚的史料文献中，"海南"一词的首次亮相，可见于《史记·封禅书》的清晰记载："二世元年，东巡碣石，并海南，历泰山，至会稽。"[①]（此记述亦在《史记·秦始皇本纪》与《汉书·郊祀志上》中有所印证）显然，司马迁笔下之"海南"，其"海"字所指，乃为今日的渤海，此"海南"与后世所指的海南岛并无丝毫关联，实乃描述地理方位之语。

继而，范晔于《后汉书·袁安传》中又有新的表述："后孙策破会稽，（袁）忠等人遂扬帆海南，投奔交趾。"[②]此处"海南"，显系指袁忠等人沿海路向南逃难至交趾之情境，强调的是海上的南行路径。

类此，在诸多历史典籍中，"海南"一词频繁出现，如《三国志·吴书·薛综传》中的"越海南征"，描绘的是跨越海域向南征伐的壮举；《宋书·武帝纪上》里的"（卢）循浮海南走"，则是指卢循乘船南逃的情景；《北史》卷九五所述的"婆利国，自交趾浮海南过赤土……"，以及《宋史·占城国》提及的"泛海南去三佛，齐五日程"，皆是用以说明向海之南航行或抵达某地的方向性描述，而非具体的地理实体——海南岛。这些记载共同表明，"海南"一词在古文献中多用作表达海之南的方位概念，而非一个明确的地理名称。

有的典籍里所记述的海南是指的某个地方，但它们却有不同的方位，与今之"海南"是大不相同的。

秦始皇帝所创设的南海郡，其治所坐落于古番禺之地，即今日繁华的广州市，此郡名之由来，大抵是缘于其坐拥浩瀚无垠、面向南天的"南海"而得名，寓意深远，尽显其地理之辽阔与气势之磅礴。东汉学者刘熙在其著作

---

① （西汉）司马迁，著.（明）茅坤，选编.史记钞（卷之十四）[M].北京：中华书局，2017：8-16.

② （南北朝）范晔，撰.（唐）李贤，注.后汉书（第六册）[M].北京：中华书局，1965：1526.

《释名·释州国》中阐释道："南海，在海南也。宣言海南，欲同四海名，故言南海。"①及至清代，考据大家王先谦在深入研析前人著述的基础上，援引毕沅之论，进一步阐释"南海郡在交州，与中国隔海，是在海南也"。此番论述，不仅确认了南海郡的地理位置，更深刻揭示了"海南"一词在古时的特定含义——即指向现今南海之北部的沿海区域，这一区域自古以来便是连接中原与海上的重要门户。

综上所述，我们不难得出这样的结论：在古代，"海南"一词并非今日之海南省专属，而是泛指南海北部那片承载着古老文明与海洋梦想的沿海地带。

进入三国鼎立时期，"海南"这一词语的疆域含义再度拓展，其被赋予了指代越南特定地域的新意。据《三国志·吴书·吕岱传》记载，吴国黄武五年（公元226年），交州刺史吕岱上书奏请，"表分海南三郡为交州，以将军戴良为刺史"。②此处的"海南三郡"，即指"交趾、九真、日南也"，它们在历史上不仅地理位置紧密相连，更成为当时中原王朝与南洋地区交流的重要桥梁。这三郡均位于现今越南境内，因此，这一时期"海南"的指代，自然而然地转向了越南的中北部地区，侧面显示三国时期中国南方疆域的广阔与复杂多变的地理人文景观。

三国以后，史籍文献中频繁出现的"海南"一词，多指向越南的某一区域。例如，《梁书·海南诸国列传》及《南史·海南诸国列传》中均有详尽描绘："海南诸国，大抵在交州南及西南大海洲上，相去近者三五千里，远者二三万里……今采其风俗粗著者缀为《海南传》云。"③由此可推知，此处的"海南"大致涵盖了南海西南沿岸，直至今日越南横山以南的广袤地区。

另在晋代农学巨著《齐民要术》卷十"槟榔"一节中，引用了《俞益期与韩伯康笺》的记述，言及槟榔树畏寒不耐霜冻，无法在北方生长，"必当遐树海南"。④此处的"海南"，其范围或可涵盖今越南地区，亦有可能指向海

---

① （东汉）刘熙，著.张元济，等，辑.四部丛刊初编景宋明嘉靖翻宋书棚本：释名（卷二）[M].上海：商务印书馆，1919-1922：2.

② （西晋）陈寿.三国志·吴书·吕岱传[M].北京：中华书局，1959：1384.

③ （唐）姚思廉.梁书·海南诸国列传[M].北京：中华书局，1973：783.

④ （南北朝）贾思勰.齐民要术（卷十）[M].北京：中华书局，2015：1258.

南岛，甚至存在其他解读，因历史久远，具体所指已难以确考。

再者，梁朝任昉所著《述异记》中提及"桂林有睡草，见之则令人睡，一名'醉草'，亦呼为懒妇，箴出海南地记"[1]。桂林郡，即今日之广西地区，由此可推断，此处的"海南"应是指代广西南部，考虑到历史上广西南部与越南北部曾存在复杂的隶属关系，这一解释更添一层地域文化的深厚韵味。

隋唐之际，典籍中对"海南"的提及愈发频繁，然其指代却愈发纷繁复杂。如《新唐书·丘和传》《元和郡县志·岭南道五·陆州》《全唐文》（卷四十《赐林邑国王建多达摩书》）、《旧唐书·懿宗本纪》及《新唐书》（卷二〇七《杨思勖传》）等，均将"海南"明确指向越南地区；而《通典·边防四·南蛮下》《新唐书·西域传上》及《资治通鉴》（卷二一一）等的记载，则将"海南"限定为今日越南中部以南直至南海西南沿岸的广阔区域。另如《旧唐书》卷一八七《王义方传》中的"海南"，则特指南海及其北部沿岸地带。尤为值得注意的是，《旧唐书·僖宗本纪》中的"海南"，已泛化为对整个岭南地区的指代。

转至宋代，典籍中"海南"的指向逐渐趋于明确，多特指今日的海南岛。然而，这一现象并非绝对，如《萍洲可谈》卷二、《宋会要辑稿·食货五十五》、宋代陈敬所著《陈氏香谱》卷一、《宋史·食货志下》及《续资治通鉴长编》等，仍将其泛指为南海西南部沿岸、南洋诸国及今越南等区域。

即便到了元代、明代及清代，典籍中的"海南"亦非全然专指海南岛。例如，元代王桢《农书》卷二一《农器图谱·纩絮门》《元史·世祖纪》、清代《嘉庆重修一统志》卷五五三《越南》以及徐继畬《瀛寰志略》卷二《南洋各岛》等，均将"海南"视为南海西南部沿岸地区的代称，展现了历史地理称谓的多样性与时代变迁的复杂性。

史籍最早明确将"海南"特定于今日海南岛的记载，可追溯至唐代的《太平广记》与《舆地纪胜》。《太平广记》于卷七八《方士三》"王山人"条下，引述《松窗录》所述："唐太尉卫公李德裕……及会昌朝，三策至一品，死于海南。"[2]此言凿凿，明确无误地将此"海南"定位于现今的海南岛。

---

[1]（南北朝）任昉.述异记（卷下）[M].北京：中华书局，1973：25.
[2]（北宋）李昉，等.太平广记（卷七八）[M].北京：中华书局，1961：492.

《旧唐书》卷一七四《李德裕传》中的记载，更是详尽地描绘了李德裕的贬谪历程及其最终归宿："大中元年（847年），李德裕再贬潮州司马。明年冬，又贬潮州司户。德裕既贬，大中二年，自洛阳水路经江、淮赴潮州。其年冬，至潮阳，又贬崖州司户。至三年（849年）正月，方达珠崖郡。十二月卒，时年六十三。"[①]此段详尽记录，不仅与《太平广记》中的"死于海南"相呼应，更确凿无疑地证实了此处"海南"即指今日之海南岛，为后世留下了清晰的历史印记。

除《太平广记》与《舆地纪胜》的明确记载外，宋代诸多珍贵史籍与文学作品中，如《宋会要辑稿·方域七》《岭外代答·海上黎蛮》《诸蕃志·海南》《桂海虞衡志·志器》等地理方志，苏轼的《和陶诗·和劝农并引》这一文学佳作，范正敏《遁斋闲览》中"海南人情不恶"的生动描绘，陆游《老学庵笔记》的细腻记述，乃至《宋史·高宗传》的权威记载，均不约而同地将"海南"指向了今日的海南岛，这一历史定位几乎无可置疑。然而，需注意的是，这些丰富的记述虽具深远影响力，却多源自学者文人的观察与记录，而非朝廷正式的明文宣告或官方地理志的直接界定。

元代之际，官方正式为"海南"赋予了特定的行政称谓，这一历史性的举措被《元史》（卷六三《地理志六·雷州路学》）所记载："至元十五年（1278年），平章政事阿里海牙南征海上四州，雷州归附，初置安抚司。十七年（1280年），即此州为海北海南道宣慰司治所、改安抚司为总管府，隶宣慰司。"[②]

自此，"海南"这一名称，不仅蕴含着从浩瀚海洋延伸至广袤陆地的深远意义，更被官方正式加冕于这片南海之滨的广阔土地上，成为其永恒的身份象征。南海之水，碧波荡漾，承载着"海南"无尽的深情与丰富的历史篇章，绿意盎然的岛屿间，默默见证着时光的流转与世事的沧桑巨变。

历经万载春秋，无论是口耳相传的民间传说，还是静默无言的历史遗迹；无论是官修正史的庄严记载，还是散落民间的野史趣谈，"海南"二字已深深烙印在这片土地上，成为不可撼动的存在。南海之巨浸，无论是以"浸"之广阔，还是以岛之坚实，皆是中华儿女心中的"祖宗海""祖宗岛"，它们

①（东晋）刘昫，等.旧唐书（卷一七四）[M].北京：中华书局，1975：4528.
②（明）宋濂，等.元史（第五册）[M].北京：中华书局，1976：1537.

与我们的先祖血脉相连，与中华文化的悠悠文脉并肩同行。

# 二、天堑——琼州海峡

岛屿之所以成为岛屿，其独特之处恰在于那蜿蜒的海峡。大自然这个巨匠以无形之斧，劈开了两岸的连绵，虽阻断了直接的往来，却也为这海峡赋予了无尽遐想与传奇色彩，每一朵浪花似乎都在诉说着未了的故事，既神秘又引人遐想。

一道深不可测的海峡，仿佛自然界的屏障，横亘在雷州半岛与海南岛之间，将两者悄然分隔。回溯远古，从海峡的一端到另一端，岭南的先人们历经了无数代人的不懈探索与努力，才偶得那几次极其珍贵、堪称奇迹的登陆之旅。然而，正是这海峡的存在，在另一层面，却也为岭南沿海南下的航海之路打造了天然的航道，尤其是在古代航海技术尚不发达的时期，琼州海峡犹如一把钥匙，开启了通往北部湾乃至更远海域的便捷之门，为古人的航海探索提供了宝贵的支持与指引。

无论是远古的苍茫岁月，还是现代工业文明的光芒夺目，这道海峡始终坚守其位，不为任何力量所动。它如同一位超然物外的智者，任凭时光荏苒、季节更迭，只是静静地观赏着天际云彩的聚散离合，聆听着海峡内潮水的低吟浅唱，以它那不变的姿态，见证着历史的变迁与自然的轮回。

## （一）琼州海峡

琼州海峡，犹如一条天然的纽带，巧妙地连接了中国的两大海域——北部湾与南海的中东部区域。它不仅是一条海上走廊，畅通无阻地沟通着南海这无尽的海域，更是广州、湛江通往海南、广西乃至越南的快捷海上通道。

琼州海峡，作为古代"海上丝绸之路"重要的交通要塞，承载着历史的延展与贸易的兴衰，见证了东西方文明交流的兴盛。其重要性，不仅体现在对古代商贾往来的促进作用上，更深刻影响了后世的海上交通格局。

　　横亘于海峡之上的，不仅是自然的界限，更是海南与大陆之间水陆交通的命脉。一旦跨越这道海峡，便是风光旖旎的海南岛，那里自古以来便是人们向往的乐土。打宋代以来，海口与海安之间便已通航频繁，木帆船穿梭其间，不仅促进了两岸经济的交流，也加深了文化的融合。明正德《琼台志》中那句"海南'外路：徐闻可半日……'"①的记载，便是对当时海上交通便捷性的生动写照。

　　琼州海峡的地质构造较为复杂，它镶嵌于雷琼断陷区的南端，其海床基底犹如一幅细腻的浮雕，凸凹相间，尽显自然之鬼斧神工。北西向与北东向的断裂带，宛如大地的纹理，延伸至海峡深处，与近东向断裂带交织成一幅错综复杂的地理画卷。

　　受潮流不息的雕琢与湛江粗地层裸露的影响，海峡海底沉积物类型瞬息万变，现代沉积与固结已久的早期沉积层交相辉映，更有风化的基岩碎块散落其间，诉说着岁月变迁的故事。在这片古老的海域之下，海相上第三系地层悄然铺展，灰绿色的粉砂质黏土中蕴藏着孔虫化石与海绿石的秘密，其厚度跨越了1500米至1600米的时光。其上，则是杂色砂砾、砂与黏土交织的下更新统地层，顶部覆盖着风化黏土层，而火山岩则以1至4层的姿态傲然挺立其上，见证着地质变迁的壮阔历程。

　　琼州海峡的地形地貌，宛如一幅精妙绝伦的自然画卷，展现着大小各异的凸起与洼地，它们错落交织，却又和谐统一，描绘着自南北两岸向中部缓缓沉降的宏伟蓝图。沙流与潮流的交响乐章，在此间不息地演绎，泥沙的轻盈舞蹈，赋予了这片海域季节更迭中的微妙风情，尤其南岸之景，更添几分变幻莫测的魅力。

　　冬日里，凛冽的东北季风化身强大雕塑家，裹挟着浅滩泥沙，沿岸线构筑起一道道高耸的岸堤与沙嘴，河口与潮汐通道在其手中悄然蜕变，时而淤浅，时而阻塞，记录下风的痕迹与时间的流转。及至夏日，台风则以不可一世的姿态登场，其狂澜如同自然界的巨匠，无情地侵蚀着沙堤，冲刷着沙嘴，泥沙在这场力量与自然的较量中被重新分配，部分沉积于潟湖，一次台风的肆虐，便足以削去沙堤十米之厚，潟湖亦因此淤积深达十七米，每一次

---

① 梁振球.海南省志（第9卷）[M].海口：海南出版社，2010：356.

重塑，都是对大自然鬼斧神工的赞叹。

琼州海峡，这不仅仅是一片承载着壮丽自然景观的海域，更是历史长河中沉淀下的深厚记忆。从元朝的金戈铁马，到近代抵御外侮的烽火岁月，直至1950年解放军以简陋木船战胜强敌的英勇篇章，每一滴水都似乎诉说着过往的悲壮与沧桑，见证着中华民族不屈不挠的精神。

# （二）桑田变沧海

海峡的诞生与海岛的形成，仿佛是自然界中一场悠长的交响乐演奏，彼此依存，互为因果。无岛则峡无从谈起，无峡亦无岛之独立风姿。在漫长的岁月中，板块造山运动以其不可抗拒的力量，历经千万载的缓慢推移，终将大陆边缘那片微不足道的陆地，从母体上温柔而决绝地撕裂，造就了今日之海峡奇观。

关于琼州海峡的起源及其时代背景，学术界展开了广泛而深入的研究。自20世纪30年代起，一系列理论如海岸侵蚀说、构造断裂说及海侵低地说等相继问世，为解开这一自然之谜提供了多重视角。

在众多学说中，构造断裂说成为当前科学界最受推崇的解释。时光回溯至遥远的早古生代，即距今约5.7亿至4.4亿年前，雷州半岛与海南岛所在的广袤区域，还沉浸在一片深邃的沉降带之中。随后，加里东造山运动如同巨手翻掌，不仅使这片土地历经沧桑，逐渐抬升露出水面，更在地质版图上勾勒出一系列气势磅礴、以东北向为主导的断裂褶皱带，彻底重塑了该区域的地质格局。进入晚古生代，相对稳定的地质环境为海南岛陆块的进一步巩固提供了宝贵的契机。而后的进一步的板块运动，更是以它那惊天动地的岩浆活动，为海南岛披上了一层夺目的花岗岩外衣，铸就了其山地的巍峨骨架与坚实基础。

进入燕山运动与喜马拉雅运动时期，海南岛的花岗岩穹隆再次经历了惊心动魄的变迁。一系列宏大的东西向断裂带如闪电般划破天际，将岛屿一分为二，仿佛是大自然最粗犷的笔触。断裂以南，约三分之二的区域被一股神秘力量高高托起，形成了今日的海南构造隆起，并保持着持续上升的姿态；而断裂以北，则相对沉寂，渐渐形成了雷琼凹陷。直至第四纪以前，海南岛与雷州半岛仍紧密相连，共享中华地块的血脉。[①]

然而，大自然的鬼斧神工并未就此止步。大约更新世中期，约250万年至1.5万年前，火山活动的剧烈爆发成为决定性的一刻。雷州半岛与海南岛之间发生了深刻的断陷，琼州海峡应运而生，它犹如一把利刃，将二者分隔开来，从而勾勒出了海南岛与琼州海峡的初步轮廓，为我们留下了这一壮丽而神秘的地理奇观。

随着时间的推移，海平面的频繁升降如同自然界的呼吸，促使海南岛与大陆之间经历了无数次的离合聚散。直至第四纪冰期的终结，海平面迎来了前所未有的大幅攀升，这才最终定格了琼州海峡与海南岛的现今面貌。第四纪的冰期与间冰期更迭，宛如自然界的主宰，深刻影响着华南地区的气候格局、海平面的起伏以及海岸线的变迁。

在热带季风气候的温润怀抱中，这里终年湿热多雨，地表风化作用尤为显著，风化壳层深厚而发达，为地表径流、洪流乃至河流的蓬勃发育提供了沃土。与此同时，富含黏土的沙壤质风化壳以及新近系至第四系那些半固结、疏松的碎屑质地层，在自然的侵蚀与冲刷下显得尤为脆弱，特定条件下甚至发生滑坡与崩塌，塑造了地表上千姿百态的地形。

在峡区两侧，中小河溪如同大地的血脉，发育出密集的沟谷系统，这些沟谷在冰期低海面时期汇聚成强大的水系，主干水道水量激增，冲刷出宽阔而深邃的谷地。追溯至晚更新世末期，即末次冰期之时，华南沿海的古地理结构展现出别样的风貌：雷州半岛与海南岛紧密相连，形成一片连绵的山地丘陵，其西侧是北部湾水系汇聚而成的广阔平原，东侧则是粤西湛江湾水系滋养的丰饶之地，两侧水系最终流向了如今已深潜海底的古南海。

彼时，可以想象"峡区"内的所有中小河流或许共同汇入南渡江，再经由湛江湾水系流向远方；抑或存在某处"陆桥"作为分水岭，以西的文澜江等细小河流则选择了北部湾水系的怀抱。然而，随着冰后期海平面的逐步回升，海水无情地淹没了峡区的低洼之地，即便是那些曾经高出海面的"陆桥"，其岩土结构也在汹涌的波浪与潮流的长期侵蚀下显得不堪一击，最终导致了海峡的彻底贯通，成为连接两片海域的咽喉要道。

---

[①] 李家彪.中国区域海洋学——海洋地质学[M].北京：海洋出版社，2012：475-485.

而在中国古代文献中，也充满了古人对海峡形成年代的思考，海南岛"亡虎无马"的独特记述就是其一。自汉代文字记载初现端倪以来，海南岛便以其无虎无马的生态奇景著称于世。班固于《汉书·地理志》中细腻描绘，彼时海南岛"无马与虎，民畜五畜，山林间则多鹿与黄猄"①，而与之隔海相望的雷州半岛，则是华南虎自由出没的天地。这一鲜明对比，促使学者们推想海峡的形成应介乎于熊迹初现与虎踪未至之间，大致锁定在距今约一百万年的远古时期。

然而，历史的迷雾在20世纪90年代被一次重大的考古发现所拨开。三亚落笔洞的深入挖掘，不仅揭示了石器时代"三亚人"的牙齿化石，更意外出土了两块经火焰炙烤、"碳+14"测定年龄为（10 890±100）年前的华南虎遗骨。这一发现犹如时光的信使，证明了全新世早期海南岛上确有华南虎生存的痕迹，从而对传统"海南无虎"的推断提出了挑战。

由此，基于海南岛无虎前提而推论的岛屿早在中更新世前便与大陆分离的观点，其稳固性开始动摇。相反，一个更为合理的假设浮出水面：在虎骨遗存的年代与无虎记载之间，跨越了约八千年的漫长时光，海南岛上的华南虎因生态竞争、资源限制及无法跨越琼州海峡获取大陆种群补充，最终走向了灭绝。这一推断，既符合岛屿生物地理学原理，也揭示了自然选择与物种演化的残酷法则。

综合地质学与考古学的双重证据，学者们将现代琼州海峡的形成时间精确到约一万年前，这一时间点恰与岛上人类先祖的最早踪迹相吻合。海峡的诞生，不仅是一道地理上的分隔，更是人类文明与自然变迁交响乐章中的一个深刻节点，它见证了人与土地、大陆与岛屿之间既分离又相连的命运纠葛。

# 三、遗留在人间的珍珠

远眺浩瀚苍穹之下，一座海岛悠然浮现，其轮廓神似一头沉睡的巨龟，

---

① （东汉）班固.汉书·地理志[M].北京：中华书局，1999：1330.

悠然铺展于南海的碧波万顷之中，毗邻着广袤无垠的大陆边际，静谧而庄严。岛上，五指山与黎母山巍然屹立，宛如海岛的双生守护神。它们不仅是这片土地的灵魂之山，更是无数溪流与河川的摇篮。

在这两座神圣山脉的怀抱中，南渡江、昌化江与万泉河三条大河蜿蜒而出，它们各自承载着自然的恩泽，分别向北、西、东三个方向奔腾不息，绘就了一幅壮丽的水流画卷。这山，雄伟而深邃，蕴藏着大地的奥秘；这水，清澈而悠长，滋养了岛上万物，赋予了这片土地无尽的生机与希望。

如此山水相依，不仅孕育了岛上繁茂的生态与丰富的物种，更滋养了世代居民的心灵，预示着一个充满活力与希望的未来，在这片被自然深深眷顾的土地上生生不息，绽放光彩。

## （一）大自然的天堂

南海上的明珠，海南岛当之无愧。在人类的祖先姗姗来迟之前，当岛还没有与大陆分离之时，南海之中，璀璨夺目者，非海南岛莫属，其美誉实至名归。在远古洪荒、人类足迹尚未踏足之际，此岛尚与大陆一脉相连，浑然天成。这一自然界的瑰宝，遵循着宇宙间最质朴的法则，悠悠然见证着日月更迭，淡然处之，潮起潮落，而雨林深处，年复一年，上演着生命不息、优胜劣汰、花开花落的自然史诗。

及至人类文明的微光初现，海南岛以它那丰沛的甘霖与葱郁的植被，慷慨地接纳了初来乍到的史前人类，为他们提供了赖以生存的天赐之礼。尽管岛上环境险恶，密林如障，急流险滩，瘴气缭绕，毒虫猛兽出没其间，但椰风蕉雨下，野果累累，足以慰藉先民的饥肠。相较于中原大地——那里的人们正为生计奔波，争斗不息，而海南岛上的先民却似乎生活在另一番悠然自得之中，享受着大自然最为纯粹的馈赠。

在中原的烽火尚未蔓延至此时，作为这片土地上的原住民，岛上的部落依旧沉浸在与自然和谐共生的喜悦之中，悠然自得，仿佛时间在这里放慢了脚步，让每一刻都充满了对生命美好的感激与珍惜。

让我们共同沉浸于一场跨越万年的遐想，追溯至人类足迹未至的远古纪元，探寻那座岛屿的原始风貌。在那悠远的时光里，岛屿俨然成为大自然无拘无束的乐园，每一幕场景皆是大自然独舞的华章，无关乎道德评判，仅生命本身的韵律在舞动，苦痛与欢愉皆由万物自主定义，最终交付于宇宙间那最莫测的无常之手。

即便将人类这一非凡存在纳入考量，生命之网中，无论是茁壮的植物还是奔走的动物，都共享着地球上最为根本的生存要素——那普照万物的阳光、滋养生命的清水与不可或缺的空气，此乃蓝色星球孕育生命的至高法则。在这座岛屿之上，这些恩赐不仅充裕，更近乎奢侈，赋予了这片土地无尽的生机与活力。

于是乎，此地化作了大自然最为宠爱的圣地，远离了沙漠的严苛与寒冬的凛冽。造物主也于此慷慨解囊，降水丰沛，阳光与温暖携手，让生命的舞步永不停歇。万物竞生，它们相互依存又相互竞争，大自然的调色盘在这里倾泻而出，无尽的色彩与生命力交织成一幅幅流动的画卷。这色彩斑斓的世界里，是深邃莫测的热带雨林，是蛇虫交织的泥沼湖泊，是激流勇进的奔腾河流，每一处都洋溢着生命的狂欢。

猿猴的嬉闹穿梭于林间，猛兽的咆哮回荡在山野，湾鳄的潜伏静候于沼泽，天空的广阔舞台上，禽鸟振翅高飞，它们的吼叫与嘶喊交织成生命的交响乐，无论是林间、水域、草原还是云霄，都充盈着生命最为饱满的存在。在这里，阳光与雨水成为至高无上的统治者，万物顺应其节奏，生生不息，周而复始，演绎着永不落幕的生命循环。

人类的缺席，让这座岛屿的生命演绎更为纯粹，每一次生离死别，皆是自然法则下的平静更替，无须外界的赞美或哀悼。鳄鱼捕猎水牛的瞬间，大象践踏蕉林的景象，老犀牛的默默消逝，千年沉香木的轰然倒地……这一切，皆是自然自我调整与平衡的见证。没有华丽的乐章，亦无悲怆的挽歌，岛屿的时光静静地镌刻在花梨木的纹理中，流淌在黎母山轻纱般的雾霭之下，记录着大自然无尽的故事与传奇。

## （二）人间美境

人类的脚步，跨越了万载沧桑，自混沌初开的稚嫩，至今日心智之光的绚丽绽放。这一路的茁壮成长，我们心怀感激，感谢苍穹的慷慨赋予，更感激这座岛屿——自然界的温柔守护者，它无私地提供了庇护与滋养，成为人类成长不可缺少的滋养之源。这座岛屿，宛若天穹遗落人间的珍珠，不仅照亮了人类的童年，亦温暖着人类的每一个当下与未来。

海南岛，作为中国热带海域中仅次于台湾岛的明珠，被誉为地球上"罕有的几片未被世俗尘埃触及的净土"。这里，四季轮回却春色永驻，森林的绿意盎然覆盖了超过半数的土地，展现出勃勃生机。海南，是一个色彩斑斓、生机盎然的梦幻之地，阳光、碧波、细沙、翠绿与清新空气，这五大自然瑰宝在此汇聚，共同编织出一幅无与伦比的热带海岛画卷，其自然风光之优美，实属天赐。

在这片神奇的土地上，壮丽的山川与蜿蜒的河流交织成诗，原始森林的神秘莫测中孕育着无数生命的奇迹，珍稀的热带动植物在这里繁衍生息，椰林轻摇，海风轻拂，构成了一幅幅动人心魄的椰风海韵图，而黎族与苗族的风土民情，如同古老的歌谣，诉说着这片土地深厚的文化底蕴；革命历史的遗迹与珍贵的文物，更是见证了海南岛不屈不挠的精神历程。这一切，加之其宜人的气候，共同构筑了海南岛丰富多元、令人向往的旅游资源，吸引着无数旅人前来探寻，感受那份来自心灵深处的触动与震撼。

海南岛以其优越的水文条件著称，多年平均径流深度达到909毫米，总量更是惊人地达到308亿立方米，加之地下水储量79亿立方米，其中53.5亿立方米稳定贡献于河流基流，使得全岛多年平均水资源总量攀升至333.5亿立方米。岛年降雨量亦极为丰沛，平均达1758毫米，年总降雨量高达596.3亿立方米，尽显其"雨林之岛"的美誉。

海南岛水系发达，河流密布，蕴藏着丰富的水能资源。经科学测算，集雨面积超过100平方公里的河流干支流，其理论水能蕴藏量高达99.5万千瓦，其中，昌化江、万泉河、南渡江三大水系独领风骚，贡献了74.15万千瓦，占比高达75%。进一步挖掘潜力，全岛可开发的水能资源量约为77.21万千瓦，三大河流更是占据了其中的82%，即62.93万千瓦，展现了其作为清洁能源宝库的重要地位。

海岸线方面，海南岛以其蜿蜒曲折的1823公里岸线闻名，沿线分布着68处潜力巨大的港湾资源，尤其以适宜建设深水港的备择港湾为特色，呈现出相对分散却各具优势的布局。目前，海口港、三亚港、洋浦港、八所港及清澜港等五大港口已巍然矗立，成为连接内外的重要门户。

生物多样性方面，海南岛更是被生物学家们视为天然的"物种基因库"与最大的"自然博物馆"。其丰富的野生动植物资源，如"南药王国"的美誉所承载的野生稻、小粒稻、野生荔枝、野生茶、红壳松等珍稀物种，在科研与产业应用中均展现出不可估量的价值。此外，包括黑冠长臂猿、海南坡鹿在内的102种珍稀动物，均被列入国家一、二类重点保护名录，展现了海南岛重要的生态资源。

地质上，海南岛同样古老而神秘，孕育了众多古老或原始的植物科群，如系统孤立的苏铁科、买麻藤科，以及罗汉松科、松科、木兰科、金缕梅科、山茶科等古老或原始的科属，更有杨梅科、棒科、壳斗科、榆科、胡桃科等黄色花序类型的植物，形成海南岛生动而复杂的生态长廊。

海南岛的植物区系以其热带成分的绝对主导地位，展现出鲜明的热带特性，植物种类之繁多，令人叹为观止。岛上自然植被的多样性令人瞩目，涵盖了常绿季雨林、落叶季雨林、沟谷雨林、山地雨林、山地常绿阔叶林、热带针叶林、海岸红树林以及稀树干草原等多种类型，每一类型都是自然界精心雕琢的杰作。而人工植被如橡胶林、椰子林、荔枝林及稻田等，则见证了人类智慧与自然环境的和谐共生。热带雨林与季雨林，作为海南岛的地带性植被类型，尤为引人注目，但遗憾的是，长期以来的开发利用导致平地热带雨林遭受了不同程度的破坏，次生植被类型因而占据了重要生态位。

在尖峰岭、霸王岭、吊罗山、五指山等高海拔的山脉间，沟谷雨林与山地雨林宛如绿色宝石般镶嵌其中，展现出独特的生态魅力。常绿季雨林偏爱东部潮湿的低山丘陵，而落叶季雨林则偏爱西部较为干燥的低山地带，这种地域分布特性构成了海南岛植被的又一道亮丽风景线。随着海拔的攀升，山地常绿阔叶林与山顶矮林接踵而至，它们与山脚下的雨林、季雨林共同绘制出一幅生动的垂直生态画卷。

海南岛植物区系的丰富性，得益于其未受第四纪冰川直接影响的幸运，其使得众多古老植物得以保存。全岛本土野生维管束植物种类多达4945余种，分属于221科、1517属，其中泛热带科与亚热带科占比高达67%，龙脑香科、番荔枝科、肉豆蔻科、棕榈科等典型热带科属在此繁茂生长，樟科、桃金娘科等热带性强的科属更是种类繁多。乔木群落中，樟科、大戟科、豆科等科属的植物交相辉映，构成了一幅生机盎然的景象。林下植物同样丰富多彩，茜草科、紫金牛科、野牡丹科等科属的植物与大量蕨类植物共同织就了茂密的林下世界。相比之下，温带科属的植物种类则显得较为稀缺，多分布于山地上部或特殊的地质环境中，如鹅耳枥属、槭属等，为海南岛的植物多样性增添了一抹别样的色彩。

海南岛，以其得天独厚的自然条件，四季如春，食物链丰富且稳定，为各类动植物的生长与繁衍提供了理想的栖息地。在这片热土上，兽类多达112种，鸟类翱翔天际，种类高达355种，爬行类与两栖类分别以116种和39种展现着生命的多样性，淡水与海洋更是孕育了70余种鱼类及超过600种海产鱼类，海产无脊椎动物种类更是逼近1320种，昆虫类与其他无脊椎动物亦不在少数，分别达到了约880种与260种以上。

从动物地理区划的视角审视，海南岛隶属于东洋界华南区的海疆同业区，其鸟兽群落以东洋界成分为主导（占比超80%），古北界成分则极为罕见，充分展现了其热带、亚热带雨林生态系统的独特魅力。这里的生灵多以果实、昆虫或花蜜为食，构成了一个和谐共生的生态链。

历经长时间的地理隔离，海南岛已演变为一个独立的海岛生态系统，自然环境在岁月的雕琢下愈发独特，成为一个独立的亚区。在这片没有豺狼虎豹等猛兽侵扰的乐土上，黑熊成了最大的猛兽代表，但其数量稀少，主要栖息于深山老林之中。天敌的稀少，为岛上其他生物提供了更加宽松的生存空间，促进了它们的繁衍生息。

尤为值得一提的是，海南岛作为独立的生态亚区，孕育了一批独有的珍稀物种，如海南山鹧鸪、海南毛猬、海南鼯鼠等，这些生物在全球范围内均难觅其踪。此外，棕腹隼雕、橙胸绿鸠、盘尾树鹊等鸟类，以及鹰雕、蛇雕、白鹇等59种国内罕见的鸟类，与海南黑长臂猿、海南豹猫、海南坡鹿等25种珍稀兽类共同构成了海南岛生物多样性宝库中的璀璨明珠。这些特有物种往往展现出与众不同的特征，如体型更为小巧或羽毛色彩更为深邃浓郁等，为这片岛屿增添了无尽的神秘色彩。

海南岛以其丰富的矿产资源而著称，迄今已发现的矿产达88种之多，其中69种已被探明并列入矿产资源储量统计，其广泛分布于684处产地。这些资源涵盖了石油、天然气、黑色金属、有色金属、贵金属、稀有金属、冶金辅助原料、化工原料、建筑材料、多种非金属矿、地下水、热矿水及饮用天然矿泉水等广泛领域，构成了海南岛独特的矿产资源体系。

尤为引人注目的是，海南岛在石油、天然气、玻璃用砂、钛铁砂矿、锆英砂矿、宝石、富铁矿、铝土矿（三水型）、饰面用花岗岩、饮用天然矿泉水及热矿水等优势矿产的探明储量上，均位居全国前列，展现了其卓越的矿产资源优势。

具体而言，海南岛的玻璃用砂资源极为丰富，已探明的大型矿床多达19处，这些矿床主要集中于文昌、儋州、昌江、东方等地，为玻璃制造业提供了坚实的原料基础。钛铁砂矿则主要分布在海南岛东海岸，已探明的矿床共计70处，包括4处大型、16处中型矿床，彰显了其在钛铁矿资源方面的优势地位。

锆英石砂矿资源同样令人瞩目，已探明的大型矿床有5处，中型6处，小型59处，广泛分布于文昌、琼海、万宁、陵水等市县，是锆英石产业的重要原料来源。此外，海南岛还藏有宝石资源，已探明的小型宝石矿床有2处，均位于文昌境内，为珠宝行业增添了光彩。

在金属矿产方面，海南岛的富铁矿资源尤为珍贵，主要集中于昌江石碌镇一带，其保有储量高达2.98亿吨，是国内罕见的富铁矿之一。同时，海南岛还拥有一处已探明的大型铝土矿矿床，位于岛北部的蓬莱地区，为冶金工业提供了宝贵的原料。

非金属矿产方面，饰面用花岗岩在海南岛亦有着广泛的分布，屯昌、乐东、三亚、东方、白沙等市县均产有高质量的饰面用花岗岩，为建筑装饰行业提供了丰富的选择，而饮用天然矿泉水则在海南岛各市县均有发现，水质优良，为岛民及游客提供了健康的水源。

此外，海南岛还是天然的盐场宝库，三亚至东方沿海数百里的弧形地带，众多港湾滩涂均适宜晒盐，为盐业生产提供了得天独厚的自然条件。

# 第二章

# 琼岛先祖——从远古走来

倘若琼州海峡确是在万载之前悄然将海岛自大陆母体剥离，那么岛屿与人类文明的萌芽几乎同步共生，岛上的人类始祖与陆地（尤其是雷州半岛上的先民）共享着同一片古老的血脉与传承。试想，在那场天地巨变、海岛初生的瞬间，人类的祖先是否还能依稀忆起故土的模样，那份对旧日家园的眷恋，或许早已化作基因深处不灭的印记，代代相传。

让我们穿越时空的隧道，回溯至海岛诞生的刹那，彼时海峡尚非今日之壮观，或许仅是条蜿蜒细流，抑或浅浅的沟壑，万物生灵，尤其是羽翼丰满的飞禽与四足奔跑的走兽，自由穿梭其间，无拘无束。随着岁月流转，细流渐宽，沟壑日深，但即便是最初的涉水而行，对自然界的生灵而言亦非难事。直至某个转折点，溪流不再，沟壑成渊，而智慧的人类已掌握使用与制造简陋工具，利用浮木等工具往来两岸，尽显生存智慧。然而，海峡的扩张速度终是超越了人类跨越的极限，面对汹涌澎湃的海面，两岸之人不禁感慨："此路，何其艰难！"但生命的顽强与对彼岸不灭的向往，驱使着被天堑分隔的先祖们，一次次勇敢地逆浪前行，这份坚持不懈的渡海之志，成了历史长河中一段段传奇的序章。

起初，或许是岛上孤悬的人类对广阔大陆的无尽思念，促使他们在风平浪静之日，无数次尝试横渡，既有挫败的苦涩，也有成功的欢愉。随着时间的推移，大陆上的人们为逃离灾难，亦纷纷踏上这未知而危险的旅程，寻求新的生息之地。于是，这条宽窄难测的海峡，便成了无数生命轨迹的交汇点，见证了一个又一个悲欢离合、生死相依的故事，流传至今。

# 一、美丽的神话、美丽的岛

自人类初踏这片岛屿的晨曦，岛屿便仿佛被赋予了灵魂，孕育出独特的思想脉络。这些思想的痕迹，深深镌刻在人类活动的每一个角落，要探寻其奥秘，便需追溯至远古祖先那遥远的足音与遗存。随着考古之光的照耀，海岛之上，大小江河之畔，坡岗之巅，洞穴深处，石器时代的文明碎片逐一显现，它们静静地诉说着人类逐水而居、傍穴而眠的古老法则，即便是海岛，亦不例外地遵循着这一自然规律。

在众多出土的人类遗址化石中，落笔洞遗址尤为耀眼。尽管海岛史前先民们置身于豹子、黑熊、豺狼等猛兽环伺的危机之中，穿梭于雨林密布、蛇虫出没的沼泽地带，但他们凭借着对自然的强大适应力，从漫山遍野的瓜菽野果、蕉椰芒果中汲取生命的滋养，食物之源似乎并未成为难以逾越的障碍。在这片由蕉林、椰林、芒果林交织而成的绿色王国中，他们或遭遇台风肆虐、暴雨倾盆，但雨后的彩虹、万物复苏的勃勃生机，却赋予了这片土地别样的清新与壮丽。

然而，在这片看似丰饶的土地上，危机四伏。雨林深处、河流之畔、波涛之间，处处潜藏着生存的考验。史前先民们与自然的斗争，既是对生命极限的挑战，也是对生命敬畏之心的深刻体现。他们与大陆上的同代祖先一样，在逆境中悄然成长，不断进化，用智慧与勇气书写着属于自己的故事。

在某个晴朗无云、碧空如洗的日子，当野兽的威胁远去，在饱餐之后的闲暇时光里，他们或许会攀上海边悬崖之巅，独自凝视着对岸那若隐若现、云雾缭绕的山脉，心中涌动着对未知世界的好奇与向往。夕阳西下，金色的阳光缓缓沉入波光粼粼的海面，那一刻的宁静与壮美，或许正是他们心中对家园最深沉的眷恋与期盼。

日复一日，年复一年，世代更迭，对岸的讯息如同潮起潮落，时隐时现，直至模糊了归属感的边界。终于，在一次次心灵的回望中，他们缓缓苏醒：我是谁？我源自何方？这一觉醒，赋予了岛屿以人性的温度，编织出一部跨越时空的记忆长卷，其中镌刻着无数动人心魄的篇章。这些故事，或源自他们自身的悲欢离合，或随风浪自对岸飘来，其源起已难以厘清，却共同构筑了岛屿独有的历史脉络。

随着岁月的沉淀，他们学会了将生死之间的本能悸动，转化为思想深处的符号记忆，这记忆不再仅仅是生存的本能反应，而是融入遗传密码之中，成为代代相传的情感与智慧的结晶。在海岛的记忆之中，仙沟岭遗址文物的出土，静静诉说着过往。它坐落于海口市琼山区甲子镇下沟村之东南，文策河北岸的山峦环抱之中，其址广阔，约达万平方米，石锛、双肩石斧、石铲、石凿等石器出土于此，还原了一幅幅新石器时代晚期先民的生活图景。

从这些墓葬的形制与布局中，我们可以深切感受到岛上先民对生命的无比敬畏与深沉追思。这不仅仅是对过往先人的缅怀，更是对生命终极意义的探索与恐惧的超越。尽管海岛之上，雨林繁茂，四季花果不断，空气中弥漫着勃勃生机，但在这片看似丰饶的土地上，每一寸土地、每一片叶子的轻摇，都透露出他们对生存的深刻敬畏与不懈追求。这份情感，如同海岛的灵魂，穿越时空，历久弥新。

## （一）美丽的神话

在这座瑰丽岛屿的北隅，自北向南，巍然矗立着两道山脉——五指山与黎母山。五指山，其形宛若苍穹下伸展的巨掌，雄浑而神秘；黎母岭，则身姿曼妙，宛如婀娜女体，静谧中蕴含无限生机。两者阴阳交泰，仿佛天地间最温柔的笔触，赋予了这片海岛勃勃生机与无尽传说。此二峰，不仅是海南岛最接近苍穹的圣地，更是岛上神话与传说的摇篮，让这座美丽岛屿平添了几分超凡脱俗的韵味。

在黎族悠远的口述历史中，五指山与黎母岭常年被轻纱般的云雾缭绕，它们不仅是黎族人的始祖圣地，也是一片被茂密雨林覆盖的秘境，每一寸土地都散发着古老而神秘的魅力。林中，猿啼蟒行，自由穿梭于葱郁之间，演绎着自然界的原始与狂野。而在这密林深处，一条条隐秘的河流悄然流淌，它们源自何方，又终将归向哪里，无人知晓，只留下那奔腾不息的咆哮声，与雨林繁茂的植被交织成一幅幅流动的画卷，最终汇入浩瀚的大海。一曲古老的黎族歌谣，悠悠响起，吟唱着河流的莫测与传奇：五指山咧，五条溪，汝知哪条载水多，汝知哪条流下海，汝知哪条又流回来？

正如河流的源头那般扑朔迷离，海岛黎族文明的起源同样充满了神奇色彩。作为这片土地最古老的民族之一，黎族的神话故事深深植根于海岛的山水云雾之中，它们不仅承载了先祖的诞生与繁衍，更记录了黎族人民与自然环境抗争、共生的英勇与智慧。这些故事，如同中国大地上其他民族的传说一般，深深烙印着地域的印记，是对祖先不懈奋斗与生存智慧的颂歌。

在众多动人的神话传说中，《大力神》与《甘工鸟》的故事尤为引人入胜，它们穿越时光的长河，至今仍在黎族人民的心中传唱，成为连接过去与未来的精神纽带，让这片海岛的文化之树更加枝繁叶茂，生机勃勃。

《大力神》乃海岛之创世神话，描绘了远古混沌初开的壮丽景象。那时，天宇混沌未分，苍穹之上，七阳七月交相辉映，炽热无比，万物生灵在无尽的光热中挣扎求存。就在这绝望之际，天神抱隆扣携无上神力降临尘世。首夜，他以擎天巨力将苍穹高举，使大地与天空得以分野，万物始得安宁。次日，抱隆扣锻造出一副硕大无朋的弓箭，箭矢划破长空，精准地射落了六个太阳与六个月亮，自此，昼夜更迭有序，四季轮回有常。更甚者，他从浩瀚大海中汲取泥土，堆砌成连绵不绝的山峦，而其挥洒的汗水，则汇聚成潺潺不息的江河，滋养着这片新生的土地。完成这开天辟地的伟业后，抱隆扣悄然离世，羽化登仙，被后世子孙铭记于心，尊为始祖，更成为黎族不可磨灭的图腾象征，后世称之为"大力神"。在黎族的建筑瑰宝与精美纺织品中，大力神的雄姿威武，永远铭记着对先祖创世功绩的无限敬仰与感念。

而《甘工鸟》，则是海岛上一曲悠扬的爱情颂歌，映照出海岛先民对纯真爱情无尽的向往与追求。相传，有位名叫阿甘的妙龄女子，以巧手织就芬芳之花，引得蜂蝶共舞；其歌声婉转，令林间生灵驻足聆听；舞姿轻盈，使天边云彩化作彩虹相随。青年猎手拜和，英俊不凡，箭术超群，对阿甘一见倾心，终得佳人芳心，两人在槟榔树下许下永恒誓言。然而，贪婪的峒主觊觎阿甘美貌已久，心生恶计，将拜和残忍折磨，强行掳走阿甘。阿甘誓死不从，以生命捍卫纯洁爱情，终在绝望中羽化成一只绚烂的神鸟。拜和闻讯，亦化身为鸟，与阿甘并肩翱翔，共赴七仙岭之巅，化作永恒的爱侣。自此，七仙岭上空常有一对鸟儿形影不离,它们以"甘工"……"甘工"的啼鸣,诉说着这段悲切动人的爱情故事,成为海岛上空最凄美的爱情传说。

《大力神》与《甘工鸟》这两则神话故事,与汉民族文化同根同源,深刻体现了中华文明一脉相承的丰富内涵。《大力神》与汉族传说中盘古开天辟地、后羿射日的壮举遥相呼应,共同展现了中华民族面对自然伟力时不屈不挠的抗争精神与改造世界的宏伟愿景。《甘工鸟》则与"孔雀东南飞"的哀婉、梁祝化蝶的凄美并蒂而生,在旧有社会制度的桎梏之下,映照出人们对自由灵魂与纯真爱恋的深切向往与不懈追求。这两则神话,犹如灿烂星辰,照亮了黎族民族精神的天际,是勤劳与勇敢之魂的生动写照,激励着这个民族在湿热难耐的岛屿上,以无畏之姿,开辟出人类繁衍生息的绿洲,让文明之火代代相传,生生不息。

神话之美,在于其超越了现实的凄婉与壮丽,真实反映了古人对自然力量的敬畏与对美好生活的无限憧憬。时至今日,海南岛上的黎人,面对蜿蜒曲折、流向未知的河流,依旧保持着那份淳朴与豁达,他们举杯米酒,一饮而尽,无论是唱着激昂的山歌步入山林砍柴,还是哼着悠扬的渔歌出海捕鱼,都显得那么从容不迫,因为他们相信,未来的日子自有其安排。这片土地虽赋予了他们得天独厚的自然条件,但也同时设下了生存的重重考验。在大自然那错综复杂、历经亿万年编织的生态网络中,黎族人民以非凡的智慧与不屈的斗志,艰难又坚定地开辟出属于自己的生存空间,其艰辛与伟大,即便是最绚烂的神话也难以尽述。

## (二)黎人传奇

经由深入的考古学研究揭示,海南岛上史前人类的遗迹与岭南地区史前文明的兴起几乎并驾齐驱,共同谱写海峡两岸的人类文明进程。这一发现引人深思:那些早在万余年前便手持石斧、竹箭,在岛上狩猎采集、繁衍生息的史前居民,与后来岛上兴起的黎族先民之间,究竟存在着怎样错综复杂的关联?时至今日,这一谜题仍让考古学家与史学家们莫衷一是,未能形成统一的学术共识。依据现有的文献资料与考古发掘成果,多数观点倾向于认为这些史前人类即为黎族先民的直系祖先,且未有确凿证据显示他们遭遇了自然淘汰、人为灭绝或主动迁徙的命运。

海南岛，作为非人类原生地，其史前人类的迁入历程被推测为一场跨越时空的迁徙壮举，始于大陆南部的远古先民，或许在岛屿尚未与大陆完全分离之时，便已踏上这片沃土。当中原大地步入辉煌的中华文明时代时，先秦时期的岭南，仍是一片依靠简陋工具、处于原始状态的蒙昧社会，文明的火种尚未在此广泛传播，海南岛上的土著部落更是鲜见于历史记载，其存在与变迁如同迷雾中的珍珠，难以触及。

追溯海南岛族群的起源，我们不得不提及其深厚的"百越"文化根基。在先秦古籍的浩瀚记载中，"百越"一词是对南方沿海广泛分布的古越部族的统称，它们又被称为古越族或越族，因部族众多、分布广泛，故冠以"百越"之名。在这一庞大的族群体系下，其分支繁多，包括但不限于吴越、扬越、东瓯、闽越、南越、西瓯、骆越等，它们共同构成了古越文化的多元面貌，一如《汉书·地理志》颜师古注及《吕氏春秋》所详尽描述的那样。

在岭南地区，南越、西瓯、骆越等部族尤为显著，而海南岛则与广西大部、广东西南部及越南北部一同，被划归于"骆越"文化的广阔疆域之中。这一发现不仅揭示了海南岛史前文化的深厚底蕴，也为探索岛上黎族等现代族群的历史根源提供了宝贵的线索。

自汉朝末年以降，越地之民便以"俚人"之名载于史册，此称谓之滥觞，可追溯至东汉杨孚所著《异物志》中那悠远的笔触："俚在广州之南，地方数千里，往往别有村，各有常帅。"那些自南越四野迁徙至海南岛的先民，自然归入了俚人的行列。

俚人一族，性情刚烈而坚韧，其风骨在《隋书》中得以生动描绘："俚人率直尚信，勇敢自立，重贿轻死，巢居崖处，尽力农事。"[1]然而，隋唐以后，随着中原王朝对岭南地区的统治日益巩固，岭南的社会文明之树苗壮成长，逐渐与中原汉族文化融为一体。至宋代，俚人昔日的"野蛮落后"之名已渐行渐远，这一族群也悄然淡出了历史的舞台，融入了更广阔的中原文化洪流之中。

海南岛上的俚人，得益于琼州海峡这一天然屏障的庇护，其地理环境相

---

[1]（唐）魏征.隋书[M].北京：中华书局，1973：888.

对隔绝，中原文化的渗透步伐在此显得尤为迟缓。因此，他们的原始生活方式得以较大程度地保留，并在历史的长河中逐渐被冠以"黎人"之名，有学者认为，"黎人"之称实乃"俚人"古音之流变。无论称谓如何更迭，一个不争的事实是，他们乃是南越古国的后裔，更确切地说，是"骆越"部落族群的宝贵遗脉，承载着深厚的历史与文化底蕴。

## （三）制陶、树皮布与文身，史前文化的孑遗

那么，关于海南岛上史前人类的起源——是本土孕育的奇迹还是外来迁徙的足迹？这一谜题，在现代人未曾亲历其历史变迁的局限下，确实如同雾里看花，难以觅得确凿答案。它不仅仅是一个考古学上的疑问，更深刻地触及了"我是谁？"这一跨越时空、深邃而复杂的哲学命题。然而，尽管迷雾重重，史前人类遗留下的点点痕迹，仍如同夜空中闪烁的星辰，引领我们探寻那遥远时代的秘密。

遵循当前学术界对史前文明研究的双轨并进策略，依托海南考古发掘的珍贵文物，辅以详尽的历史文献记载，并融合三重证据法的严谨论证，同时深入田野，进行实地调查，以多维视角还原海南岛史前人类生活的片段与场景。这一过程，旨在揭示那些虽已远去，却仍能在现实生活中寻觅到蛛丝马迹的史前文化元素，亦如时空低语，诉说着海岛史前文明与现代文化之间千丝万缕、不可分割的联系。

通过这样的探索，我们不仅能够勾勒出史前人类在海南岛上生活的某些生动侧面，更能感受到那份跨越千年的文化共鸣，体会到史前文明如何在岁月的长河中沉淀、演变，最终与当代社会汇织成一幅幅绚丽多彩的文化画卷。

在今天的海南岛上，黎族妇女沿袭着烧制土陶的这一古老习俗，这一传统如同时间的低吟，隐约回荡着海岛史前文化的浅唱。海岛土陶的烧制技艺，历经千年的风霜洗礼，其基本工艺却仿佛被时间凝固，鲜有变迁，这份难能可贵的坚持，正是对古老文化精髓的深刻致敬。唯有这近乎原始的土陶制作方式，方能如同时间的胶囊，将那些古老的文化密码完好无损地封存，并跨越世代，口耳相传，确保了文化信息的真实与纯粹，避免了在传承过程

中的大量失真与流失。

众所周知，土陶烧制技艺作为史前文明的珍贵遗存，其深远影响绵延至今。在海南古代土陶制作的悠久历史中，这一技艺被详尽地镌刻于典籍之中。宋代学者赵汝适在其著作《诸蕃志·海南条》中，引述了《隋志》的描述，生动展现了黎族先民的生活风貌："'（黎族）人性轻悍，椎髻卉裳，刻木为符，力穑朴野，父子别业……着纫缏，以土为釜，瓠匏为器……'。"①他们身着纫缏之衣，更以土为材料，精心烧制釜器，利用瓠匏制作生活用具。

清代顾炎武在其鸿篇巨制《天下郡国利病书·广东备录下》中，亦对黎族妇女的生活习俗与土陶技艺有所记载："妇人绣面，服缌鞭，绩木皮为布，陶土为釜。"②

赵汝适与顾炎武的笔下，不仅勾勒出了古代黎人利用陶土烧制釜器的生动画面，更深刻揭示了烧陶技术在黎族社会中跨越时代的传承性与稳定性。这一技艺的绵延不绝，不仅见证了黎族文化的深厚底蕴，也为我们探索古代社会生产生活方式提供了宝贵的线索。

黎族的制陶艺术，其根源可追溯至与中原大陆制陶技艺一脉相承的悠久历史长河，它是中国岭南史前文明中一颗不可或缺的明珠。考古学的确凿发现清晰地告诉我们，这门技艺在遥远的史前时期便已在这片热土上深深扎根，绽放出独特的光彩。

《海南省近五十年文物考古工作概述》通过详尽而深入的探究，为我们揭开了黎族制陶艺术古老而神秘的面纱。在东方、乐东等市县，考古学家们小心翼翼地发掘出了一批批珍贵的手制夹砂粗陶遗存。这些陶器以灰褐色为主调，质朴中透露出岁月的痕迹，尤为引人注目的是，其中并未发现泥质陶的身影，彰显了黎族制陶技艺的独特性与纯粹性。

在器型上，这些陶器展现出一种简约而不失实用的美学风格，主要以圆底罐与圆底釜为主，形态单一却蕴含着丰富的文化内涵。它们共同的特征在于敞口鼓腹的设计，这一形态不仅便于使用，更透露出新石器时代早期先民

---

① （南宋）赵汝适.诸蕃志·海南条[M].杨博文，校释.北京：中华书局，2000：217.

② （清）顾炎武.天下郡国利病书（第十九册）[M].上海：上海古籍出版社，2012：3383.

们对于陶器造型的深刻理解与独特审美。这些特征鲜明地勾勒出了那个时代陶器制作的风貌，让我们得以跨越千年的时光，一窥黎族先民们的生活智慧与艺术才华。[①]

随着时光的流转，至新石器中期，黎族的制陶技艺迎来了显著的飞跃。在陵水、定安等地出土的陶器中，虽仍可见夹砂粗陶的身影，但土陶已逐渐占据主导地位，展现出更为丰富的器类与形态。罐、釜之外，钵、碗、盆等多样器形纷纷涌现，不仅丰富了人们的日常生活，也见证了制陶技艺的日益精进。

及至新石器晚期，海南岛出土的陶器几乎全为土陶制品，这一转变不仅标志着制陶技术的成熟与普及，也深刻反映了黎族先民对自然材料的深刻理解和巧妙运用。由此推断，海南黎族制作土陶的传统及其原始工艺，其滥觞至少可追溯至新石器中后期，历经世代传承与创新，至今仍闪耀着古老文明的光辉。

要确凿地确认现今海南岛上薪火相传的土陶制作技艺，实为远古刀耕火种时期海南先祖所遗留下的无价瑰宝，需从两大核心维度深入剖析：其一，土陶的原材料——陶土，源自一方历经世代精心培育与遴选的"神圣陶土田"，这片土地不仅见证了先人的智慧与辛勤劳作，更以其独特的地理与土质特性，成为技艺传承不可或缺的基石，历经岁月流转，其生命力依旧盎然不息。其二，土陶制作的全过程严格恪守古老而神圣的传统，这一技艺被赋予了性别专属的色彩，由女性匠人独当一面，男性则秉持尊重与敬仰之心，不越雷池一步。这一习俗，不仅仅是性别角色的自然划分，更是对女性匠人卓越才华与精湛技艺的极致颂扬，它如同一条无形的纽带，将古代先民的智慧与信仰，与现代海南岛的文化传承紧密相连，彰显出土陶制作技艺中那份跨越时空的原始性精髓与不朽的生命力。

在烧制土陶的庄严时刻，一系列充满仪式感的活动也随之展开。点火之前，必有德高望重、技艺超群的女性长者进行虔诚的祈祷，祈愿烧制过程顺利无阻。随后，采用古老的钻木取火之术，火种由一位经验丰富的老年妇女

---

① 郝思德，王大新.新中国考古五十年·海南省近五十年文物考古工作概述[M].北京：文物出版社，1999：348-349.

小心翼翼地点燃堆积的陶木柴火。随着木柴渐化为炽热的炭火，妇女们合力将干稻草层层覆盖于陶器之上，以增大火势，强化灼烧效果。待稻草燃尽，火势转为温和而持久的焙烧状态，火灰厚厚覆盖于陶器表面，热量缓缓渗透，内外兼修。

经过长时间的精心焙烧，陶器终得出炉，此刻，一项独特的淬炼仪式紧随其后。利用黎语中称为"塞柴涯"的植物树皮与"柴构仁"混合浸泡的液体，匠人们巧妙地将其浇淋于陶器之上，这一步骤不仅赋予陶器表面以非凡的坚硬度，更让其在瞬间焕发出独特的光泽与色彩，标志着烧制过程的圆满成功。这一系列复杂而精细的工艺流程，正如周伟民与唐玲玲先生所述，生动再现了黎族先民数千年前制作土陶器皿的智慧与匠心。[①]

海岛之上，树皮布与石拍的传承脉络，自远古绵延至今，成为海南岛上古文化另一道不可磨灭的印记。[②]树皮布，这一古老织物，其称谓繁多，诸如楐布、答布、都布、纳布、楮皮布、谷皮布等，皆是它在不同地域与文化中的身份标签。在古代典籍的浩瀚篇章中，楮谷、冠皮布等记载，正是对这种以树皮为原料，匠心独运制成的服饰用品的颂扬；而石拍，作为树皮布制作工艺中不可或缺的关键工具，其重要性不言而喻。

树皮布的存在，不仅深植于《史记》《汉书》等历史典籍的记载之中，更广泛分布于中国华北、华中、江南乃至华南的广阔地域，展现了一种跨越地域与时代的文化共性。台湾学者凌纯声教授提出树皮布文化在中国可能发端于遥远的石器时代，与印纹陶并蒂绽放，共同书写了人类文明的早期篇章[③]。尤为值得注意的是，在尚未有文字记录的中国史前时期，南方的先民们便已掌握了以树皮为布料的技艺，这种树皮文化的萌芽，无疑是人类文明史上的一朵奇葩。

凌纯声教授的这一研究成果，近年来在海南及台湾地区的考古发掘中得

---

① 周伟民，唐玲玲.黎族数千年前的土陶皿是怎样制成的[J].今日海南，2005（9）：44-45.

② 周伟民.东南考古研究·海南岛黎族聚居地树皮布石拍的文化价值[M].厦门：厦门大学出版社，2003：120.

③ 凌纯声.树皮布印文陶与造纸印刷术发明[P].台湾"中研院"民族学研究所专刊之三，1963：11.

到了有力的验证，仿佛历史的尘埃被轻轻拂去，露出了那些被时光遗忘的珍贵记忆。这些发现，不仅为树皮布文化的悠久历史提供了实物证据，也让我们得以窥见海南岛上古文化的深厚底蕴与独特魅力。

北宋乐史所著《太平寰宇记》卷一六九"儋州"篇中，引《山海经》之语，细腻描绘了"儋耳"之地，"……山岭为黎，人居其间，号曰生黎……弓刀未尝离手，弓以竹为弦，绩木皮为布，尚文身"①。同书"琼州"条则进一步揭示了琼州地区夷人的生活状态，"无城郭，殊异居，非译语难辩其言。不知礼法，须以威服，号曰生黎，巢居深洞，绩木皮为衣，以木棉为毯"，展现了黎族先民与自然和谐共生的生活方式。

元代马端临于《文献通考》卷三三一"黎峒"一节，详尽记载了黎峒乃"唐故琼管之地，在大海南，距雷州泛海一日而至。其地有黎母山，黎人居焉。旧说五岭之南，人杂夷獠，珠崖环海，豪富兼并，役属贫弱。妇女服缌缠，绩木皮为布"。②元代官修《宋史》之《蛮夷传·黎峒》篇，亦有相似记载，再次确认了黎峒的地理位置、民族分布及女性服饰特色，强调了黎族文化的独特性与历史传承。③

及至清代，张庆长所著《黎岐纪闻》"生黎隆冬时取树皮槌软，用以蔽体，夜间即以代被，其树名加布皮，黎产也"④，生动记录了生黎在严冬时节，采集特定树种（加布皮）之皮，经槌打软化后用以遮体，夜间更可替代被褥，展现了黎族人民对自然资源的巧妙利用与生存智慧。顾炎武的《天下郡国利病书》第十九册《广东下·黎峒》部分，亦提及黎族妇女绣面之俗"妇人绣面，服缌缠，绩木皮为布"⑤。这些详尽的描述，无一不将树皮布作为黎族文化的标志性符号，深刻烙印在历史的长河之中。

综上所述，这些跨越时代的文献记载，共同勾勒出一幅幅生动鲜活的黎族生活画卷，树皮布作为衣食住行中的重要元素，不仅见证了黎族人民与自

---

① （北宋）乐史.太平寰宇记（卷一六九）[M].北京：中华书局，2007：3233.

② （元）马端临.文献通考（卷三三一）[M].北京：中华书局，1986：2598.

③ （元）脱脱，等.宋史（卷四九五）[M].北京：中华书局，1975：14219.

④ （清）张庆长.黎岐纪闻[M].王甫，校注.广州：广东高等教育出版社，1992：119.

⑤ （清）顾炎武.天下郡国利病书（第十九册）[M].上海：上海古籍出版社，2012：3383.

然环境的和谐共生，更成为黎族文化独特性与历史传承的重要象征。

在20世纪30年代，德国人类学家史图博，两度深入海南岛黎族聚落的腹地，展开了一场场深刻而细腻的田野考察之旅。其著作《海南岛的黎部族——华南民俗研究》，犹如一把钥匙，为后世轻轻掀开了黎族文化那层神秘而迷人的面纱，更在其中精心珍藏了海南树皮布这一古老技艺的印记，使之得以穿越时空，展现于后世人的眼前。①

1954—1955年，中南民族学院组织了一支精干的师生队伍，对黎族地区进行了前所未有的全面且系统的社会调查。他们的考察成果形成《海南岛黎族社会调查》，这部著作详尽勾勒了番响村、儋州村等地树皮布制作工艺的生动图景，确凿证明了，即便在20世纪50年代的现代社会边缘，白沙县白河乡儋州村等地，树皮布文化依然如同不老的传说，保持着其鲜活而旺盛的生命力，继续诉说着黎族先民与自然和谐共生的古老智慧与故事。②

为了进一步追溯树皮布文化的悠久历史，我们不妨将目光投向其制作工具——石拍之上。鉴于树皮布主要由易腐的植物纤维构成，难以长久保存，而石拍作为坚韧的拍打工具，却能在岁月的长河中留下不灭的痕迹。因此，这些遗存至今的石拍（或称石棒），成为古代树皮布文化存在的重要且直观的物证。在海南的考古发现中，最早可追溯至新石器时代的石拍文物，在昌江黎族自治县洪玛坡遗址重见天日，如今静静地躺在海南省民族博物馆的展柜中，诉说着远古的故事。此外，陵水县与白沙县等地也相继发现了石拍遗物，这些珍贵的文物不仅印证了海南岛在远古时期便与树皮布及其制作工具结下了不解之缘，更彰显了这片土地上丰富多彩的文化遗产。

此外，黎族妇女身上所承载的独特习俗，如同活化石般，为我们揭示了其深厚而久远的文化根基。即便时至今日，在黎族的某些隐秘聚居地，仍可见到个别年迈的妇女，她们的面部、胸部、手臂乃至腿部，绘有色彩斑斓、寓意深远的传统图案。这种文身习俗，根植于远古时代，是历史长河中一道独特的风景线，它不仅仅是装饰，更是承载避免近亲繁殖智慧与族群认同的

① （德）史图博.海南岛德黎部族——华南民俗研究[M].王兴瑞，译.海口：海南出版社，2017：423.
② 周伟民.树皮布石拍的民族学解读[J].寻根，2004（2）：21-28.

重要标记。

海南黎族妇女的文身历史，其深远与独特，不仅在中国各民族中独树一帜，放眼全球亦属罕见。这一习俗，超越了时间的界限，成为一种对祖先无限敬仰、图腾崇拜与自然和谐共生理念的具象表达，它以一种抽象而富有艺术感的方式，将黎族先民母系氏族社会的精神遗产传承至今。

因此，当我们凝视这些文身图案时，仿佛能够穿越时空，与黎族的祖先们进行一场无声的对话，感受到那份对自然的敬畏、对生命的尊重以及对族群和谐共生的不懈追求。黎族妇女的文身传统，不仅是对过去的缅怀，更是对未来世代的一份深情寄托，它让黎族文化在时间的洪流中熠熠生辉，永不褪色。

有关黎族文身习俗的最早记载见于《山海经》的"雕题国"（《山海经·海经·海内南经》记载：伯虑国、离耳国、雕题国、北朐国皆在郁水南。）："雕题，黥涅其面，画体为鳞采，即鲛人也"[1]；《史记》（卷四三《赵世家》）在论到"圣人观乡而顺宜，因事而制礼，所以利其民而厚其国"时，称"瓯越之民"有文身的习俗，说"剪发文身，错臂左衽"。[2]《史记·索隐》（唐·司马贞）引汉代刘向的记载说："今珠崖、儋耳谓之瓯人，是有瓯越。"[3]司马迁的"瓯越之民""剪发文身，错臂左衽"指的就是那时的"俚人"。黎人文身的习俗（其实是对人体健康的摧残），打自《山海经》，及至《史记》以来，历朝历代都有明文禁止，但禁而不止。这是一个活生生的史前文化的孑遗！可以想象，几千年来，世世代代的黎族妇女承受着多少肉体的痛苦。

或许，这些古老文化遗存的保留，是黎族人民内心深处对远古文明难以割舍、刻骨铭心的记忆印记；又或许，是海岛相对孤悬的地理位置，不经意间为黎人筑起了一道时间的屏障，让他们对外部时代文明的变迁呈现出一种独有的、略显迟缓的呼应姿态。然而，无可争辩的是，岛屿上这些珍贵且罕见的古老文化遗存，宛如一面历经沧桑的明镜，忠实地映照出黎族人民千百年来在岛屿上的生存智慧与思想变迁的轮廓，无论这镜中所现之景，是历史

[1] 袁珂.山海经校注（卷五）[M].上海：上海古籍出版社，1980：269.

[2]（西汉）司马迁.史记（卷四三）[M].北京：中华书局，1959：1808-1809.

[3]（唐）司马贞.史记索引（卷三十）[M].北京：中华书局，1999：1469.

的真相直接映射，还是经由岁月磨砺而略带斑驳的折射。

# 二、岛上早期人类

作为孤悬海上的岛屿，关于其是否曾是史前人类栖息之地的推断与考古验证，相较于广袤的大陆而言，无疑面临着更为复杂与艰巨的挑战。然而，一个不争的事实是，海南岛上的居民，无论是远古的史前先民，还是后来迁徙至此的移民群体，他们与琼州海峡对岸那片辽阔的大陆之间，始终维系着一条割舍不断的文化血脉与地理纽带。

1998年的重大发现，昌化江畔混雅岭信冲洞遗址内出土的爬行类与哺乳类动物化石及石器，经科学测定，其年代可追溯到约两万年前，这一发现为海南岛史前人类活动的存在提供了确凿证据。而后的2006年，在信冲洞周边，混雅岭与燕窝岭两处石器遗址的相继发现，虽未直接出土人类化石，但结合"碳+14"同位素测年技术、地质地貌分析以及对石器特征的深入研究，初步判定这些遗址属于晚更新世，即旧石器时代晚期的文化遗存，进一步丰富了海南岛史前历史的内涵。

尤为引人瞩目的是三亚落笔洞遗址的考古成果，这里不仅挖掘出了13枚珍贵的人牙化石，它们分别代表了老年、中年、青年不同年龄层的人类个体，其年代跨度直指距今约10 890年的远古时期[①]，同属旧石器时代晚期的重要发现。人牙化石的保存，彰显了其作为人体中最坚硬组织之一的非凡特性，也侧面反映了食物获取与饮食习惯在人类生存与进化过程中的极端重要性。

对海南岛上史前人类遗址的系统性考古发掘，不仅是对岛上早期人类生存环境与生活方式的一次深刻洞察，更是揭示其社会结构、文化发展脉络乃至人类迁徙与交流历史的关键钥匙，对于全面理解海南乃至整个华南地区史前文明的发展进程具有不可估量的价值。

---

① 郝思德.海南史前考古概述[M].北京：社会科学文献出版社，2019：9-20.

## （一）昌化江流域考古发现与落笔洞遗址

海南岛的史前文明轨迹，依据当前丰富的考古资料深入剖析，其源头可追溯至遥远的石器时代。在这片热带宝岛上，最早的人类活动印记，赫然深埋在了昌化江流域的土地上，这一发现无疑为探索海南史前历史开启了一扇新的大门。

昌化江，源自巍峨的五指山北麓琼中县空示岭，其流域地形独特，东南雄峙而西北渐缓，宛如一幅自然绘就的山水画卷。江水自五指山西麓潺潺而出，蜿蜒北行，至番响处轻转西南，穿梭于五指山与鹦哥岭间幽深峡谷，沿途汇聚了毛阳河、通什河等数条支流，气势渐增。及至乐东县城，又纳乐中河、大安河、南巴河之水，而后毅然西北向，劈开鹦哥岭余脉，形成壮观峡谷，最终汇入南尧（绕）河，继续西行，穿越广坝，携七差河、东方河及叉河之石碌河，最终于昌江县的昌化港（亦称咸田港与英潮港）悠然入海，汇入浩瀚的北部湾。昌化江流域这一复杂多变的地貌，不仅孕育了丰富的动植物资源，更为史前人类提供了得天独厚的渔猎与采集条件，成为他们繁衍生息的乐园。

围绕昌化江流域，一系列考古遗址如混雅岭与燕窝岭、石头崖、酸荔枝园、叉河砖厂以及著名的落笔洞等相继被发现，它们如同散落的珍珠，串联起海南岛史前文明的朵朵浪花。在这些遗址中，尽管除落笔洞外，直接的人类骨骼与牙齿化石较为罕见，但细致入微的考古工作揭示出，这些遗址中广泛存在着被人为砍砸过的石器及用火痕迹，这些确凿无疑的证据，生动地展现了海南岛史前人类活动痕迹和生存智慧，为我们勾勒出一幅幅史前先民在这片热土上生活、探索的生动画面。[①]

目前，海南史前文明的最早考古发现莫过于那历史悠久的落笔洞遗址，其峰壁上镌刻的"落笔洞"三字，古朴苍劲，可追溯至元至元癸未年（1283年），更添几分文化底蕴，加之众多明清时期的诗词石刻点缀其间，更显其

---

① 李钊，李超荣，王大新.第十一届古脊椎动物学术年会论文集·海南的旧石器考古[A].北京：海洋出版社，2008：167-172.

文化积淀之深厚。落笔洞遗址，作为旧石器时代晚期珍贵的洞穴遗址典范，静谧地坐落于三亚市东北方向约15公里处的一座孤傲石灰岩峰下，仿佛是自然与历史的巧妙融合。

经考古发掘与科学测定，该遗址距今已有约10 890年的悠久历史，它不仅是海南岛上迄今为止发现的最早且经过正式考古确认的史前人类活动遗址，更以确凿无疑的证据，向世界宣告了海南岛在万余年前的远古时期，便已是人类繁衍生息的乐土，见证了史前文明在这片热带岛屿上的萌芽与成长。

至于这些海南远古先民的起源之谜——他们是否源自大陆，跨越茫茫海域而来，这一问题如同迷雾中的岛屿，引人无限遐想，亟待未来更加深入的考古探索来揭开其神秘面纱。值得注意的是，这一时间节点与海南岛与大陆最终分离的地质事件大致相吻合，不禁让人浮想联翩，是否正是这一自然变迁，促成了海南史前人类独特的生存与发展轨迹。

经过缜密而深入的考古探究，落笔洞遗址被确立为我国晚期智人分布版图中最南端的一处关键性文化遗迹，其重要性不言而喻。关于落笔洞遗址与大陆人类文化遗址之间是否存在深刻的血缘或传承关系，当前累积的考古资料已给出明确答复：落笔洞遗址所承载的文化精髓，乃至整个海南史前人类的文化脉络，与仅一水之隔的岭南古人类文化紧密相连，同属一脉，确凿无疑地证明了海南史前人类源自岭南的迁徙与定居。

依据郝思德等人的《三亚落笔洞遗址》的精辟见解，落笔洞遗址出土的史前人类遗物与动物化石，与广东西北部（诸如阳春独石仔遗址、封开黄岩洞遗址等）及广西东北部（如柳州白莲洞遗址、大龙潭鲤鱼嘴遗址等）广泛分布的岭南岩洞文化之间，展现出诸多共通的或相似的文化特征，这些文化因素的紧密交织，无疑将落笔洞遗址纳入了岭南古人类砾石石器文化的广阔范畴之内。[1]

在时间序列的宏观视角下，落笔洞遗址巧妙地占据了旧石器时代末期向新石器时代早期过渡的关键节点，其文化遗存所展现出的过渡性特征尤为显著，既是对过往文化的承继，也是对未来文明的预示。

---

[1] 郝思德，黄万波. 三亚落笔洞遗址[M]. 海口：南方出版社，1999：9-39.

因此，海南落笔洞遗址的惊世发现，不仅极大地拓宽了我国洞穴遗址文化分布的地理边界，为考古学界增添了新的视角，更成为研究海南史前人类起源、迁徙路径及其文化演变轨迹的宝贵实证，引领我们穿越时空的迷雾，探寻那片遥远而神秘的文明足迹。

## （二）有段石锛与南海史前文化

烧陶艺术、树皮布工艺及文身传统，这些古代文明的孑遗，自史前时代起便绵延不绝，至今仍在海南岛上得以留存。在这片土地上，烧土陶的古老技艺、以树皮为材精心编织的石拍与织锦，以及承载着深厚文化意义的文身习俗，无不默默诉说着海南岛远古文化的倔强前行，成为连接过去与现在的活化石。

细观海南岛这些文化瑰宝的传承脉络，不难发现其与大陆（尤其是岭南地区）之间交织着错综复杂的紧密联系。无论是地质变迁的印记，还是考古遗迹的见证，都揭示了在漫长的史前岁月里，琼岛及其史前居民与雷州半岛乃至整个岭南地区，通过琼州海峡与绵延的海岸线，展开了频繁而深刻的交流与融合。

史前时期，沿海的古人类以简陋的独木舟为舟楫，勇敢地驶向未知的水域，将探索的足迹延伸至远方的海岛与彼岸。他们利用沿途的海岛作为天然的驿站，代代相传，逐步开辟出了一条条蜿蜒曲折的海上交通航线。可以想见，南海之上，史前先民们早已铺设了一条沿海而行的海上之路，而海南岛则在这条历史长河中扮演着至关重要的起点、终点与中转枢纽的角色。

作为浩瀚太平洋的边缘海域，南海不仅是连接太平洋与印度洋的桥梁，更是中国通往世界各大洲的海上黄金通道。自新石器时代起，约12万年至1万年前，中国的先民们开始过上定居生活，他们驾驭着独木舟，在漫长的海岸线上自由航行，甚至能够跨越岛屿，实现跳跃式的迁徙与交流，这样的活动在琼岛周边尤为频繁。海南岛得天独厚的地理位置，使其成为南海航道上不可或缺的一环，见证了诸多文明的交流与碰撞，也书写了属于自己的历史。

在遥远的上古时期，我国东南沿海及岭南地区的先民们以非凡的智慧与勤劳，共同创造了中国南方沿海地区早期文明，这也是人类文明史上不可忽视的亮丽风景线。考古学家们通过一项项重大发现，尤其是对有段石锛这一独特文物的深入研究，逐步揭开了南海航道——这条古老而神秘的海上丝绸之路的面纱，追溯着史前古人类在这片蔚蓝海域上的迁徙与交流的足迹。

尤为引人注目的是，海南岛原始文化遗址中出土的有段石锛，其形制、工艺乃至所蕴含的文化信息，与远隔重洋的太平洋群岛上发现的有段石锛之间存在着惊人的相似性乃至一致性。这一发现，如同穿越时空的桥梁，将海南岛与广阔的太平洋世界紧密相连，不仅证实了史前时期人类活动范围的广泛与交流的频繁，更揭示了不同地域文化之间深刻而复杂的相互影响与融合，为我们理解人类文明的起源与发展提供了宝贵的线索和视角。

林惠祥教授在其著作《中国东南区新石器文化特征之一：有段石锛》中提出，"有段石锛作为一项国际性科学议题"[①]，其重要性跨越了地域界限。他指出，在南太平洋的广阔岛屿群中，此类石器的广泛存在及其形态与中国东南区域所发现的极为相似，这一对比不仅为探索东南亚乃至整个太平洋地区新石器时代文化的起源与扩散路径提供了关键线索，还深刻触及了古代人种迁徙与交流的历史谜题。有段石锛作为考古学上的国际性标志，是连接中国、东南亚及太平洋岛屿间史前文明的重要桥梁，其研究对于揭示这些地区史前社会的面貌具有不可估量的价值。

在中国东南的广袤土地上，包括香港、广东、福建、浙江、江苏、安徽等地，均发现了数量可观的有段石锛，这些石器在形态上呈现出高度的相似性，彰显了该地区新石器文化的统一性与交流的广泛性。尤为值得一提的是，海南省作为这一文化链条上的重要一环，其岛上的考古发掘成果尤为丰富。据广东省博物馆1957年在海南岛的全面文物调查报告显示，文昌、琼东、陵水、崖县（今三亚市崖州区）、昌江、儋州、临高、那大（今儋州市那大镇）、定安、屯昌、琼中、白沙、东方、乐东、保亭、通什（今五指山市）等市县内，共发现了135处原始文化遗址，其中石器部分尤为引人注目，共出土石锛138件，其中有段式石锛24件，更有独特的有肩有段式石

---

① 林惠祥.中国东南区新石器文化特征之一：有段石锛[J].考古学报，1958（3）：15.

锛4件。①这些发现不仅与南方其他地区古人类遗址中的石锛相印证，还进一步证明了海南岛在中国乃至太平洋地区新石器文化交流中的核心地位。

此外，有段石锛在东南亚及太平洋诸岛的广泛分布，以及在中国台湾地区的发现，共同构建了一幅跨越海洋、连接多个文明区域的史前交流图景，展现了古代人类不畏艰难、勇于探索的非凡精神与卓越智慧。

有段石锛的广泛分布，深刻地揭示了中国南方地区原始文化对东南亚乃至太平洋诸岛的深远影响，其传播范围之辽阔，无疑是古代文明交流与互鉴的生动例证。考古学界通过详尽分析这些珍贵的石锛资料，权威地断定其发端于中国东南沿海，随后借助史前人类的航海壮举，跨越浩瀚碧波，传播至太平洋的每一个角落②，海南岛便是这波澜壮阔历程中不可或缺的一环。

回望史前，我国东南沿海的先民们，驾着简陋的舟楫，随洋流漂泊，他们的旅途或许没有明确的目的地，仅仅是对未知世界的无畏探索，对更广阔生存空间的渴望。这一代代先民，以海为家，以舟为伴，穿梭于岛屿之间，不仅实现了人类的迁徙与繁衍，更将先人的智慧与文化火种播撒至沿途的每一寸土地。

如今，那些遗留在世界各地的石锛，仿佛历史的信使，默默诉说着先民们漂洋过海的壮阔旅程。这些古航线，不仅是史前人类勇气与智慧的见证，更是上古时代卓越海洋文化的宝库。它们不仅连接了大陆与岛屿，更架起了不同文明间的桥梁，为后世海上丝绸之路的开辟奠定了坚实的基础，并积累了宝贵的航海经验，成为人类文明史上不可磨灭的光辉印记。

# 三、海南先民族源

文身艺术、树皮布工艺与制陶术，这些古老技艺犹如穿越时空的"动态活化石"，生动传承着史前人类的智慧与文明。在那遥远且几无记录的石器时代，它们不仅是珍贵的文化遗产，更是"人种迁徙与东西方交通交流的生

---

① 海南文物调查报告[R].广东省博物馆，1957.

② 周伟民，唐玲玲.海南通史（先秦至五代十国卷）[M].北京：人民出版社，2017：67-68.

动见证"①。这些"活化石"，无论是实体遗存还是文化形态的延续，均为史前人类在海岛上的存在提供了确凿的证据，而其活动范围的前后延展，则为后世的探索与想象铺设了无垠的广阔空间。

至于海南岛黎族的起源之谜，学术界至今尚未达成共识，形成了南来与北来两大主要流派。南来说认为，他们或许源自更远的南方海域，跨越重重波涛，在这片热带岛屿上繁衍生息；而北来说则主张，他们的祖先可能自北方迁徙而来，沿途留下了文化交流的痕迹。这一谜题，犹如海面上飘浮的迷雾，既引人遐想，又激发着学者们不断探寻的热情与渴望。

岑家梧在其学术著作《海南岛黎人来源考略》中，详尽地阐述了关于海南岛黎人起源的多元视角。他提及，持"南来说"的学者中，史图博与刘咸氏两位尤为突出。史图博在其力作《海南岛之黎族》中，通过细致观察黎人的风俗习惯，敏锐地指出其与波利尼西亚文化的诸多相似之处，从而构建起黎人与远方海域文化联系的桥梁。②而刘咸氏，则在1934年亲赴五指山腹地，以科学的严谨态度，率先在权威期刊上发表了《海南岛黎人口琴之研究》，文中深刻剖析了黎人口琴与太平洋群岛土著乐器的异曲同工之妙，进而推断黎人可能归属于海洋蒙古系或印度尼西亚系，这一发现为"南来说"提供了有力的乐器文化佐证。③

岑家梧在此基础上，提出了自己独到的见解。他认为，"百越"这一地理总概念下，实则蕴含了众多复杂的种族成分，今日的南洋群岛巫来由族、广东琼州的黎族、广西的瑶族，均为这一古老民族群体的后裔。他进一步指出，马来群岛、印度支那半岛、雷州半岛、海南岛及其周边岛屿，在史前时期共享着相似的地形与文化系统，这一系统的构建者正是亚洲南部的古老人类种群。由此，他推断南洋群岛的土著、印度支那半岛的泰族以及海南岛的黎人，均为这一古老文明的遗脉，海南黎族的起源传说中，无疑蕴含着南向迁徙的深刻印记。这便是岑家梧从黎族来源这一独特视角出发，所构建的关于海南岛及其居民历史渊源的宏阔图景。

① 张星烺.朱杰勤，校注.中西交通史料汇编（第一册）[M].北京：中华书局，2003：10.
② 岑家梧.海南岛黎人来源考略[J].边事研究，1940，10（6）.
③ 刘咸.海南岛黎人口琴之研究[J].科学，1938，22（1、2）：12-13.

台湾"中研院"凌纯声教授,于太平洋科学会议的讲台上,发表了自己的见解:"南洋的土著,和我们南方的中国人,有亲密的系裔关系。"他依据古代人类迁徙的壮阔轨迹,阐明了现代南洋土著多源自中国大陆的史实,而中国古籍中频繁提及的百越民族,正是这些南洋土著远古时期在大陆上的先祖遗脉。[①]值得注意的是,"南洋"这一称谓,其外延广泛,不仅涵盖了中南半岛与马来半岛,更在广义上拥抱了整个大洋洲的广袤海域,包括美拉尼西亚、波利尼西亚及迈克罗尼西亚等群岛。凌纯声先生据此提出,南洋土著的根脉深植于中国大陆,其后裔或渐融入中华文明,或循南迁之路,与先期抵达南洋群岛的族群汇聚,共同构成了现今印度尼西亚系土著的多元面貌。这一过程,正是现代南洋群岛土著起源的生动写照。

深入探究凌纯声的论述后发现,他还揭示了太平洋上中国史前文化的深远影响,那是一种如同星罗密布般散落于浩瀚太平洋岛屿间的海洋文明,统称为太平洋区的海洋文化。在这一广袤区域内,近代考古学所发掘的古物与民族学所揭示的种种现象,无不昭示着它们与中国文化之间那难以割舍的七八成渊源(十之七八起源于中国),这一发现,无疑为理解人类文明的交流与融合提供了新的视角。

综合多方资料,海南岛作为史前人类迁徙史上的重要节点,其先民在长期的历史长河中,以岛屿为舟,以海为路,不仅见证了从中国南海诸岛至太平洋群岛这条古老海上通道的开辟,更成为这一壮丽历程中不可或缺的参与者和记录者。尽管这条通道与后来形成的海上丝绸之路在形态与功能上有所不同,但它所蕴含的探索精神与海洋文化的积淀,无疑为后世的海上贸易与文化交流之路奠定了坚实的基础,提供了宝贵的启示。

## (一)黎　族

在学术界的广泛探讨与研究中,海南的先民——黎族人的身份已渐趋明确,成为学界共识[②]。然而,关于黎族先民如何踏上这片热带岛屿的旅程,其

---

① 凌纯声.中国边疆民族与环太平洋文化·南洋土著与中国古代百越民族[A].台北:联经出版事业股份有限公司,1979:217-258.

② 周伟民,唐玲玲.海南通史(先秦至五代十国卷)[M].北京:人民出版社,2017:79.

源头究竟是海南本土的古老居民，还是自中国大陆或东南亚地区迁徙而来，这一谜题至今仍笼罩在历史的迷雾之中，考古发现与文献资料尚未能给出确凿无疑的答案。

正是这份未解之谜，激发了学术界多样化的探索与推测，形成了关于黎族起源的多种学说与见解。目前，这些观点如各执其辞，为我们勾勒出黎族先民迁徙历史的多种可能路径。

一是，黎人被视为海南岛的先民[①]。元代马端临《文献通考》（卷三三一《四裔八》）引记宋代范成大的《桂海虞衡志》中的话："石湖范氏桂海虞衡志曰：黎，海南四郡岛土蛮也。岛直雷州，由徐闻渡半日至。岛之中有黎母山，诸蛮环居四傍，号黎人，内为生黎，外为熟黎。山极高，常在雾霭中，黎人自鲜识之。久晴，海氛清廓时，或见翠尖浮半空，下犹洪蒙也。山水分流四郡，熟黎所居已阻深，生黎之巢深邃，外人不复迹。黎母之巅，则虽生黎亦不能至。相传其上有人，寿考逸乐，不与世接，虎豹守险，无路可攀，但觉水泉甘美绝异尔。"[②]按范成大的说法，在宋代以前，海南岛上的黎母山深处所住的先民，就被称为"黎"。宋人赵汝适在其《诸蕃志》中也记载："黎，海南四郡岛上蛮也。岛有黎母山，因祥光夜见，旁照四郡，按《晋书》分野属婺女分，谓黎牛婺女星降现，故名黎婺，音讹为黎母。"[③]清代顾炎武也认为"琼州府黎人。后汉谓之俚人，俗呼山岭为黎，而俚居其中，于是讹为黎"[④]。

历史文献中的诸多记载，均不约而同地将黎人指认为海南岛最早的先民。诚然，我们不能仅凭只言片语的记载或口头传说，来全面构建科学意义上的人类演化历程，这些材料虽富含文化意蕴，却需谨慎对待其历史真实性。

然而，这些神话与传说，在某种层面上，却以另一种叙事方式揭示了史

---

① 王献军，等.黎族现代历史资料选编(第一辑)[C].海口：海南出版社，2010：70.

② （南宋）范成大.范成大笔记六种·桂海虞衡志（五）[M].北京：中华书局，2002：157.

③ （南宋）赵汝适.诸蕃志·海南条[M].杨博文，校释.北京：中华书局，2000：219-220.

④ （清）顾炎武.天下郡国利病书（卷一〇四）[M].上海：上海古籍出版社，2012：3381.

前时代海南岛深山密林间原始人类的存在，这一景象在考古学研究中亦得到了部分验证。至于这批深藏于自然怀抱中的原始居民，是否正是遵循"从猿到人"的自然法则发展而来，并最终演化为我们所知的古老海岛黎族族群，这一问题的答案，因时空遥远，已难以直接探寻。

第二种观点主张黎人源自古代百越族群。罗香林先生于1939年发表的《海南黎人源出越族考》一文，通过对人类学与人种学的深入分析，有力论证了黎人实为古代越族的重要组成部分。琼岛，古时被誉为骆越之地，这一称谓深深植根于历史文献之中。[1]《汉书·贾捐之传》记载："骆越之人，父子同川而浴，相习以鼻饮，与禽兽无异，本不足郡县置也。颛颛独居一海之中，雾露气湿，多毒草虫蚘、水土之害，人未见虏，战士自死，又非独珠厓有珠犀玳瑁也。"[2]《资治通鉴》（卷二八《汉纪》"骆越之人"句中胡三省古注）曰："余谓今安南之地，古之骆越也。珠厓，盖亦骆越地。"[3]这些记载不仅清晰地勾勒了"珠厓（同崖）"与"骆越"之间的紧密联系，还揭示了历史中确有大量岛外移民涌入海南岛的史实。至于这些移民是否直接构成了黎人的前身，抑或在与岛上原有古人类的交流与融合中，共同孕育了现今的黎人族群，这一谜题尚需深入的考古发掘与研究来逐步揭开。

三是"黎出多源"。这一观念，自20世纪以来，在人类学及民族学领域经由众多学者的深入田野调查而逐渐成形，成为一股新兴且富有生命力的学术思潮。刘咸（《海南黎族起源之初步探讨》）[4]与史图博[5]（《海南岛民族志》）等在其著作中，通过详尽的田野工作，提出黎族不仅根植于百越族群中的骆越分支，更在历史长河中，经历了复杂而漫长的演变过程。在这一过程中，海南岛原有的居民与后续通过多种途径迁入或融合的其他种族相互交织，形成了今日黎族多元而丰富的文化基因。

考古学的发现为此提供了有力支撑，史前时期海南岛遍布的土著黎人遗

---

[1] 罗香林.海南黎人源出越族考[J].青年中国季刊（创刊号），1939：318.

[2] （东汉）班固.汉书（卷六四下）[M].上海：上海古籍出版社，1986：627.

[3] （北宋）司马光.（元）胡三省，注.资治通鉴（卷二八）[M].北京：中华书局，1956：904.

[4] 刘咸.海南黎人文身之研究[J].民族学研究集刊，1936（1）：197.

[5] [德]史图博.海南岛民族志.中国科学院广东民族研究所，1964：330.

迹，不仅揭示了其广泛的分布范围，也暗示了黎族先民迁徙至此后的多元起源与扩散路径。此外，还有考古证据表明，黎族先民可能与广西地区存在深厚的渊源，进一步丰富了其迁徙与融合的历史图景。

尤为引人注目的是，田野调查与考古研究还揭示了海南岛黎族与台湾少数民族如泰雅、排湾、阿美等族群之间潜在的共同起源联系，这一发现被《中国国家地理》2001年12期刊载的《海南黎族与台湾4个少数民族有共同祖先》一文所详细阐述，为理解两岸民族文化的深层联系提供了新的视角。

海岛上的黎族族群，其形成历程是一个典型的一源多流、长期融合的过程，展现了人类历史中文化多样性与交流互鉴的生动范例。然而，鉴于这一学说的复杂性与深度，未来仍需更多详尽的考证材料来进一步充实和完善我们的认识。

还有就是，黎族源流的"北来说"与"南来说"，这两大理论框架尤为引人注目，其重要倡导者之一便是徐松石教授。在《粤江流域人民史》这部力作中，徐松石教授深刻描绘了黎族在海南岛的居住形态："黎人居海南岛，有黎母山，高大险峻，生黎居于山中，熟黎环绕山麓。"[1]他进一步考证指出，黎人在古代广泛分布于两广及越南地区，其种族问题与两广地区紧密相连，可通过地名、语言等多维度线索追溯其根源。

徐松石引《太平御览》所引《南州异物志》所述："广州南有贼曰俚，此贼在广州之南，苍梧、郁林、合浦、宁浦、高梁五郡中央，地方数千里，往往别村，各有长帅，无君王，依山险，不用城。"[2]其中"往往别村"一语，生动展现了早期黎人的社会组织形态，而今南海、顺德、中山、三水、台山、清远、花县、英德、河源乃至海南文昌等地，黎村黎峒之名屡见不鲜，尤其是海南岛上，此类地名更为密集，进一步印证了黎族在两广及海南的深厚历史根基。

此外，徐松石独辟蹊径，探讨了东南亚马来族形成后可能存在的文化回流现象，即"南来说"。这一观点在林惠祥先生的《中国民族史》中得到进

---

① 徐松石.民族学研究著作五种（上）[M].广州：广东人民出版社，1993：147-150.
② 徐松石.民族学研究著作五种（下）[M].广州：广东人民出版社，1993：760-761.

一步的支持与拓展。林先生在分析百越族与黎族关系时，特别强调了越人"使舟及水战"的文化特征，指出："越人因在中国东南近水之区，故与水狎，交通以舟楫，战斗亦以水胜。"他援引《汉书·严助传》及《淮南子·齐俗训》等古籍，强调越人擅长水战与舟楫，这一特性极大地增加了他们通过水路迁徙至海南及更远太平洋群岛的可能性，为"南来说"提供了有力的文化人类学依据。[①]

## （二）临高语族和仡隆语族

临高语族这一独特群体，广泛分布于海南岛北部地域，东起南渡江之滨，西至临高县新盈港的浩瀚海岸，南界则划定于海口市琼山区遵谭、澄迈县白莲及儋州市南丰的交界之处，更涵盖了临高全县以及儋州、澄迈、琼山乃至海口市郊的部分区域。这一族群，约五十万之众，共同使用着一种隶属于汉藏语系侗泰语族壮泰语支的独特语言——临高语。从语言交流、社会结构到风俗习惯，无不彰显着他们作为一个紧密族群的存在。他们自称为临高人，抑或以居住地之名相称，如龙塘人、长流人、白莲人等，各具地域特色。关于其族源，众说纷纭，有言其乃"汉化黎人"或"黎化汉人"，亦有推测其为自广西等地随军征伐而至的壮族后裔，历史的迷雾为这一族群披上了一层神秘的面纱。[②]

追溯临高语族的历史脉络，其最早可追溯至春秋战国时期，彼时便已有岛外黎族先民迁徙至此，与海南岛原有的文化相互交融[③]。及至汉代，史籍中已明确记载了大陆移民最早抵达并定居于临高的历史事实。正德年间编纂的《琼台志》中便有详尽记载："郡志载，建武二年，青州人王氏与二子祈、律，家临高之南村，则东汉有父子至者矣。"[④]这一记载，无疑为临高作为海南岛早期移民重要集散地的历史地位提供了有力佐证。

① 林惠祥.中国民族史（上册）[M].北京：商务印书馆，1996：112-115.
② 张介文.透过地名看临高人在历史上的几个问题[J].中国地名，1996（4）：10.
③ 周伟民，唐玲玲.海南通史（先秦至五代十国卷）[M].北京：人民出版社，2017：107.
④ （明）唐胄.正德琼台志（卷三）[M].海口：海南出版社，2004：58.

至于临高人的族属归属，虽在法律层面上已明确界定为汉族，但在学术研究领域，其族源问题至今仍是一个充满争议的话题。自20世纪50年代以来，学术界普遍倾向于认为，临高人的先民约在前500年，即春秋战国之际，自广西南部及雷州半岛渡海而来，定居于海南岛北部，系古骆越族的一支后裔。而从语言学的深入探究中，我们更可窥见临高方言与古越语系的深厚渊源，进一步印证了这一观点。①

与临高语族群相映成趣，仡隆语人同样是海南岛上重要族群之一。在新中国成立后的民族普查与分类中，仡隆人被正式归入汉族范畴。据2013年的数据统计，昌化江下游两岸区域内，约有十万余众以仡隆语为母语，他们分布在昌江县昌化江北岸的13个自然村及东方市昌化江南岸的40个自然村之中，共同生活在一片约四百平方公里的土地上。关于仡隆人迁入海南岛的具体时间，学术界存有不同见解，大致框定在秦朝末年至汉代之间。

仡隆人的起源问题，至今仍是一个未解之谜。近年来，科研领域的突破为此提供了新视角。2010至2011年间，复旦大学现代人类学教育部重点实验室携手海南医学院生物教研室，共同开展了《海南岛土著民族的父系遗传多态差异分析》项目，通过先进的基因检测技术，深入解析了海南仡隆人Y染色体的遗传信息。研究结果显示，海南仡隆人的基因与贵州仡佬族高度相似，从而初步判定海南仡隆人为仡佬族的一个分支。②

仡隆人使用的仡隆语，在当地又有着村语、村话、哥隆语等多种亲切称呼。初期，仡隆语常被误认为是汉语的某种方言或黎语的分支，然而随着学术研究的深入，其语言体系的复杂性逐渐显现。1957年，中国社会科学院民族研究所的梁敏研究员在《海南"村话"和"临高话"调查简报》中首次对仡隆语进行了系统性介绍。③到了1988年，东方县的黎族干部符镇南与中国科学院少数民族语言研究所的欧阳觉亚教授，经过详尽的调查与研究后，明

---

① 詹慈.试论海南岛临高人与骆越的关系[J].中央民族学院学报，1982（3）：84-92.
② 李冬娜，李辉，等.从Y染色体遗传结构看海南仡隆人群的起源[J].人类遗传学杂志，2010，55（6）：555-561.
③ 梁敏.海南"村话"和"临高话"调查简报[R].中国科学院少数民族语言调查分队，1957.

确指出仡隆语既非汉语的方言,也非黎语的一种,而是隶属于更为广阔的壮侗语系黎语支下的一种独特语言[①]。进一步地,复旦大学现代人类学研究中心与海南医学院的联合研究团队,结合遗传学证据,认为仡隆人的语言在形成过程中融合了仡佬语、黎语、壮语及海南话等多种元素,其分类应被重新评估,从原先的黎语支调整至仡央语群,这一发现为理解海南岛乃至更广泛地区语言文化的交流融合提供了新的思路。

## (三)海南——南岛语系的发散点和中转站

在远古的晨曦中,海南岛宛如一颗遗世独立的珍珠,彼时,中原文化的强大辐射力尚未触及这片遥远的海疆,其保持着一种未被侵扰的原始纯净。从岭南腹地至海南本土,再远播至东南亚乃至南太平洋的广阔海域,一系列考古发现如同散落的珍珠,串联起海南岛黎族先民与世界的互动轨迹。他们依托岛屿得天独厚的地理位置,智慧地驾驭季风与洋流的力量,不仅自如穿梭于海南岛的山川湖海之间,更勇敢地跨越琼州海峡,北上探索雷州半岛的奥秘;同时,他们的足迹也向南向东延伸,直至台湾岛、马来群岛(今印度尼西亚)、安南(今越南)、暹罗(今泰国)等遥远之地,甚至远播至南太平洋的众多岛屿,编织了一幅幅波澜壮阔的民族迁徙与交流的图景。

这一历史壮举深刻揭示了古代黎族人民与上述地区先民之间复杂而微妙的联系与互动,它们或明或暗,交织成一幅幅文化交融的绚丽画卷。

经进一步探究发现,这些广泛分布于东南亚及南太平洋的族群,被统称为南岛语族,他们所使用的语言体系之间,存在着难以割舍的纽带与共性,共同构成了人类语言与文化交流史上的一段独特现象。南岛语系,亦称马来—波利尼西亚语系,以其独特的海岛文化为舞台,展现了语言多样性的极致魅力。据世界语言资源库的最新统计,该语系囊括了多达1262种语言,其规模之庞大、影响之深远,无疑是人类语言文化宝库中的一颗明珠。

追溯南岛语族的初次邂逅,大航海时代的西方探险家无疑成为勇敢的先驱者。在那段波澜壮阔的航海探险历程中,他们逐一"探访"了散落在南太

---

① 符镇南,欧阳觉亚.海南岛村话系属问题[J].民族语文,1988(1):8-17.

平洋上的大小明珠。这些海盗们惊异地发现，尽管岛屿间民族语言纷繁多样，但在赋予鲨鱼、乌贼、海虾等海洋生灵之名时，却展现出惊人的共性，这一奇异现象如同迷雾中的灯塔，吸引了探险家与殖民者的无限遐想与探索欲。随后，欧洲的人文学者们纷至沓来，他们深入这些散布于碧波之上的小岛，逐渐揭开了一个更为深邃的秘密：不同族群间不仅身形相似，更有部分语言能够相互理解，这绝非偶然，而是他们共同祖源血脉的深刻印记。这一发现，犹如晨曦初露，标志着人类对南岛语族现象认知的首次觉醒。

　　海南岛，以其得天独厚的地理位置，自古以来便与南岛语族文化编织着千丝万缕、难以割舍的联系。今日的考古发现，为我们提供了确凿的证据：岛上出土的有肩石斧、有段石锛、夹砂红褐土陶器等古物，以及史前时期遗留的树皮布痕迹，先民独特的文身艺术、生活习俗、口耳相传的民间故事乃至语言特征等，无不彰显着与南岛语族先民之间深厚的同源性和文化共鸣，它们共同诉说着一段跨越时空的祖先记忆。

　　鉴于海南岛恰好坐落于欧亚大陆（尤其是中国岭南地区）与南太平洋岛屿的交汇之处，它不仅是一座地理上的桥梁，更是文化交流与融合的绝佳舞台。作为南岛语系辐射的重要据点与中转站，海南岛在历史的长河中扮演了举足轻重的角色，极大地促进了南岛语系各族群在语言、文化乃至基因层面的交流与融合，其意义之深远，难以估量。

# 第三章

# 白马踏泉——抚定珠崖

源自黎母山与五指山怀抱的南渡江，宛如一条生命之脉，汇聚涓涓细流，奔腾北去，最终汇入浩渺大海，其入海口正是今日繁华的海口城。站于海口之北，眺望那横亘的海峡，彼岸即是雷州半岛之端，最近处乃徐闻海安，两地名字间便蕴含着悠远的历史韵味，它们默默诉说着过去漫长岁月里，无数先驱者穿越惊涛骇浪，将生死托付于未知命运的幕幕往事，有名者传颂千古，无名者亦山河铭记。

海南岛，中国版图上独特的一块，虽孤悬海上，却从未真正隔绝于大陆母亲的怀抱。海岛对大陆的深深依恋，大陆对海岛的切切挂念，如同血脉相连，绵延不绝。史前，两岸间的往来更多是基于生存本能的探索与冒险；而在先秦时代，琼岛与大陆之间早已织就了一张由血脉与情感交织的网，尽管史书记载寥寥，甚至模糊难辨，但这丝毫不妨碍我们构想与描绘先民们跨越海峡的豪迈情景。

当中原大地已步入封建社会相当长的时期，海南岛却似乎仍游离于统治者的核心视野之外，仅作为帝国辽阔疆域中一枚微不足道的附属存在，尤其在帝国尚未扬帆向海之前，其地位更显边缘。

唐朝始在边疆之地借以怀柔之策，册封当地首领为王侯，将其纳入中央管辖，这背后有中央集权的智慧。

# 一、海岛明珠

在先秦以前，海南岛宛如一颗遗世独立的珍珠，游离于中原文化之外，这片岛屿上的先民们，在未被文明喧嚣触及的净土上，悠然自得地维持着原始的生存状态，他们与自然和谐共生，繁衍生息，逐渐孕育出了一个拥有鲜明独特文化风貌的岛与峡的族群。

直至秦始皇横扫六合，一统天下，其雄才大略不仅限于中原腹地，更将目光投向了更为辽远的疆域。随着中原王朝政治版图的扩张，经济活动的繁荣以及文化影响力的深远传播，一股不可阻挡的历史洪流开始涌动，开始向海南岛这片曾经的化外之地渗透。中原文明，终于跨越这千山万水，逐渐点亮这片古老岛屿的未来之路。

## （一）先秦典籍中的海南

先秦之前，海南岛乃是一片远离中原文明的光辉、被视为外徼之地的蛮荒之所，这里的社会形态尚处于原始部落的质朴阶段。在先秦典籍与文献的浩瀚记载中，亦能找到关于这片土地古老面貌的蛛丝马迹，它们以文字的形式，跨越时空的界限，为我们勾勒出海南岛那段原始而神秘的历史轮廓。

《史记·南越传》载："秦时已并天下，略定扬越。"①《汉书·南粤王》亦有"秦并天下，略定扬粤"的记载。《旧唐书·地理志四》中，更为详细地描述："南海，五岭之南，涨海之北，三代以前，是为荒服。秦灭六国，始开越置三郡，曰南海、桂林、象郡，以谪戍守之。"秦定天下的壮举，不仅是中原版图的重大扩张，更是岭南地区与中原文明深度融合的起点，具有划时代的意义。

然而，追溯至秦朝之前的岭南地区（含海南岛），其详尽面貌多隐匿于

---

① （西汉）司马迁.史记（卷一一三）[M].北京：中华书局，1959：2967.

浩瀚典籍的零星记载之中。唐代杜佑编纂的《通典》提及的"夏禹声教，至南海交趾"[①]，揭示了早在前21世纪至前16世纪的夏代，中原文明的影响已悄然触及岭南，构建了远古时期的中原与岭南文化交流脉络。

《山海经·海内南经》谓之"伯虑国、离耳国、雕题国、北朐国皆在郁水南。郁水出湘陵、南海，一曰相虑"[②]。其中"离耳国"与"雕题国"尤为引人注目。前者"离耳"，意指耳垂穿孔，佩戴重物以拉长，后者"雕题"，则是面部刺刻纹饰，展现了独特的民族风貌。晋代郭璞的注解更为生动，"锼离其耳，分令下垂以为饰，即儋耳也。在朱崖海渚中，不食五谷，但噉蚌及藷、芋也"[③]。将"离耳"释为儋耳，描绘了一幅居于海岛、以蚌蛤及芋类为食的原始生活图景。

及至秦汉，岭南已是王土。《汉书》第九十五卷《南粤传》详细记载了秦朝统一六国后，对岭南地区的征服与治理，特别提及"置桂林、南海、象郡"[④]，并迁徙民众与南粤人杂居，进一步将海南岛纳入行政管辖，"遂以其地为儋耳、珠崖、南海、苍梧、郁林、合浦、交趾、九真、日南九郡"，确凿无疑地确认了"离耳国"即秦前的海南岛儋耳之地。至于"雕题国"，其"点涅其面，画体为鳞采"的习俗，与戴大耳环的习惯，共同勾勒出一个文身纹面、装饰独特的族群形象，使得《山海经》中关于离耳、雕题两国位于海南岛的推断更为合理。

南朝梁代萧绎的《金楼子》"尧乃老，使舜摄行天子政，巡狩得举用事……缓耳、贯胸之民来献珠玑"。[⑤]《后汉书·杜笃传》"连缓耳，琐雕题"[⑥]，唐李贤注："缓耳，耳下垂，即儋耳也。"[⑦]这些记载不仅丰富了我们对海南岛古代居民生活习俗的认识，还揭示了上古至先秦时期，海南岛先民与

---

① （唐）杜佑.通典（卷一八四）[M].北京：中华书局，1988：4796.

② 袁珂.山海经校注（卷五）[M].上海：上海古籍出版社，1980：269.

③ （东晋）郭璞.山海经笺（卷十）[M].北京：中国致公出版社，2016：285.

④ （东汉）班固.汉书（卷九五）[M].北京：中华书局，1962：3847.

⑤ （南北朝）萧绎.金楼子（卷一）[M].上海：上海古籍出版社，2022：15-16.

⑥ （南北朝）范晔，撰.（唐）李贤，注.后汉书（第八册）[M].北京：中华书局，1965：2602.

⑦ （南北朝）范晔，撰.（唐）李贤，注.后汉书（卷八十六）[M].台北：台湾商务印书馆，1986：5.

岭南乃至中原之间，虽多为自发性的自然交往，却已建立起不容忽视的文化联系与物质交流。这些珍贵的历史碎片，共同拼接出一幅幅远古时期民族融合与文化交流的生动画卷。

实则在秦统一六国之前，南海之滨已是一片繁忙景象，沿海居民以捕鱼为生，频繁的航行活动不仅维系了他们的生计，更悄然推动了古代造船与航海技术的萌芽与发展。战国时期的典籍《逸周书·王会解》中记载了一段商代（约前1766—前1754年）国王汤与相伊尹的对话，"诸侯来献或无马牛之所生，而献远方之物，事实相反不利。今吾欲因其地势所有，献之必易得，而不贵其为四方献令"。展现了中原与南海偏远地区的早期交流盛况。汤王忧虑于诸侯进贡的烦琐与不便，伊尹遂顺应自然，颁布四方令，明确指出："臣请正东符娄仇州伊虑沤深九夷十蛮，越沤发文身，请令以鱼支之……正南瓯邓桂国损子产里濮、九菌，请令以珠玑、玳瑁、象齿、文犀、翠羽、菌鹤、短狗为献……"[1]这段记述不仅证实了商代中原与南海边缘地带已建立联系，且交换物品中丰富的海产品特色，间接映射出岭南本地部落已掌握高超的海上捕捞、生产及航行技术，展现了先民们对海洋的深刻认识与利用能力。

《史记·货殖列传》亦对《逸周书·王会解》中的奇珍异宝有所提及，"此语非汉时可见陆梁（岭南）之地未开，蛮夷贾船已至交广者矣"，史学家吕思勉先生更是深刻洞察，指出此等现象表明，在汉代人眼中尚属未开化之地的岭南，其海域实则早已迎来了远方蛮夷的商船，贸易往来频繁，远超时人想象。[2]

悠悠南海，岭南先民，早已在兹弄潮了。

## （二）秦汉时期的海南

公元前221年，秦始皇以雷霆之威，横扫六合，一统中国，其胸襟之壮阔，志向之高远，毕生致力于疆域的拓展与国家的强盛。在将岭南的辽阔疆

---

① （先秦）佚名.逸周书（卷七）[M].北京：中华书局，1985：12.
② 吕思勉.吕思勉读史札记[M].上海：上海古籍出版社，1982：525.

域纳入中原王朝的宏伟版图之后，他的目光并未止步，而是瞄向了那片遥远而充满传奇色彩的海上乐土——海南岛。

清代学者陈梦雷，在其编写的《古今图书集成·职方典》卷一三七三《琼州府建置沿革考》中为我们勾勒出了海南岛的历史轮廓："琼在唐虞三代为扬越荒徼，秦为越郡外境。旧志：秦皇略定，始属中国。然秦于越置桂林、南海、象三郡。"[①]

这段历史，不仅见证了秦朝对海南岛的无形管辖与深远影响，更彰显了中华民族自古以来对于国家领土完整与统一的坚定信念与不懈追求。海南岛，这片曾经遥远而神秘的海上净土，早已成为中华民族大家庭中不可或缺的一员。

到了汉代，中原王朝对海南的治理进入了新的阶段。汉武帝在海南设立郡治，正式标志着海南岛被纳入中央集权的版图之中，成为国家不可分割的一部分。

## 始皇移民

秦始皇在完成征服百越后，为加速边疆的繁荣与稳固其千秋基业，启动了史无前例的岭南大移民战略。此举宏图大略，旨在双轨并进：一方面，有效破解了岭南地域辽阔而人口稀少、开发迟滞的难题；另一方面，巧妙地将中原腹地的先进生产力与精湛技术带入这片沃土，极大地促进了中原文化的融合。据《史记》记载，始皇三十三年（前214年），他颁布诏令，"发诸尝通亡人、赘婿、贾人略取陆梁地，为桂林、象郡、南海，以适遣戍"。[②]"通亡"者，乃昔日规避法网之众；"赘婿"，多指因家境所迫而入赘他门之男，亦含社会底层服役者之意；"贾人"，则是遍行天下的商贾之士。此次移民规模空前，总数高达五十万众，若算上家眷，则人数更为庞大，蔚为壮观。

次年，秦始皇更进一步，将一批因执法不阿而获罪的官吏发配至长城与南越前线，虽具体数目成谜，但据推测应介于三万至五万之间，这一举措无疑为边疆建设注入了新的力量。第三次则是南海尉赵佗上书请求招募三万无

---

① （清）陈梦雷.古今图书集成（地理志）[M].海口：海南出版社，2006：127.
② （西汉）司马迁.史记（卷六）[M].北京：中华书局，1959：253.

依无靠的女子，初衷是为军中将士缝制衣物，后虽获准半数，但此举实则蕴含深意，意在通过解决士兵的婚姻问题，从根本上稳定军心，巩固边防，展现了其深远的战略眼光。

秦始皇实施的这三次庞大的移民潮，其战略焦点直指岭南大地，精准覆盖了桂林、象郡、南海三郡这片辽阔的、既偏僻又极具资源价值的疆域。三郡之地即今日所指的郁林、日南、广州及周边广阔地带，乃至后来赵佗雄踞的南越国全境，而海南岛亦被这股历史洪流所覆盖。这一系列宏大举措，不仅从根本上重塑了岭南地区的社会结构与自然风貌，更为中华文明的南向传播与多元文化的深度交融铺设了坚实的基石，开启了中华文脉在岭南乃至更远海落地生根的历史。

秦朝在历经初期征伐岭南的挫折后，深刻反思了陆路进军所遭遇的南岭天堑之困，尤其是后勤补给的艰难挑战。于是，在始皇三十三年（前214年），秦始皇调集五十万大军，于广西兴安县境内，奇迹般地开凿出了一条连接湘江与漓江的运河——灵渠。这条长约三十公里的水渠，宛如一条巨龙，横跨山水之间，不仅将长江与珠江两大水系紧密相连，更极大地提升了自中原腹地（尤其是楚地）向岭南前线输送粮草与兵力的效率与规模，为秦军深入岭南、稳固疆土提供了坚实的后勤保障。

灵渠的开凿，初衷虽为军事所需，转运征伐之粮饷，但其深远影响却远远超越了军事范畴。它如同一座桥梁，不仅连接了地理南北，更促进了文化的交流与融合，使得中原地区的先进生产力、技术知识以及文化精髓得以迅速渗透至岭南，极大地推动了该地区经济社会的飞跃式发展。

更为重要的是，灵渠的通航，间接地催生了另一条更为广阔的交流之路——古代海上丝绸之路的雏形。这条海上通道，自秦汉时期起便逐渐兴盛，成为连接中国与世界的重要纽带。而海南岛，凭借其得天独厚的地理位置，自然而然地成为这条古代海上丝绸之路上的重要节点，特别是在其形成初期，即秦汉时代，海南岛作为重要的转运站，见证了无数商船往来、文化交融的悠悠往事。

### 武帝置郡

秦帝国的出现如同流星划过夜空，虽光芒四射却转瞬即逝，尚未能在岭南这片广袤之地稳固其深远统治，便轰然崩塌，迎来了大汉王朝新的纪元。汉朝继承并发展了秦朝的国家治理制度，国力日盛，其对岭南乃至海南岛的统治也随之日益巩固与加强。自汉武帝时代起，中原王朝的政治影响力正式跨越山海，深入海南岛腹地。

自此以后，海南岛的历史翻开了崭新的一页，它不再仅仅是原始部落的栖息之地，而是步入了阶级社会，政治斗争与民族间的对抗与融合交织成另一幅波澜壮阔的封建社会演进画卷。在这片土地上，原始的部落形态在历史的长河中逐渐蜕变，伴随着中华民族大融合的浪潮，海南岛的先民们一步步融入到这个多元而统一的大家庭之中。

值得注意的是，海南岛正式载入史册亦始于汉朝，这一时期不仅见证了其政治地位的确立，更开启了其文化与经济快速发展的新起点。

汉武帝元封元年（前110年），这位雄才大略的帝王挥师南下，一举平定了南越之乱，并在此基础上，于南海之滨设立了包括珠崖、儋耳在内的九郡，这一壮举被记载在《汉书》卷六《武帝纪》中[1]，标志着海南岛正式纳入西汉帝国的辽阔版图，成为帝国不可分割的一部分。珠崖、儋耳两郡的设立，不仅让海南岛在史籍中留下了正式的记载，更开启了海南与中原文明深度融合的历程。

尽管海南孤悬海上，远离中原腹地，但在这片土地上，当地先民与自中原迁徙而来的移民之间，上演了一场场族群碰撞与融合的交响曲。为了巩固海疆、拓展海上贸易，西汉朝廷频繁派遣官员巡视南海诸岛及邻近海域，不仅强化了帝国在南海的主权，更为海上丝绸之路的开辟与发展奠定了坚实的基础。

彼时的海南，尚处于原始生存状态，居民们以刀耕火种、渔猎为生。然而，随着珠崖、儋耳两郡的设立，封建治理模式的引入，海南社会迎来了历史性的转折。政治上，中央政权的直接管辖加强了地方的控制与管理；经济上，中原的先进生产工具、技术和物种涌入海南，促进了生产力的飞跃，同时海南的特产也得以北上，实现了南北经济的互通有无；文化上，中原文明与海南本土文化之间的交流碰撞，为海南带来了前所未有的文化繁荣，多元

---

[1]（东汉）班固.汉书（卷六）[M].北京：中华书局，1962：186-188.

文化并存的格局逐渐形成。

然而，由于地理位置偏远，加之法纪执行不力、官吏贪腐等问题，汉代对海南岛的治理面临诸多挑战。土民负担沉重，加之民风彪悍，叛乱时有发生，使得朝廷的治理效果大打折扣。尽管如此，珠崖、儋耳两郡的设立，仍为海南岛的历史发展留下了不可磨灭的贡献，为后世海南的进步与繁荣奠定了坚实的基础。

## 两汉自治

汉元帝初元元年（前48年）与次年（前47年），关东大地接连遭受饥荒肆虐，百姓苦不堪言，社会动荡不安。恰在此时，海南岛又现叛乱之火，国家面临是否动用武力的艰难抉择。

在综合各方意见后，汉元帝从原本的强硬平叛立场中抽身，转而采取一种更为审慎与包容的态度。对于珠崖之民，政策采取了开放而灵活的态度，既欢迎那些向往中原文化、愿意归附者，亦不强制干涉，确保了政策的灵活性与人性化。

自汉武帝元封元年（前110年）至汉元帝初元三年（前46年），中原王朝经过对珠崖长达64年的直接管辖后，继而步入了一个"无为而治"的阶段——一个中原势力让渡地方自主探索治理的时期。

汉元帝的"无为而治"之举，在中国历史上留下了统治者首次在非战争压迫下主动让渡治理权的案例。从历史的宏观视角审视，这一决策无疑对海南的社会发展轨迹产生了深远的负面影响，成为这段历史进程中不可忽视的曲折与遗憾。

时隔580个春秋的更迭，岭南的广袤南粤之地，包括了这颗南海明珠——海南岛，在冼夫人的引领下，向刚刚一统中原的隋王朝表达了归顺之心，标志着海南正式重返中华文明的温暖怀抱。

有学者认为，汉元帝之时的"无为而治"，让海南岛游离于中央政权的怀抱，实为一段值得深刻汲取的历史教训。暂且搁置历史评判的主观色彩，仅就汉代社会的现实境况而言，无论是统治力量的延伸广度，还是治理所需物质资源的积累深度，都难以全然触及并稳固如此偏远且环境恶劣之地——岭南，那里山峦叠嶂、瘴气弥漫、虫蛇出没，更何况珠崖被浩瀚的琼州海峡天堑所隔，治理难度可想而知。

这五百八十年的漫长等待，实则见证了中原王朝自身经历的一场前所未有的动荡与深刻整合——三国魏晋南北朝时期，中原大地仿佛被历史的洪流卷入了一场无尽的轮回，各民族在这片土地上不断碰撞、融合、重生，王朝更迭如走马灯般频繁，使得维护既有边疆成为奢望。岭南，这片相对宁静的避风港，便是在这样的乱世中幸运地避开了连绵的战争，独享了五百多年的和平与安宁。海南岛，亦是在这样的宏大历史背景下，悄然度过了数个世纪的沉寂与混沌。

东汉初立，海南岛因南越南陲交趾的叛乱烽火波及，内部亦陷入了地方势力割据的混乱漩涡的边缘。

东汉光武帝建武十九年（43年），光武帝派遣伏波将军马援与楼船将军段志挥师南下，平定交趾（今涵盖越南北部及中部区域）之乱，海南岛亦在此役中得以平息。随后，东汉政权将海南岛更名为"珠崖县"，然而，这一变动并未能从根本上改变海南岛的治理格局。

永平十七年（74年），儋耳地区因仰慕中原文化，主动呈上贡品，表达了归顺东汉的意愿，然而，在随后的东汉长达177年的统治时期，海南岛在行政建制上却鲜有进展，既未增设新县，更未恢复郡级建制，仅作为合浦郡下辖的一个名义上的县治存在，自治色彩浓厚。

综观两汉时期，海南岛的这段治理变迁史不仅映射了中央政权对边疆治理的复杂考量，也深刻揭示了海南岛自身在历史洪流中的独特命运与地位。从汉武帝开郡设县将其纳入中华民族的版图，到东汉初的无为而治，这一过程既体现中央王朝对边疆控制力度的波动，也反映出海南岛孤悬海上、民族文化多元、经济发展滞后带来的治理难题，更见证了中原文明与海岛本土文化的交融与碰撞。

## （三）三国魏晋南北朝时期的海南

在三国鼎立、魏晋更迭乃至南朝（宋、齐、梁、陈）长达三百六十九载的岁月里，中原大地频繁上演着封建王朝的兴衰更替，这一系列动荡不安的历史变局，直接导致了对岭南等偏远未开化区域控制力的显著削弱。海南岛，这一广阔区域，其行政建置在延续东汉遗风的同时，依赖于"羁縻"政策来维系表面的秩序与归属。

由于远离中原腹地的繁华与昌盛，加之战乱频仍导致的交通阻隔，海南岛在这一时期几乎断绝了与中原先进生产力和技术成果的直接交流。这一隔离状态，极大地限制了海南的经济增长与社会进步，使得其发展历程呈现出明显的滞缓态势，许多领域的发展几乎处于停滞状态，与中原的飞速发展形成了鲜明对比。

## 孙权三次进军海南

三国鼎立之际，海南岛归属东吴版图，受交州所统辖。交州之地，偏远荒僻，其有效治理需耗资巨大。东吴立国五十载，坐拥江南鱼米之乡，倚长江之险，傍鄱阳、太湖之利，面朝浩瀚东海与南海，其造船与航海技术之精湛，冠绝一时，造就了"舟楫驰骋如陆上马车，巨浪深洋变通途"①的航海盛世，极大地增强了东吴对东南沿海及远疆的掌控力与探索欲。

建安十六年（211年），岭南终归于孙权麾下，据《资治通鉴》记载，此年吕岱上表建议将海南地区划分为三郡，隶属交州，并由其担任交州刺史，标志着东吴对岭南及海南正式实施行政管辖，尽管初期仍采取较为松散的遥领方式。但东吴深知海上贸易之于国家富强的重要性，尤其是向南海以南拓展，以规避曹魏对北部海域的控制，成为其重要战略方向。

据《梁书·诸夷列传》所载，孙权时期派遣朱应、康泰等使者远赴南海诸国，开展外交与贸易活动，足迹遍及数十国，并留下珍贵记录，展现了东吴对海上世界的积极探索与开放姿态。鉴于海南岛独特的地理位置，孙权更是萌生了将其打造为通往东南亚贸易航线枢纽的雄心，遂于黄龙元年（229年）征询陆逊关于征伐海南的意见，然陆逊以审慎态度表示反对，这一决策最终未能付诸实施。

赤乌五年（242年），孙权派遣将军聂友与校尉陆凯，统率三万精兵，浩浩荡荡地踏上了征讨珠崖与儋耳的征途。聂友与陆凯率领的雄师势如破竹，直捣珠崖腹地，终获全胜，其英勇事迹被后世所铭记，如民国王国宪所

---

① （北宋）李昉，等.太平御览[M].北京：中华书局，1960.

著《聂友传》及《儋县志》等文献中均有详尽描绘。胜利之后，孙权本欲留驻重兵以巩固珠崖，然聂友深谋远虑，虑及大军久驻恐生变故，不利稳定，遂决定仅留少量精锐镇守，大军则凯旋而归。

据道光年间编纂的《琼州府志·沿革表》所载："吴赤乌五年，聂友、陆凯讨平儋州、珠崖，复置珠崖郡，治徐闻。"[①]此番征讨虽胜，但孙权之战略重心实则仍聚焦于海峡对岸的雷州半岛，故未能真正在海南岛扎下稳固根基，这也为后续的再征埋下了伏笔。

时隔四年，赤乌九年（246年），孙权再度筹划征讨珠崖及夷州，并征求右大司马、左军师全琮之意见。全琮以敏锐的洞察力，力陈远征之弊："以圣朝之威，何向而不克？然殊方异域，隔绝障海，水土气毒，自古有之，兵入民出，必生疾病，转相污染，往者惧不能反，所获何可多致？"[②]然孙权未能采纳全琮之谏，坚持用兵。结果，大军远征经年，将士多染疾而亡，损失惨重，孙权对此深感懊悔。

回顾孙权对海南的三次征讨，尽管聂友、陆凯等人曾成功讨平珠崖，但整体而言，并未能实现对海南岛的有效统治。前两次虽有所斩获，却终因劳师动众、士兵水土不服等因素而未能长久驻守，仅在雷州半岛设立郡县，遥领海南。至于第三次征讨，更是以失败告终。

从最终结果来看，孙权对海南的三次军事行动，虽短暂地恢复了珠崖郡的设置，却未能从根本上改变汉元帝以来海南岛自治体系的现状，终归于遥领之境，未能实现真正的统治与整合。

### 魏晋南北朝，海南的建置形同虚设

及至两晋和南北朝（岭南为南朝治下）时期，海南的建置相较东吴更加如同虚设。

在晋代，海南岛被赋予了雅致的别称——"朱崖洲"，此名源于《太平御览》所援引王隐所著《晋书》之记载。《晋书·地理志》一书，明确记载"赤

---

① （清）明谊，修.（清）张岳崧，纂.琼州府志[M].海口：海南出版社，2006：11.
② （西晋）陈寿.三国志（卷六〇）[M].北京：中华书局，1959：1383.

乌五年之际，珠崖郡得以复置"。[1]此外，《舆地纪胜》则以更为详尽的笔触，为我们揭示了另一番历史图景："晋武平吴，省珠崖入合浦"，[2]但珠崖仍隶属于合浦。

值得关注的是，两晋时期的学者王范，在《交广春秋》中，虽轻描淡写地提及了海南岛，对于东吴及晋朝在这片岛屿上设立郡治的壮举，却吝于笔墨，未曾深入探讨。这一现象或许恰是两晋时期对海南治理策略的真实写照——一种更多停留在名义上的遥领与羁縻制度，而实际的行政触角，尚未能深入这片遥远而神秘的土地，不能实现真正的掌控与治理。

时光流转至南朝末期的梁代，《舆地纪胜》与《隋书·地理志》均载有梁朝在海南设立崖州之史实，并提及于徐闻县复立珠崖郡，然"竟不有其地"，实乃依据《元和郡县志》所言，表明此郡设立更多为名义上的存在。《文献通考》亦确认梁代置崖州之事，谭其骧先生在其研究中指出："自汉元帝之后，大陆王朝再次于海南岛上设置郡县，实以梁代为始。"[3]然而，梁代的崖州实则属于唐代贞观年间所定义的羁縻州范畴，与王朝正式的郡县治理体系有所区别，即名义上归属王朝，实则统治力量并未真正触及。

南朝陈代亦不乏崖州之记载，《陈书·方泰传》记载："太建四年，迁使持节、都督广、衡、交、越、成、定、明、新、合、罗、德、宜、黄、利、安、建、石、崖十九州诸军事、平越中郎将、广州刺史。"[4]详细列出了方泰所督管的诸多州郡，其中崖州赫然在列，这进一步印证了梁陈时期崖州郡县之建置，但同样地，这些郡县仍处于遥领与羁縻状态，中央政府的实际控制能力极为有限。

综观自汉武帝至魏晋南北朝的七百余年历史长河，中原王朝对海南岛真正实施有效郡县治理的时间累计不过百五十年左右。即便在这短暂的治理期内，所设郡县的实际管控效能极为有限，不仅行政架构难以深入地方社会肌理，且政令推行常因山海阻隔、民情殊异而难以畅达。地方治理更多停留在象征性的建制层面，这深刻反映了古代中国边疆治理进程中面临的复杂局面

---

① （唐）房玄龄，等.晋书（卷十五）[M].北京：中华书局，1974：465.

② （南宋）王象之.舆地纪胜（卷一二四）[M].北京：中华书局，1992：3555.

③ （元）马端临.文献通考（卷三百二十三）[M].北京：中华书局，2011.

④ （南北朝）沈约.宋书（卷三八）[M].北京：中华书局，1974：1208.

与现实挑战。

## 第一次移民高潮

在三国魏晋南北朝的纷乱岁月中，当中原大地持续笼罩于战火硝烟与征伐不息的阴霾之下时，岭南，这片因崇山峻岭环绕、远离中原腹地而显得遗世独立的土地，悄然成为北方百姓逃离战祸的避风港。诚然，岭南的南国风光虽美，却也伴随着酷热难耐、瘴气弥漫的挑战，其生存环境之艰苦，在那个动荡的时代里，并未能吸引众多世族豪门与显贵之士前来寻求安宁。然而，相较于那些因战乱而流离失所、家园破碎的普罗大众而言，岭南无疑提供了一线生机，尽管这一线生机并非全然理想化。

从另一个维度审视，这段中原的动荡时期，却意外地为岭南地区开启了一扇发展的大门。随着大量中原难民如潮水般涌入这片相对安宁的土地，他们不仅带来了对和平生活的渴望，更将中原地区先进的生产技术与科学知识播撒在这片热土上，宛如春雨润物细无声，极大地推动了岭南经济社会的稳步前行与繁荣。

海南岛，亦在这场历史性的发展浪潮中扮演着重要角色。时至南朝中后期，梁、陈两朝更迭之际，岭南涌现出了一位传奇女性——冼夫人，她以其非凡的智慧与勇气，不仅引领着岭南大部地区走向安定与繁荣，更在其家族的世代努力下，使得包括民风强悍的海南岛在内的广大地区，实现了前所未有的社会稳定与人口增长，叛乱之事鲜有发生，这显示了其卓越的文治武功。

此阶段是海南历史上首个显著的人口增长高峰，而东晋时期无疑是这一高峰的巅峰时刻。据《海南省志·人口志》所载，三国时期已有数万户人家迁徙至海南岛，而及至东晋，这股移民潮更是汹涌澎湃，人口数量迅速膨胀至惊人的十万户之众。

西晋末年，皇室内讧频发，北方民族趁势南下，引发了"八王之乱"与"五胡乱华"的动荡局面，中原大地陷入连绵战火，西晋王朝终告覆灭。随后，晋室皇族南渡，于建康（即东吴故都，今南京）重建东晋政权，此举不仅开启了中国历史上规模空前的移民迁徙浪潮，也促使岭南这片广袤而待开发的土地成为重要的移民接纳地之一。

明代海南籍大学士丘濬在其《南溟奇甸赋》中深情描绘道："是以三代以前，兹地在荒服之外，而为骆、越之域。至于有汉之五叶，始偕七郡而入于中国，南蛮之习未易也。椎结卉服之风未革也，持章甫而适之，尚懵而未之识也。魏、晋以后，中原多故，衣冠之族，或宦或商，或迁或戍，纷纷日来，聚庐托处，熏染过化，岁异而月或不同，世变风移，久假而客反为主，剖犷悍以仁柔，易介麟而布缕。今则礼义之俗日新矣，弦诵之声相闻矣。"①丘濬之笔，生动展现了魏晋之后中原士人南迁对海南社会风气与文化发展的深远影响。【注：原句"久假而客反为主"意在表达长期客居后成为主人的意思】

客观审视，三国魏晋南北朝时期，中原汉族人口的大规模迁入，无疑为海南的文明开化注入了强大动力，其积极作用不可估量。这一历史进程不仅促进了海南的经济社会发展，更为后续中央王朝对海南实施有效统治奠定了坚实的基础。

### 丝路中转站

在中国封建社会秦汉序曲中，古代海上丝绸之路已悄然启幕。这一伟大贸易走廊的诞生，深深植根于东南沿海先民——智慧勇敢的百越部落，他们对浩瀚海洋的深刻认知（涵盖对复杂气候与险峻礁石的洞察）以及对航海艺术（特别是造船与航行技术的不断精进）的深厚积淀。这一系列先驱性的探索与积累，在秦始皇挥师南下将岭南纳入中国辽阔版图之前，已然铸就了坚实的基础。

自那时起，岭南绵长的海岸线、北部湾的壮阔以及远至越南沿岸，成为原住民们编织海上交流网络的天然舞台。这些地区逐渐构筑起一系列虽尚显朴素却渐已稳固的海上航道，分段式的航路体系日益完善，促进了岭南百越与东南亚之间商贸与文化交流的初步繁荣。这一系列成就，无疑为中原王朝后来沿珠江水脉拓展海贸版图，铺设壮阔的海上丝绸之路，铺设了不可或缺的先路之石。

海南岛，在古代海丝孕育与成长中，扮演了无可替代的角色——一个关

---

① （明）丘濬.琼台诗文会稿（卷二二）[M].海口：海南出版社，2006：4461.

键的物资补给枢纽与安全避风港。鉴于当时航海技术的局限与船舶耐航性的挑战，远离海岸的远航尚属奢望，海南岛便以其得天独厚的地理位置，成为航船中途补给与休整的天然良港，保障了海上贸易线路的连续与畅通。

时光流转至三国鼎立之时，吴国的航海雄心已远及海南岛及其以南的南海诸岛，其航海版图无比广阔。公元226年，孙权于黄武五年，将交州一分为二，南海、苍梧、郁林、合浦四郡并入新设之广州，州治设于繁华的番禺①，自此，"广州"之名正式载入史册，海南岛及南海诸岛亦归属其下，进一步强化了这一地区作为海上丝绸之路重要节点的地位。

广州，这座历史悠久的港口城市，在中华帝国的海洋贸易版图中地位日隆，一是得益于其得天独厚的地理优势，为海上贸易提供了天然的便利条件；二是从海南岛以南，经西沙群岛、南沙群岛这一黄金水道的有效利用与蓬勃发展，极大地拓宽了广州的海上贸易网络。1975年，广东省考古学界在对西沙群岛北礁的深入挖掘中，发现了南朝时期的青釉六系罐，这一珍贵文物不仅是当时海上丝绸之路繁忙景象的生动见证，更确凿地表明众多商船已频繁穿梭于这条连接东西方的海上动脉之上。这条航线的繁荣并非南朝始创，其历史可追溯至更早的三国时期，彼时已有确凿记载。

公元226年，东吴孙权派遣宣化从事朱应与中郎将康泰作为友好使者，远赴东南亚各国交流，他们归来后分别撰写了《扶南异物志》与《吴书外国传》，详尽记录了沿途所见所闻及传闻中的数百个国家之风貌，这些文献不仅极大地丰富了人们对古代东南亚的认知，也见证了当时中国与东南亚地区广泛而深入的交往。此后，东南亚各国纷纷派遣使者，络绎不绝地穿越茫茫大海，踏上前往东吴的友好之旅，他们的船只无一不将海南岛作为重要的中转站与补给地，进一步巩固了广州作为海上丝绸之路核心港口的地位。

尽管魏晋南北朝时期深陷于分裂与战乱的漩涡之中，各朝代的统治阶层却对沿海疆域的开拓与交通网络的构建从未停歇。吴国孙权，凭借其广阔的东南沿海疆域，横跨万余里，将海上交通视为国家发展之要务，不仅积极开拓航道，更精心治理海事，为中华民族的海上交流与国际贸易铺设了坚实的基石，其影响深远而广泛。

①（西晋）陈寿.三国志（卷六〇）[M].北京：中华书局，1959：1385.

南朝时期，得益于得天独厚的地理位置与相对稳定的政治氛围，沿海地区的对外贸易成为统治者关注的焦点。《梁书·王僧孺传》生动记载了南海之滨当时的外贸盛况："郡常有高凉生口及海舶，每岁数至，外国贾人以通货易。旧时州郡以半价入旧市，又买而即卖，其利数倍。历政以为常。"①岭南沿海，尤其是交州、广州一带，更是呈现出"商舶远届，委输南州"的空前繁荣景象，海上丝绸之路的辉煌可见一斑。

海南岛，在这一历史时期，亦扮演了举足轻重的角色。冼夫人领导的俚人大联盟归顺梁政权，并大力推动海南的开发与民族融合，海南岛的海岸线与广州这一贸易中心紧密相连，成为南海贸易网络中不可或缺的一环。在南朝刘宋时期，以广州为始发港，中国商船乘风破浪，穿越浩瀚的印度洋，直达波斯湾沿岸，与南洋各国展开频繁的贸易往来与文化交流，这一航程从未间断。海南岛，作为这条古老航线的重要中继站，为过往船只提供了宝贵的淡水、粮食与蔬菜补给，成为保障远航安全的生命线。

# 二、踏波跨海——伏波将军

碧海之中的珍珠——海南岛，正式镶嵌于中国辽阔山河图中，还得从两位"伏波将军"说起。伏波之名，寓意着如蛟龙般踏浪而来，象征着无畏与征服的力量。在秦、汉之初，将军之职不仅是高级军政领袖的尊称，更通过赋予独特名号以彰显其赫赫战功与独特贡献。

提及"伏波将军"，不可不提西汉时期的路博德与东汉时期的马援，两位皆是中华民族历史长河中杰出的军事将领。历朝历代，为铭记这两位英雄的丰功伟绩，海南及岭南诸多地域均建起了庄严的伏波威武庙，供世人缅怀与祭祀，香火不断，传承着对"伏波将军"的敬仰。

在海南这片热土上，伏波井与白马伏波的故事被广为传颂，它们不仅仅是传说，更是对那段峥嵘岁月的深刻铭记。"伏波开琼"之说，更是生动描

---

① （唐）姚思廉，等.梁书（卷三三）[M].北京：中华书局，1973：470.

绘了两位将军在开拓南疆、奠定海南郡县制基础上的不朽功勋。

首次"浮波壮举",为西汉武帝时期,路博德奉命平息南越叛乱。汉元鼎五年(前112年),路博德挥师南下,历经艰辛,终在元鼎六年(前111年)斩获叛相吕嘉,成功平定南越,为西汉在海南设郡奠定了坚实的基石。

而第二次"浮波传奇",则是东汉光武帝时期,马援将军受命征讨交趾女子征侧、征贰姐妹的叛乱。建武十七年,叛军势焰嚣张,马援被封为伏波将军,亲率大军,次年即大破叛军,马踏珠崖,平定交州,为海南乃至岭南地区的和平稳定作出了不可磨灭的贡献。

# (一)伏波开琼

公元前221年,秦始皇帝嬴政横扫六合,一统中国,奠定了封建中央集权帝国的千秋基业。这位千古一帝,胸怀囊括四海之志,目光所及,皆为王土。在稳固了中原传统疆域之后,他的宏伟蓝图又瞄向了遥远的岭南之地——那片昔日楚疆之南,尚处于原始部落自治、未经文明洗礼的蛮荒之境。

岭南之地,山川险峻,丛林密布,水泽纵横,恶劣的自然环境非但没有遏制住这里生命的繁衍,反而铸就了先民们超乎寻常的生存智慧与坚韧不拔的战斗意志。他们擅长在崇山峻岭间穿梭,于密林水泽中隐匿,以自然为屏障,守护着部落的安宁与自由。

然而,当秦帝国的铁骑踏破晨曦,嘶鸣着向这片古老土地进发时,岭南部落联盟面临着前所未有的挑战。一方面,为了捍卫部落的既得利益与世代传承的生活方式,他们不得不团结一致,奋起抵抗;另一方面,面对这来自中原的强大而陌生的文明力量,内心深处也涌动着对未知的恐惧与不安。于是,一场关乎生存与尊严的较量,在岭南的崇山峻岭间悄然拉开序幕。

**略陆梁与南越国**

公元前219年,秦始皇派遣大将屠睢统领五路雄师,共计五十余万众,浩浩荡荡地南下征讨,誓要征服那片被《史记·正义》描绘为"陆梁"——意指岭南之民依山而居,性格刚强不屈之地,此役史称"秦瓯战争"①。屠睢在东瓯、闽越之地势如破竹，所向披靡，然而踏入岭南腹地后，却遭遇了前所未有的顽强抵抗，加之南方独有的酷热潮湿、毒瘴弥漫、虫蛇遍地等恶劣环境，致使秦军遭受了惨重的战斗与非战斗性伤亡，连屠睢本人也在一次激战中不幸中箭身亡，标志着此次远征以秦军的重大挫败告终。

四年后，即公元前214年，秦始皇再次派遣任嚣率领另一支五十万大军，誓要彻底征服岭南。在任嚣与副将赵佗的带领下，秦军历经四年艰苦卓绝的战斗，终于翻越了百越的崇山峻岭，穿越菏泽泥沼，平定岭南部落，设立了南海、桂林、象郡三郡。作为象郡最南端的海上前沿，海南岛虽在名义上被纳入秦朝版图，但其真正成为帝国稳固统治的一部分，则是在西汉对其进一步开发与治理之后。

任嚣因功勋卓著，被任命为南海郡首任郡尉，并同时肩负起统辖岭南三郡的重任，被誉为"东南一尉"，其威望与影响力可见一斑。公元前208年，秦王朝风雨飘摇，楚汉争霸，中原大地陷入一片混乱。此时，病入膏肓的任嚣深感时局动荡，遂与赵佗密谋，决定割据岭南以保一方安宁，并私下将南海郡郡尉之职托付于赵佗，为岭南地区后续的历史发展埋下了伏笔。

公元前206年，随着秦朝的轰然崩塌，南海郡尉任嚣亦病逝。赵佗接掌南海郡尉之职后，随即采取了一系列措施：他迅速封锁了南岭北上的所有交通咽喉，以重兵扼守各处关隘；同时，他挥师西向，势如破竹地兼并了桂林、象郡二郡，从而奠定了一个横跨辽阔地域的南越国的基础——这个王国东临浩瀚大海，西抵滇黔桂交界，北以五岭为界，南至越南中部及海南岛之南。

刘邦建立汉朝之初，面对秦末暴政遗留下的国弱民怨之局，决定搁置对南越国的征伐之念，转而采取怀柔绥靖之策。汉高祖表面承认了赵佗对南越的合法统治权，而赵佗亦识时务者为俊杰，欣然接受了高祖赐予的南越王印绶，正式成为汉朝的藩属国君，表达了对汉室的臣服之意。至此，南越国成为岭南大地上历史上首个也是唯一一个地方割据政权。

撇开南越国的叛乱在中原汉王朝政治格局中的复杂影响，单论赵佗在岭

---

① （西汉）刘向.淮南子（卷十八）[M].北京：中华书局，2011：1090.

南地区的文治武功，也是可圈可点的。

首先，他深刻洞察岭南地广人稀的瓶颈，采取大规模移民政策，在担任龙川县令期间，上书朝廷力陈利害，请求从中原迁徙五十万民众至岭南，这一举措从根本上缓解了岭南人口稀少的问题，为地区的繁荣奠定了坚实的基础。

其次，赵佗在政治治理上展现出卓越的远见与智慧，他巧妙地将秦汉封建制度引入岭南，通过实施郡县制与分封制相结合的治理模式，不仅有效调和了贵族、统治者与平民之间的利益冲突，还极大地促进了政治的稳定与社会的和谐。他重视本土人才的选拔与任用，同时鼓励南迁汉人与当地土民之间的通婚联姻，这一系列举措极大地促进了民族融合与文化交流，有效缓和了民族矛盾。

在经济领域，赵佗更是不遗余力地推动岭南的全面发展。他积极引进中原地区的先进生产技术，特别是青铜与铁器的冶炼技术，在岭南得到广泛推广与应用，极大地提升了当地的工业水平。农业生产方面，他摒弃了落后的"刀耕火种"与"火耕水耨"方式，引入耕牛作为劳动力的重要补充，极大地提高了农业生产效率，为岭南的粮食自给与经济发展提供了有力保障。此外，在制陶、纺织、造船、冶铁及商业贸易等多个领域，赵佗都积极倡导并实践对中原先进技术的学习与吸收，促进了岭南经济的多元化与繁荣。

在文化层面，赵佗更是以开放的姿态，推行汉字与儒家教育，这一举措不仅加速了岭南地区的文字统一与文化认同，更为岭南社会的文明进步注入了强大的动力。通过汉字的传播与儒家思想的熏陶，岭南人民的文化素养与道德观念得到了显著提升，岭南社会逐渐步入了文明发展的新阶段。

赵佗深谙海洋之利，致力于拓展海上贸易版图，从而奠定了南海海上贸易线路的基本框架。考古发现与史籍文献显示南越国时期已具备建造大型木质楼船的技术实力，并与东南亚、南亚乃至南太平洋岛屿间开通了一条活跃的海上贸易通道，这无疑是古代海上丝绸之路萌芽与初步发展的生动写照。

《汉书·地理志》中详尽记载："自日南障塞（今越南顺化灵江口）、徐闻、合浦，船行可五月，有都元国（苏门答腊），又船行可四月，有邑卢没国（今缅甸勃固附近）：又船行可二十余日，有湛离国（今缅甸伊洛瓦底江沿岸），步行可十余日，有夫甘都卢国（今缅甸伊洛瓦底江中游卑谬附近），自夫甘都卢国船行可二月余，有黄支国（今印度马德拉斯附近）；民俗略与珠崖相类。其州广大，户口多，多异物。自武帝以来皆献见。有译长，属黄门，与应募者俱入海，市明珠、璧流离、奇石异物、赍黄金杂缯而往。所至，国皆禀食为耦，蛮夷贾船，转送致之，亦利交易。"①

此段记载不仅勾勒出了一条清晰的海上航行路线与繁荣的贸易景象，更深刻地反映了在汉武帝平定南越国之前，南越国时期海上丝绸之路的雏形已悄然形成，并展现出其勃勃生机与广阔的发展前景。这不仅是南越国对古代海上贸易的重要贡献，也是中华文明与域外文明交流互鉴的生动例证。

### "吕嘉叛乱"与首次"伏波开琼"

赵佗辞世后，南越国历经四代更迭，历时二十余年，其间与汉王朝的关系微妙而复杂，朝贡之礼时断时续，若即若离。直至前113年，南越王赵婴齐的离世，其子赵兴承继大统，与太后樛氏共谋，力主全面归附汉朝。同年，赵兴致书汉廷，恳请赴京朝觐，汉武帝欣然应允，并赐以南越国丞相、内史、中尉、大傅等高官印绶，其余官职则授权南越自置，此举标志着汉朝统治者开始直接干预南越高层的人事任免，进一步拉近了两地的政治联系。

汉武帝更是仁政施于南越，废除了南越境内诸如黥刑、劓刑等残酷刑罚，转而采用与内地诸侯相同的汉朝法律，种种举措无不预示着汉中央政府对南越地区的全面"和平"收复已指日可待。然而，这一系列变革触动了南越国内部的权力格局，尤其是引发了权臣吕嘉的强烈不满。吕嘉，作为自立派领袖，其越人身份与长期掌权的背景，使他与渴望回归汉室、以中原人自居的太后樛氏及赵兴一派形成了尖锐的对立，双方矛盾日益激化，势同水火、一触即发。

最终，这场内部斗争以吕嘉发动的血腥政变告终。他率军血洗宫廷，残

---

① （东汉）班固.汉书（卷二八）[M].北京：中华书局，1962：1671.

忍杀害了南越王赵兴、太后樛氏及汉朝使者安国少季，并歼灭随后赶来的两千汉军精锐。更为挑衅的是，吕嘉还将汉使的符节封装于盒内，置于边界之上，公然挑战汉朝与汉武帝的权威，这一事件史称"吕嘉叛乱"，它不仅标志着南越国内政治生态的剧变，也预示着汉朝与南越之间即将展开一场不可避免的较量。

汉元鼎五年（前112年），汉武帝擢升路博德为伏波将军，杨仆为楼船将军，统率十万精兵，兵分五路，海陆并进，浩浩荡荡地踏上了南征之旅。路博德，昔日随霍去病征伐匈奴的英勇将领，其威名远播，仁德兼备，因赫赫战功而被封为符离侯，此次出征更显其威武不凡。而楼船将军杨仆，则以骁勇善战闻名遐迩，然其性格刚烈，治军严厉，所到之处，敌人无不闻风丧胆。

两路大军势如破竹，最终在南越都城番禺胜利会师。面对坚固的番禺城，他们巧施火攻之计，火光冲天中，城池被破，南越将士望风而降。南越王赵建德与权臣吕嘉见败局已定，仓皇间仅携数百亲卫，趁夜遁入茫茫大海，企图逃往西南沿海，却终究难逃汉庭追兵，被路博德麾下精锐追击擒获并斩杀。

及至元鼎七年（前110年），楼船将军杨仆再展雄风，率领精锐水师，横渡浩瀚海峡，于海口西海岸登陆，迅速席卷全岛，宣告了海南岛长达数千年的原始部落时代的终结，正式步入文明的曙光之中。这一壮举，史称"伏波开琼"，永载史册。

汉武帝平定南越之后，基于秦始皇岭南三郡，设立了交州，并重新规划了南海、苍梧、郁林、合浦、交趾、九真、日南、儋耳、珠崖等九郡，统归交州管辖，形成了更为完善的行政体系。儋耳、珠崖二郡的设立，标志着海南岛正式纳入中华版图，下辖十六县，从此与中原大地血脉相连。

珠崖郡之名，源自其地盛产珍稀的玳瑁与璀璨夺目的珍珠，其郡治优雅地坐落于今日海口之旧州，恰如《汉书》所引东汉学者应劭之精妙诠释："此二郡镶嵌于浩瀚大海之畔，岸边盛产天然真珠，故得名'珠崖'……"[①]所言"真珠"，即为世人所向往之珍珠也。而儋耳郡之命名，则蕴含了深厚的

---

① （东汉）班固.汉书（卷六）[M].北京：中华书局，1962：188.

地方文化特色，源自当地土民独特的习俗——佩戴垂至肩际、长达三寸之耳环，此习俗之记载，可见于《水经注·温水》所引《林邑记》之中："汉置九郡，儋耳预焉。民好徒跣，耳广垂以为饰。"①儋耳郡之治所，在现今儋州三都镇旧州坡。

首次"伏波开琼"，不仅是汉王朝国家政治版图的辉煌拓展，更是中华文明南下的重要里程碑。回溯秦代，任嚣虽在岭南设立三郡，然海南岛仍似遗珠般游离于版图之外，仅作为象郡之外的一片遥远疆域。而"吕嘉叛乱"的平定，不仅重新将岭南牢固地纳入汉朝的怀抱，更直接催生了"伏波开琼"的壮举，标志着海南岛正式成为中国大地不可分割的一部分。值得注意的是，尽管正史中未明确记载路博德将军踏足海南，但楼船将军杨仆亲自率领楼船水师，从海口英勇登陆的壮举，却是历史长河中不争之事。海口长流之地，至今仍流传着他焚船立誓、誓死一战的传说，那处港口也因此被赋予了"烈楼港"的英名，铭记着这位将军的决绝与勇气。此外，儋耳城的巍然屹立，亦是杨仆将军与军民共筑的丰碑。

平定"吕嘉叛乱"与"伏波开琼"，其历史意义远不止于汉王朝对南越国的收复与疆域的扩张，它们更是中国古代海上国际贸易航线开辟与维护的重要里程碑。进入东汉，这条航线如同一条金色的纽带，继续向西延伸，直至连接起远隔万里的东汉帝国与大秦国（罗马帝国），开启了商贸与文化交流的全新篇章。这标志着横跨亚洲、非洲、欧洲的中国古代海上丝绸之路，已悄然形成其雏形，成为连接东西方的桥梁。

## （二）抚定珠崖

在秦王朝的铁蹄尚未踏足岭南之隅，乃至汉武帝"伏波开琼"的壮举之前，海南岛宛如一颗遗世独立的明珠，长久地沉浸在原始生活的宁静与质朴之中。社会的织体，细密而松散，主要由氏族部落构成，缺乏一个强有力的统一机构来引领其前行。这些部落，以"峒"为单位，各自为政，峒主由部落成员共同推举而出，承载着部落的期望与信任。峒与峒之间，界限分明，

---

① （北魏）郦道元.水经注·温水注[M].北京：中华书局，2013：804.

彼此间保持着一种微妙的平衡与距离，互不侵扰。

在这片未被现代文明触及的土地上，部落民众以渔猎采集与农耕种植为生，自然赋予了他们简单而纯粹的生活方式。部落间的交流，虽不频繁，却也存在着以物易物的简单贸易，麻织品与珍稀香料珠贝等物品，成为交换的媒介，见证了部落间微弱的联系与依存。然而，当部落间的矛盾与纷争悄然滋生，往往只能依靠峒与峒之间的协商来寻求和解，这种原始的治理方式在面对重大挑战时显得力不从心，有时甚至加剧了冲突的烈度。

随着时间的推移，海南岛这种原始的生存状态与中原文明日新月异的发展轨迹之间，逐渐拉开了一道难以逾越的鸿沟。海南社会迫切需要一股外部力量，来打破其固有的桎梏，加速其融入文明进步的大潮。

然而，无论是秦始皇的南征北战，意图将版图扩展至岭南，还是汉武帝的"伏波开琼"，虽都试图将马鞭挥向这片遥远的海岛，但历史的洪流似乎并未给予足够的力度，让这股力量真正深入海南岛的肌理。秦始皇设立的"三郡"，在赵佗的巧妙运作下，化作了南越国；而汉武帝精心规划的"儋耳""珠崖"二郡，在汉元帝之后开启了另一种发展篇章。中央朝廷逐渐将治理重心转向无为而治。在这种治理模式下，黎族先民延续传统的部落自治体系，依据世代相传的村规民约管理族群事务。各部落间以山为界，以水为邻，孕育出独特而坚韧的地域文明。

## 朝堂之争

将海南岛纳入帝国版图，对于秦汉两朝而言，其政治与象征层面的价值远超过经济层面的直接收益，它不仅是疆域拓展的象征，更是国家权威与影响力的彰显。在那个生产力尚不发达的时代，海南岛之于中原王朝，更多地是作为一个珍稀资源的宝库，为皇室贵族提供诸如珍珠、海贝、象牙、犀角、玳瑁、香药、绚烂珊瑚、广幅布匹乃至能言善歌的鹦鹉等奢侈品，正如《晋书·吴隐之传》所描绘的"一箧之宝，可资数世"[1]，深刻揭示了其作为奢侈品来源地的独特价值。

汉朝初设珠崖、儋耳等郡时，虽免除了当地居民的常规赋税负担，但朝

---

[1]（唐）房玄龄，等.晋书·良吏·吴隐之传[M].北京：中华书局，2000：1562.

廷对于贡品征集、官道驿站建设、官吏薪酬发放及边防驻军开支等费用的需求，仍不可避免地转嫁到了这片土地上。加之部分官吏与士卒的贪腐行为，使得这些原本生活在与世隔绝环境中的岛民，骤然间承受了前所未有的经济压力与不公待遇，反抗的火种自此悄然点燃，且从未真正熄灭。

据《汉书》记载，自汉武帝元鼎六年海南诸郡设立，至汉元帝的六十五年间，岛上爆发了多达十次的大规模骚乱与反抗，这些事件如同暗流涌动，不断侵蚀着汉朝统治者对海南岛治理的信心与耐心。

终于，当矛盾累积至临界点，一场前所未有的暴动如火山般喷薄而出，席卷全岛，其震撼力直击汉王朝的心脏，迫使最高统治者不得不正视海南岛治理的复杂性与挑战性。于是，一场关于海南岛未来命运的讨论在朝堂之上激烈展开，其背后，是对国家长治久安与边疆治理智慧的深刻考量。

这场动荡的序曲，源自太守孙幸的一纸征调令。他要求各峒进献广幅布作为贡品，这一举措犹如火星落入了干柴之中。海南岛民自古便精通纺织之术，岛上野生棉花"吉贝"遍地，自先秦时期起，其织就的布匹便远销四海，尤其是那幅面宽广、图案精美的广幅布，更是深受达官显贵之青睐。然而，来自会稽的太守孙幸，不顾民情，强行摊派，并设下严苛期限，此举如同巨石投入平静的湖面，激起了层层不满的涟漪，最终汇聚成滔天巨浪，各峒族人愤然起义，太守府邸被愤怒的民众攻陷，孙幸亦被杀死。

其后，孙幸之子承父业，率领军队与支持者历经数年苦战，方得平息叛乱，接任太守之位。然而，这起海南岛史上首次记录在案的重大流血事件，非但未成终结，反而成为后续动乱的序章，局势愈演愈烈，大有不可收拾之势。

面对如此棘手之局，汉昭帝于公元前82年做出决断，将治理难度极高的儋耳郡并入珠崖郡，以期集中力量稳定局势。然而，时至汉宣帝年间，风暴再度来袭，先是三县联手举义，随后蔓延至九县，战火迅速席卷全岛，将海南的宁静彻底吞噬。

宣帝闻讯，急遣护军都尉张禄率大军千里驰援，誓要平息叛乱。然而，海岛地形复杂，丛林密布，沼泽遍地，叛军利用地利优势，行踪诡秘，使得汉军屡遭重创，未及发现敌人踪影，便已损失惨重。历经数年苦战，汉军虽付出了惨痛代价，但叛乱之火却仍屡扑不灭，"护军都尉及丞凡十一人，还者二人，卒士及转输死者万人以上，费用三万万余，尚未能尽降"①，海南岛成为汉室心头难以释怀之痛。

随着叛乱之火愈演愈烈，汉王朝的决策核心陷入了前所未有的困境：持续平叛，无异于踏入一个无休止的金钱与生命消耗的黑洞，帝国的财政与国力已显疲态，难以支撑；而若放任不管，则又恐先祖基业受损，皇天后土难安。于是，当新一轮的暴乱风暴再次席卷而来，汉元帝不得不将是否重启战端这一沉重议题，交付于朝堂之上进行广泛讨论。

朝堂之上，争论声此起彼伏。主战派御史大夫拍案而起，手中竹简震得案几作响："珠崖乃我大汉疆土，先祖浴血开拓，岂能轻言放弃？纵有千难万险，也当举全国之力平叛，否则何以告慰先帝在天之灵！"而主和派丞相则轻抚胡须，神色忧虑："陛下，连年征战，国库空虚，百姓赋税沉重，民怨渐起。珠崖远在南海，粮草转运艰难，维持战事恐致内乱。"双方各执一词，剑拔弩张，汉元帝眉头紧锁，目光在群臣间游移，心中满是纠结。

最终，当晨曦的微光穿透未央宫的窗棂，汉元帝疲惫地挥了挥手，做出了无奈的决定。他望着舆图上珠崖的位置，想起当年汉武帝开拓疆土的豪迈，眼中泛起一丝泪光。这一决定，让这片土地再次陷入了无序状态的混沌之中，却也暂时为帝国减轻了负担。

海南岛，仿佛一位历经沧桑的老者，静静地躺在历史的长河中，等待着下一个时代的惊雷，来唤醒它沉睡的灵魂。

## 第二次"伏波开琼"

汉王朝无为而治珠崖，实为时局所迫下的无奈抉择。彼时西汉，统治根基已显腐朽之象，中央对地方的驾驭力日渐式微，内部纷争如麻，帝国宛如一叶扁舟，在风雨交加的海洋中摇摇欲坠，大厦倾颓之兆显而易见。对于远隔千山万水的岭南诸郡，其治理更是步履维艰，几近失控之边缘。

汉王朝与海南及岭南诸地的根本隔阂，根源在于中原与岭南之间横亘着一条难以逾越的经济与文化鸿沟。岭南之地相对滞后，其先民难以在短时期

---

① （东汉）班固.汉书（卷六四下）[M].北京：中华书局，1962：2834.

内适应，更遑论与中原同步前行，这种落差自然激发了深重的矛盾。面对被视为"强梁"的岭南民众，反抗成为他们表达不满与诉求的必然方式。

尽管汉王朝曾秉持宽容之策，于南越之地设立的九郡，实行"以其故俗治，毋赋税"①的初郡政策，意图减少抵触情绪，但岭南越人久习自由散漫之生活，视国家之徭役赋税为强加之枷锁，以暴力反抗视为解脱之道，已成常态。

西汉末年，绿林赤眉起义，王莽新政昙花一现，终由光武帝刘秀重建汉室，开启东汉纪元。然而，新朝初立，百废待兴，刘秀忙于收拾战乱留下的满目疮痍，对于偏远南蛮之地的岭南诸郡，一时之间难以顾暇。然而，历史的车轮滚滚向前，一次看似偶然却蕴含必然的事件悄然发生，迅速点燃了历史上的第二次"伏波开琼"壮举。

建武之初，苏定履新交趾太守之职，却擅行私税，无异于在已紧绷如弦的官民关系上再添一把烈火，致使矛盾迅速激化至一触即发之境。恰在此时，交趾豪酋诗索不慎触法，本是缓和局势之机，苏定若能顺应民情，依循当地习俗妥善处理并释其罪，或可平息波澜。然而，他却执意援引汉律，严惩不贷，此举无疑点燃了反叛的导火索，引得诗索之妻征侧率领部族造反。

公元40年，征侧携手其妹征贰，以迅雷不及掩耳之势发难，短时间内，"九真、日南、合浦蛮里皆应之，凡略六十五城"②，征氏姐妹更是自立为王，声势浩大，一时无两。面对这席卷而来的叛乱风暴，汉朝在交趾的刺史及诸郡太守显得力不从心，仅能勉强自保，局势岌岌可危。

为平息这场席卷岭南的熊熊烈焰，汉光武帝启用了久经沙场、屡建奇功的虎贲中郎将马援，并赐其前朝名将路博德之"伏波将军"称号，领兵平叛。汉廷紧急动员，从交州邻近的长沙、合浦、交趾、桂阳、零陵、苍梧等地迅速征调精锐士兵一万二千人，车船两千艘，并增派汉军八千人，由马援统率，水陆并进，踏上了南下征讨征氏姐妹的征途。

建武十八年（42年）之春，汉军与征侧叛军于浪泊（今越南仙山）之

---

① （西汉）司马迁.史记（卷三十）[M].北京：中华书局，1999：1218.

② （南北朝）范晔，撰.（唐）李贤，注.后汉书·南蛮西南夷列传[M].北京：中华书局，1999：1916.

地展开了一场决战。激战半日，叛军终因势单力薄，防线全面崩溃，征侧、征贰姐妹仅率残部仓皇南遁。汉军乘此大胜之威，势如破竹，沿途斩杀叛军数千，收编降众万余。

征侧姐妹逃至金溪（今越南永福省安乐县境内），藏匿于群山环抱的幽深洞穴之中，意图依托天险，拖延时日，待汉军粮草不继而自行退去。然而，马援采取伐木为障、围而不攻的巧妙策略，逐步压缩叛军生存空间，最终将征侧、征贰等叛军首领一一剿灭，彻底平息了这场旷日持久的叛乱。

此后，汉军势如破竹，迅速荡平了九真、日南、合浦等诸郡，恢复了汉朝对这些地区的统治。在收复失地的同时，马援深刻反思前任苏定之过失，着手改进治理策略，力求使汉朝的统治更加契合岭南地区的实际情况。他深入研究汉地法律与越地习俗之间的差异，对不利于地方稳定的条款进行了合理修订，并重新颁布了适用于越地的法律条令，为当地的长治久安奠定了坚实基础。

在班师回朝之际，马援更展现出其作为政治家的远见卓识。他下令浇筑四根巍峨的铜柱，矗立于汉朝南疆之界，象征着汉朝对这片土地的主权。铜柱之上，镌刻着"铜柱折，交趾灭"①六个大字，不仅是对外宣告汉朝的威严与决心，更是对后世子孙的警示与鞭策。马援的一生，不仅是一位战功赫赫的武将，更是一位深谋远虑、造福一方的政治家，其功勋与智慧永载史册。

据典籍记载，马援在征服交趾的征途中，采取了"缘海南进"的战略，舰队浩浩荡荡，楼船大小逾两千艘，穿梭于南海之上，不仅成功抚定了珠崖之地，更精心规划，重建城池，设置井邑，使荒芜之地重现生机，此番壮举被《广东通志列传一》卷四四生动描绘。海南岛，因此成为了朝廷平叛大军，尤其是水师力量的关键支点与转运枢纽，其重要性不言而喻。

在此期间，海南岛上众多有识之士心怀大义，纷纷归附，渴望重回汉朝怀抱。马援洞察时局，深谙民心所向，遂上书朝廷，力荐在海南重设珠崖县，并归属合浦郡管辖，从而使这片阔别中原八十九载的土地，再次沐浴在王朝的恩泽之下。此举不仅是对历史的修复，更是稳定边疆的重要

---

① （北魏）郦道元.水经注（卷三十六）[M].杭州：浙江古籍出版社，2001：564.

举措。

此次平定"二征之乱"，由"伏波将军"马援亲率大军，特别是针对海南的军事行动，史称第二次"伏波开琼"，它不仅是军事上的胜利，更是文化交融的里程碑。尽管正史对岭南征讨的具体细节着墨不多，尤其是关于海南登陆的详细经过，但在海南诸多地方志中，却留下了马援将军的诸多传奇故事，这些故事跨越时空，至今仍被广为传颂。如儋州港口之白马井，便相传因马援将军坐骑而得名，成为历史与传说交织的见证。

路博德与马援，两位分别代表前汉与后汉的伏波将军，在岭南地区享有崇高的声誉，他们不仅是疆土扩张的英雄，更是文化传播的使者，为岭南的文明进步倾注了不可磨灭的力量。他们的事迹被永远铭记，人们的心中，他们如同神明般被尊崇。

为纪念这两位"伏波将军"的丰功伟绩，历朝以来，岭南各地纷纷建庙立祠，将他们请进庙堂，接受世人的供奉与祭祀。从湖南到广东，再到广西与海南，伏波庙星罗棋布，见证了他们对这片土地的深远影响。随着时间的推移，马援将军的地位在民间信仰中逐渐攀升，特别是在广西与海南，他已成为主祀之神，其影响力超越了前辈路博德。

在海南岛，两位伏波将军不仅是开疆拓土的勇士，更是海上行者心中的守护神。千百年来，凡乘船渡琼州海峡者，无不心怀敬畏，于登船前或抵岸后，前往伏波庙焚香祭拜，以求平安往返。这种深厚的民间信仰，历经两千余年的传承与发展，已演化为独具特色的伏波文化，成为海南乃至整个岭南地区宝贵的文化遗产。

# 三、母仪天下的冼夫人

历经岁月沧桑，直至冼夫人执掌岭南大权之时，海南岛方得重焕生机，再度融入中原王朝的广阔版图。冼夫人，这位跨越梁、陈、隋三朝的巾帼英雄，以其卓越的领导力，不仅将雷州半岛与海南岛等辽阔地域紧密联结于中央政权的统辖之下，更使海南岛在历经近六百年的分离后，重新与中原大地同呼吸、共命运，为海南岛后续的繁荣发展与文化融合铺设了坚实的基石。

洗夫人顺应历史潮流，以非凡的功勋赢得了梁、陈、隋三朝君王的尊崇与敕封，在岭南民间更是被尊奉为"圣母"。她通过联姻结盟、教化百姓等方式，化解了岭南地区复杂的部族矛盾，维护了地方稳定。在其治下，岭南各民族和谐共处，商贸往来日益频繁，文化交流呈现出一派繁荣景象。

随着汉族先进经济、文化等元素的不断渗透，海南岛原始的氏族社会形态逐渐瓦解，为南北朝之后中央政权对海南的有效统治奠定了坚实的基础。洗夫人的历史贡献，不仅在于她实现了地理上的统一，更在于她推动了文化、经济等多方面的深度融合，为海南岛乃至整个岭南地区的长远发展作出了不可估量的贡献。她的精神与功绩，如同琼州海峡的灯塔，历经千年风雨，依然照亮着岭南大地的发展之路，成为中华民族共同的精神财富。

## （一）威服岭南

洗夫人，南北朝时期高凉郡人，出生于阳西程村洗村。据《隋书·谯国夫人》所载："国夫人者，高凉洗氏之女也，离城三十里。城指阳江城，高凉郡治。"[①]

公元535年，洗夫人与高凉太守冯宝结婚，她以其卓越的文治武功，深得丈夫冯宝的信赖，两人并肩作战，共理政事。公元550年，高州刺史李迁仕暗中筹划叛乱，洗夫人以敏锐的洞察力，识破其阴谋，并亲自率兵，自高凉郡治古城（今广东省阳江市阳东区大八镇）出发，假意献礼，实则暗藏玄机，突袭州府（今阳江城），以雷霆万钧之势大败李迁仕，继而挥师赣石（江西省境内某地），与南梁名将陈霸先胜利会师，共商平叛大计。

在这场平叛斗争中，洗夫人对陈霸先平定乱世的能力深表钦佩。次年（551年），洗夫人更是亲自出马，协助陈霸先成功擒杀李迁仕，为梁朝的稳定立下了汗马功劳，因此被梁朝册封为"保护侯夫人"，以表彰其平叛之功勋。

公元557年，陈霸先登基称帝，建立陈朝。陈永定二年（558年），冯

---

① （唐）魏征.隋书（卷八十）[M].北京：中华书局，1973：1800.

宝离世，岭南地区随之陷入动荡。在这关键时刻，冼夫人挺身而出，凭借其崇高的威望，成功劝服并团结了百越各族，迅速平息了这场内乱，恢复了岭南的稳定。

太建二年（570年），广州刺史欧阳纥悍然举兵反叛，更以诡计诱捕冼夫人之子冯仆于麾下，意图借其血脉亲情为筹码，共谋不轨。在这千钧一发、家国危难的紧要关头，冼夫人义无反顾地将国家兴亡置于家事之上，不顾亲子深陷囹圄之险，迅速调兵遣将，布下天罗地网以拒叛军于国门之外。她不仅以无畏之态亲自指挥，更与陈朝大军紧密携手，同仇敌忾，最终彻底摧毁了叛军的嚣张气焰，平息了这场叛乱。

陈朝感念冼夫人忠肝义胆，特下诏书，册封她为"石龙郡太夫人"，表彰她为国家社稷的安全而放弃个人及小家安危的忠君事国之德。

公元589年，陈朝覆灭，隋朝一统天下。岭南诸郡闻此巨变，群情激昂，不谋而合地推举冼夫人为精神领袖，尊其为"圣母"，力主以她之名，划地而治，共谋岭南之地。当隋朝大军逼近岭南边境之际，却又因冼夫人威名远播，致使隋军心生敬畏，迟疑不决，未敢轻举妄动。

隋帝为示安抚与诚意，特遣使者携带陈后主之遗诏及其亲赐"扶南犀杖"作为信物，至冼夫人处，意图以此象征和平之愿。冼夫人，在确认陈朝覆灭已成定局后，召集部落首领数千之众，举行了一场庄重而沉痛的哀悼仪式，其情感之真挚，悲天悯人，令天地动容。在这一日之中，岭南仿佛沉浸在一片哀伤与不舍之中，却也见证了冼夫人作为领袖的深情厚谊与家国情怀。

随后，冼夫人选择了顺应历史潮流和顾全国家统一大局，归顺隋朝。朝廷为表彰其深明大义之功，特赐封号为"宋康郡夫人"。

隋开皇十年（590年），番禺王仲宣悍然发难，岭南多地烽火连天，局势骤然间陷入前所未有的危急之中。在此紧要关头，冼夫人挺身而出，亲率精锐之师，誓师平叛。其大军所过之处，叛军无不闻风丧胆，望影而逃，冼夫人的赫赫威名与无敌军力，由此可见一斑。叛乱终得平息，年近古稀的她，非但未显老态，反而英姿飒爽，骑骏马、张锦伞，引领骑兵护卫隋朝使节巡行四方，各地首领皆心悦诚服，拜谒授爵，岭南大地自此再归安宁。

隋文帝对冼夫人的忠君爱国大加赞赏，特赐"谯国夫人"之号，并赋予其统辖六州兵马之权力，赐以重金厚赏，更展现皇恩浩荡，赦免了她因严明军纪而依法处置的孙子，以彰其宽仁之德。

每逢佳节庆典，冼夫人便取出梁、陈、隋三朝所赐之珍贵器物，一一展现在子孙面前，以此作为生动的教材，训诫后代要铭记并传承她忠国爱民之志。即便步入耄耋之年，她依旧心系岭南，忧国忧民，不惜上书朝廷，力陈贪暴无度的番州总管赵讷之恶行，请求严惩。随后，她更是亲自手持皇诏，巡行十余州郡，亲自抚慰那些深受赵讷暴政之苦、心怀不满的俚、僚各族百姓，其仁心仁政，如同春风化雨，赢得了广泛的民心与敬仰。

仁寿初年，冼夫人与世长辞，隋朝为缅怀其一生对岭南安定与国家统一的不朽贡献，追谥她为"诚敬夫人"。

## （二）恩泽琼岛

冼夫人与冯氏家族，对于岭南的安定团结和文治武功起到了非常重要的作用，无论是哪个朝代，都对他们的历史功绩给予了很高的评价。尽管官方正史严谨地记载了她未曾亲足踏上海南岛的实地，但在民间流传的非官方文献中，却形象地描绘了冼夫人登临海岛、泽被四方的传奇。无论其是否亲身踏足那片热土，她对海南岛乃至整个岭南所作出的卓越贡献与深远影响，早已成为不争的历史事实。

据资料记载，冼夫人对海南的安抚与归化历程，可归纳为五个阶段：

首阶段，约于公元534年之际，冼夫人与其夫君冯宝，凭借在岭南地区积累的深厚威望与智慧，"夫人多所规谏，由是怨隙止息，海南儋耳归附者千余洞"①，成功地将海南纳入其冯氏家族治理版图之中。

继而，公元540至541年间，应朝廷之召，冼夫人与冯宝并肩而行，踏上了一场意义重大的海南巡察之旅。此行不仅深刻体察了民情，更促成了"崖州"的设立，这一历史性的举措极大地加强了中央对海南的直接管辖，为有效治理海南奠定了坚实的政治基础。

---

① （唐）李大师，李延寿.北史（卷九一）[M].北京：中华书局，1974：3005.

随后，当冯宝离世之时，岭南局势骤变，广州刺史欧阳纥的反叛势力蠢蠢欲动，企图染指海南。在此之际，冼夫人挺身而出，亲率大军横渡琼州海峡，于苏寻峒、苍兴峒（今海口市三江镇、红旗镇、旧州镇等地）等战略要地，与叛军展开了殊死搏斗，最终平息了叛乱，确保了岭南与海南的安宁，正如《隋书·谯国夫人传》所赞："陈朝初，宝卒，岭表大乱，夫人怀集百越，数州晏然"。

及至隋代，隋文帝鉴于冼夫人的卓越贡献，特赐其"谯国夫人"之崇高封号。即便年事已高，步入耄耋之年，冼夫人仍亲披战甲，率精锐之师，巡抚海南全境，其威望与仁德使得海南各地首领心悦诚服，纷纷前来拜谒受封，从而彻底稳固了岭南与海南的局势。

最后，在隋文帝仁寿元年（601年），广州总管赵讷因勾结叛党之罪被依法严惩。此时，冼夫人再次被委以重任，以朝廷特使身份，遍历岭南十余州郡，传达天子的恩泽与意志，所经之处，百姓无不心悦诚服，纷纷归顺。冼夫人的这一壮举，再次彰显了她非凡的领袖魅力与卓越功勋，深得高祖皇帝的极度赞赏，特赐予临振县汤沐邑一千五百户，作为对其贡献的最高嘉奖。次年新春佳节后不久，冼夫人做了其在海南岛的最后一次巡视之旅，于正月十八日，在风景秀丽的卜口坡（今海口市旧州镇卜球村畔）安详辞世，结束了她长达九十一载的传奇人生。

在冼夫人的治理之下，海南不仅迎来了历史性的转折，崖州的重新设置也标志着其与中原文化纽带的重新加固，极大地促进了民族间的和谐共融与繁荣发展。她不仅屡次平息匪患与叛乱，为海南岛带来了长久的和平与安宁，让民众得以在祥和之中安居乐业。更令人钦佩的是，冼夫人从内陆精心组织移民，携带着中原地区先进的农耕智慧，如推广牛耕技术、兴修水利设施、精选良种与科学施肥等，不仅无偿为农民提供种苗与农具，还积极传授纺织制衣之艺，极大地推动了海南的农业与手工业发展。

此外，冼夫人与其夫冯宝携手，在海南岛广开教育之门，兴办学校，不仅传授知识，更将医疗之术普及于民，其深谋远虑与无私奉献，赢得了海南俚人乃至后世无尽的敬仰与爱戴，成为了那个时代无可争议的民族英雄与精神灯塔。

因此，冼夫人的丰功伟绩跨越时空，赢得了历代文人雅士的无限崇敬。

以宋代文学巨匠苏东坡为例，即便在被贬至儋州的逆境之中，他仍不忘探访位于中和镇（昔日儋州之政治中心）东南的桃榔庵，并得知当地有纪念冼夫人的庙宇后，特备供品，虔诚拜谒，留下了一首深情颂扬的诗篇，以此表达对冼夫人崇高品德与不朽功绩的无限敬仰与缅怀。

> 冯冼古烈妇，翁媪国于兹。
> 策勋梁武后，开府隋文时。
> 三世更险易，一心无磷缁。
> 锦伞平积乱，犀渠破余疑。
> 庙貌空复存，碑版漫无辞。
> 我欲作铭志，慰此父老思。
> 遗民不可问，偻句莫予欺。
> 爆牲菌鸡卜，我当一访之。
> 铜鼓葫芦笙，歌此送迎诗。

南北朝时期，是中国历史长河中一段民族与阶级矛盾交织、错综复杂的时期。在这一动荡背景下，冼夫人以其非凡的智慧与勇气，活跃于南朝梁至隋朝初年的历史舞台，正值南北政权历经漫长分裂后，逐步迈向统一的关键时期。民众久经战乱离乱之苦，内心深处对国家的统一与和平生活的渴望愈发强烈。正是在这样的历史洪流中，冼夫人顺应了时代的呼唤，不仅推动了中华民族内部的团结与融合，还促进了社会的整体进步与发展，为国家的统一与稳定奠定了坚实的基础。

综观冼夫人对海南岛的历史性贡献，可凝练为三大方面：

其一，重塑了海南治理格局。自汉元帝初元三年以来，历经三国、魏晋南北朝的数百年间，海南几乎处于民族自治体系。直至梁朝，冼夫人凭借其政治影响力，引领海南逐步回归中央王朝的怀抱。梁大同五年，她更是主动请缨，促成崖州的重新设置，标志着海南重新纳入国家统一治理体系的重要一步。

其二，推动了社会经济全面发展。在冼夫人及其后嗣冯世接长达一个世纪的治理下，海南岛迎来了前所未有的繁荣景象。他们不仅在政治上坚持民族团结政策，巩固了政治稳定；更在经济上大力引进并推广中原地区的先进生产技术，促进了农业、手工业等经济领域的飞跃；同时，在文化上积极推行教化，提升了民众的文化素养，确保了海南岛在相对和平的环境中持续发展，未发生大规模叛乱与动荡。

其三，深化了民族融合进程。面对海南岛先民与中原移民之间因文化差异、习俗不同而可能引发的冲突与隔阂，冼夫人以其高远的视野和包容并蓄的胸怀，成为促进民族融合的关键力量。在她的治理下，黎汉文化逐渐交融，黎族先民从过去被边缘化的"僚"的称谓中解脱出来，至唐代时，已自豪地拥有了属于自己的族称"黎"，标志着民族认同与融合达到了新的高度。

# 四、早期移民与民族融合

由于海南岛属典型热带雨林气候，物产丰富、淡水充沛。自古以来，必为古人类沿海迁徙的重要垫脚石和跳板。进入易货交易时代后，海南岛由于其独特的地理位置和优越的自然条件，在南海北部沿海航行和贸易中，海南岛更是交通的必经之地。古往今来，海南岛上来来往往的"客"给海岛带来了新的元素，也深深烙上了鲜明的时代特点。

## （一）早期移民与文化融合

秦始皇一统中原后，虽其疆域辽阔，却尚未触及遥远的海南岛，也未明确将其纳自己的国版图之中。然而，在秦始皇征伐岭南，广设儋耳、珠崖、南海等九郡的雄图伟略中，海南岛已悄然进入了帝国的宏伟蓝图。秦始皇三十三年（前214年），一场大规模的人口迁徙拉开了序幕，逋逃者、赘婿、商贾等群体被迁徙至岭南，海南岛亦在迁徙之列，此举标志着中原移民与汉文化的涓涓细流开始滋养这片南海之珠。

直至汉武帝时期，"伏波将军"路博德恢复并加强了对岭南的治理，元鼎六年（前111年），海南岛终得正名，正式并入汉朝版图，开启了中原王朝对其直接统治的正式历史。然而，这段统治之路并非坦途，历经六十四载风雨后，汉元帝初元三年（前46年）对海南岛的无为而治，留下了历史的无奈。

毋庸置疑，汉民族对海南岛的直接影响与融入，始于汉代，其历史痕迹最早可见于对临高县汉族移民的详细记载，这部分移民被后世学者称为临高语族，他们的到来为海南岛的文化发展增添了浓重的一笔。

同时，随着汉族文化的深入渗透，海南古代族群的生活习俗与文化面貌亦在史籍中逐渐清晰。黎人，作为海南的先民，在汉文化的强势影响下，尤其是通过"建学校，授经义"的教育举措，逐渐"礼化"，即在日常生活的各个方面均受到了汉文化的深刻影响，展现了汉文化与当地原有文化在碰撞中融合、在磨合中共生的历史进程。

汉代海南岛的移民潮，很大程度上得益于朝廷的军事力量与移民政策的双轮驱动。汉武帝不仅将海南岛纳入版图，还设立了儋耳、珠崖二郡，郡下十六县，均由汉族官员治理，辅以驻军镇守，更有罪人迁徙至此，促进了人口的多元构成。据官方统计，当时海南岛人口已达二万三千余户，十万余人，其中汉人口约占两三万之众。诸如珠崖太守孙幸及其家族、儋耳太守僮尹等人物，均在史书中留下了他们的名字，成为那段历史的见证。而关于黎族百姓因不堪压迫而反抗，汉王朝派军镇压的悲壮历史，也在《汉书·贾捐之传》等典籍中得到了深刻的记录，展现了汉军远征海南岛的艰辛与牺牲，以及双方在冲突中的激烈对抗与融合。

而民间因商业活动兴起的迁徙潮，亦是此间移民大潮中一股不可忽视的力量。明代学者唐胄对此现象进行了深入剖析与详细记载，他言道："珠崖与徐闻对岸，舟仅日夕可至，地多诸异产，而人有不乐向乎！且观秦置桂林、南海、象郡以谪徙民，与越杂处，又史志越处近海，多犀象、玳、珠肌、银、铜、果、布之凑中国往商贾者多取富焉，则秦有至者矣。又称凡交所统、虽置郡县而人如禽兽，后颇徙中国罪人，使杂居其间，乃稍知言语，渐见礼化则汉郡后又有至者矣。郡志载：建武二年，青州人王氏与二子祈、律，家临高之南村则东汉有父子至者矣。"此乃史有明载、姓名地点俱全之最早移民实例，标志着汉代移民与商业活动已紧密交织。简短的文字背后，透露出海南岛移民历史的最初轮廓。[①]

汉代官府策动民众迁徙海南的深远考量，实则蕴含了对当地族群实施"文明教化"的宏愿。这股迁徙潮汇聚了多元身份的汉族子民，既有因故获罪的"罪愆之徒"，亦有秉持美德的"良善之辈"，他们虽身份各异，却同为汉民族之血脉，共同承载着推动文化交融与民族进步的历史重任。据明代学者王佐在其著作《琼台外纪》中记载："武帝初设郡县之时，已有善人三万之众。"[②]这"良善之士"之中，不乏精明能干的汉族商贾，他们不仅带来了商贸的繁荣，更在无形中促进了文化的交流与传播。

汉武帝深谙"文教兴邦"之道，除了强制迁徙，还专门在琼州设立"初郡学堂"，选派精通经史的罪犯担任教职，将儒家典籍改编成黎汉双语教材。这些"特殊教师"在传授《孝经》《论语》时，巧妙融入黎族图腾文化，将"仁"解释为黎族传统中的互助精神，使晦涩的典籍转化为易于接受的生活智慧。这种文化渗透在生产技术上同样显著，汉人将铁犁牛耕与黎族的火耕水耨结合，改良出更适合海岛气候的耕作法。

及至西汉末年，王莽辅政时，进一步推行"罪民教化令"，不仅延续迁徙政策，还建立"黎汉通婚奖励制度"，规定罪犯与黎族通婚可减免刑期。在儋耳郡，官府定期举办"双语集市"，以中原丝绸换取黎族织锦，促进贸易的同时，也让黎民百姓在讨价还价中自然习得汉语。这些渐进式的文化融合，如同春雨润物，为海南最终纳入中华文明体系奠定了坚实基础。

## （二）魏晋南北朝时琼岛移民

在三国至南朝宋、齐、梁、陈这跨越三百余载的动荡岁月中，中原大地烽火连天，王朝更迭频繁，导致海南地区的行政体系几近瘫痪，长期处于羁縻州的状态，其经济文化的发展步伐亦显得异常迟缓。直至冼夫人掌舵岭南，方在海南岛上重启建制，将这片远离中土近六百载的海岛，连同雷州半岛等岭南大片国土，重新纳入中央政权的坚实怀抱。

① （明）唐胄.正德琼台志（卷三）[M].海口：海南出版社，2004：58.
② 王国宪，总纂.彭元藻，曾友文，修.民国儋县志（卷一）[M].海口：海南出版社，2006：37-38.

在冼夫人及其后嗣近一个世纪的潜心治理下，海南岛迎来了前所未有的和平与稳定，叛乱鲜少，社会氛围和谐，为来自中原的士人、商贾、士兵乃至普通百姓提供了理想的避难与定居之所，极大地促进了人口迁移的浪潮。自三国时期起，便有数以万计的家庭为避战乱、寻安宁而迁徙至海南，据《三国志·吴书》所载，彼时已有"世相承有数万家"①之众。至东晋，这股南迁洪流更是汹涌，人口规模激增至十万余户，晋代王范《交广春秋》所描绘："周回二千余里，径度八百里，人民可十万余家。"②尽管古籍记载或有出入，但无可争议的是，晋室南渡后，中国历史上确然掀起了一场波澜壮阔的南向移民大潮，海南岛因此迎来了人口与文化的双重繁荣。

司徒尚纪先生在其《海南岛历史上土地开发研究》中，深入剖析了冼夫人在南梁时期引领大陆俚人迁徙海南中所扮演的核心角色。冼夫人凭借其非凡的领导力与遍布四方的部落联盟网络，吸引了众多俚人的归附，尤以梁大同年间海南儋耳地区千余峒俚人的集体归顺影响最为深远。这一历史性的聚合，不仅为海南岛的人口构成增添了丰富的多元色彩，更促进了俚人与汉族之间的深度交流与融合，为海南岛社会结构的重塑与文化生态的变迁注入了强大动力。

司徒尚纪先生精辟指出："冼夫人世为南越首领，跨据山峒，部落十万余家，对海峡两岸俚人具有很大号召力，很多俚人纷纷归附在她麾下，其中最大一次是梁大同（535—545年）时，海南儋耳千余峒俚人归附。如果以每峒20户计算，这就是一支2万余户、超10万人口的集群。儋耳仅占海南一隅，没有这么多人口，这其中一部分是从大陆迁来的俚人。"③冼夫人的这一移民措施，模糊了黎俚界限，促进了民族间的深度团结与融合。

随着黎汉两族融合进程的加速，汉族所带来的先进经济模式、文化精髓等广泛渗透，极大地改变了海南岛的发展面貌。在农业领域，汉族移民带来了铁制农具和牛耕技术，取代了海南原有的刀耕火种方式，推动了土地开垦与农作物产量的提升；在手工业方面，纺织、制陶等技术的传入，丰富了海

① （西晋）陈寿.三国志（卷四七）[M].北京：中华书局，1959：1136.

② （北魏）郦道元.水经注（卷三十六）[M].杭州：浙江古籍出版社，2001：565.

③ 司徒尚纪.海南岛历史上土地开发研究[M].海口：海南出版社，1992：83.

南的生产门类。同时，儒家文化、汉字书写等文化元素也在岛上传播开来，学堂开始出现，打破了海南原有的文化封闭状态。在这样的发展态势下，海南岛原始的氏族社会形态逐渐瓦解，社会分工更加细化，商业贸易也日益繁荣，为南北朝之后中央政权对海南的有效治理奠定了坚实的基础。冼夫人及其后裔的努力，如同璀璨星辰，照亮了海南发展的漫漫长路，其历史功绩值得永远铭记与传颂。

# 第四章

# 天涯海角——流放者的"家"

"流放"，作为中国古代的一种惩罚手段，是一种起源古老并且使用十分普遍的的惩罚手段，应用之广几乎贯穿于各个朝代，常作为仅次于极刑的政治性惩戒手段。它蕴含了"流"与"放"的双重深意："流"，意指迁徙，即将罪人从其熟悉的故土强行迁移至遥远、荒芜之地，乃至国境之外，使之与权力核心及家族亲缘隔绝，从而极大削弱其生存能力与社会影响力，令其自顾不暇，难以再兴波澜；"放"，则隐含了一丝宽宥，保留了罪人的一线生机，彰显统治者所谓"仁政"之念，并寄望于"观其后效，戴罪立功"的改造可能。

随着时代的更迭，流放的具体形式虽有所不同，如流迁、流贬、谪戍、驱逐等，但其核心目的——惩戒与改造——始终如一。流迁侧重于将罪行群体集体迁移至指定区域；流贬则特指对官员的惩处，不仅剥夺其原有官职，更贬谪至远方，以示惩戒。谪戍则兼具贬官与戍边的双重性质，既是对官员的惩罚，也是充实边疆、增强国防的举措。而驱逐，作为最为严酷的形式之一，尤多见于远古时期，将罪犯逐出族群或国境，任其在恶劣环境中自生自灭，几乎等同于宣判死刑，体现了当时"族内制裁"的极端性。

中国官宦流放制度的最早雏形可追溯至远古尧舜时代，洪水肆虐之际，《尚书·尧典》便记载了共工、驩兜、三苗、鲧等重臣因失德或叛乱被舜帝视为"四凶"[1]，遭流放至蛮荒之地，成为后世流放制度的滥觞，他们不仅成为

---

[1] （春秋）左丘明.左传·文公十八年[M].北京：中华书局，2012：717.

蛮夷之地的先祖，更象征着所有流放者共同的精神源头与命运轨迹。

直至秦汉之际，流放作为一种惩处手段，逐渐演变并确立为一套系统的司法制度。在先秦，尤其是战国风云变幻之际，以秦国为引领的诸侯列国，相继迈入封建社会，国家治理架构日臻完善，国家机器运作愈加精密，严刑峻法遂成各诸侯国巩固统治的重要手段。秦始皇嬴政一统六合后，为拓展疆域、巩固新政，并有力震慑原诸侯领地内的旧有势力，大规模实施了蕴含流放性质的迁徙刑罚。作为帝国南疆的岭南，自然成为迁流的重要归宿地，历史记载中，单次迁流至此的民众便多达五十万众，足见其规模之宏大。此举不仅体现了秦始皇对政治对手的严厉打击，更反映了其通过人口迁徙来调整帝国版图内人口分布的战略考量。

及至南北朝末期，流放制度正式被纳入国家司法体系的核心，位列"五刑"之中，其严厉程度仅次于死刑，直至清朝末年方告废止，这一历程跨越了数千年的沧桑岁月，足见流放制度在封建王朝司法惩处体系中的举足轻重。

流放之刑，既是君主巩固权力的锋利武器，亦透露出其试图通过教化异己展现的"仁政"之意。因此，流放之地的甄选尤为关键，往往倾向于偏远荒芜、自然条件严酷之地，以此将受刑者远隔于权力中心与原有社会关系之外，彻底削弱其潜在的影响力。同时，通过极端限制受刑者的人身自由，将其置于生死边缘的挣扎之中，既避免了直接杀戮的残酷，又达到了震慑与惩戒的双重目的。故而，流放地的选择历来指向国家疆域的边缘地带，那里或是人烟稀少、生存环境极端恶劣的蛮荒之地，或是与邻国接壤、冲突不断的危险区域，无一不显现着流放制度背后的政治智慧与残酷现实。

流放惩罚的强度，一般是通过距离远近和流放地的环境恶劣程度来体现的。纵观中国历史进程，流放地有一个由近而远、不断外延的延宕过程，这是与中国疆域的不断拓展相对应的。《尚书·舜典》记舜帝"流共工于幽陵，以变北狄，放驩兜于崇山，以变南蛮；迁三苗于三危，以变西戎；殛鲧于羽山，以变东夷，四罪而天下咸服"[1]。流放"四凶"的"幽陵"（今北京地区）、崇山（今湖南湘西）、三危（今甘肃敦煌）、羽山（今山东江苏交界）。秦汉之后，国土辽阔，流放的距离便可以拉开，而在自然环境方面，西北的荒

① （西汉）司马迁.史记·五帝本纪第一[M].北京：中华书局，1999：22.

漠、东北的苦寒、岭南的烟瘴都成为对罪人的天然刑罚。其中，日南（郡治在今越南中部顺化市北）、九真（郡治在今越南中部清化附近）的广大岭南地区，是流放罪人的不二之地，可以达到不治而治之的惩罚目的，而海南岛则是岭南之南，孤悬海上，教化不至。隋唐之后，明代以前，流放之地人望最高、最为流放者所恐惧的，就莫过于孤悬海上的海南岛了。随着帝国的疆域不断扩张和对国家的有效治理水平的提高，流放地在南北两个方向上不断向外推移，南蛮之地的岭南广大地区，以及她的尽头——海南岛，也渐渐地湮没在帝国强大的文化和文明的教化之中……

# 一、再入帝眼，珠涯复置

南朝，作为以汉族主导的中原政权南迁的政权，其迁移不仅标志着政治重心的南移，更直接带动了中原文化与先进科技的南播。这股迁移浪潮极大地促进了长江流域以南辽阔地域的政治、经济与社会文化的飞跃式发展，尤其是将昔日视为边陲之地的岭南，蜕变为了北方战火纷飞中的一片宁静沃土与繁荣避风港。海南岛，其战略地位随着中原王朝海上贸易的兴盛而日益凸显，成为连接东西、沟通内外的重要桥梁。伴随封建王朝军事实力的不断壮大，其对海南岛的实际掌控也日趋稳固，为岛屿的文明开化与蓬勃发展奠定了坚实的基石。

公元589年，隋军挥师南下，终结了陈朝，实现了自三国以来近五个世纪分裂割据局面的终结，中国再次迎来了大一统的时代。隋朝初立，国基稳固，统治者深谙开拓海上贸易对于国家繁荣的重要性，故而将边疆尤其是东南沿海地区的开发提升至前所未有的战略高度。至隋炀帝杨广在位，此等重视更是有增无减，他广开才路，招募勇士与智士，远赴异域建立邦交，常骏、王君政等杰出使节便是在此背景下应召而出，踏上了前往赤土国（今马来半岛南部）的海上贸易航程。

公元607年，常骏一行携带着满载朝廷礼物与贸易货物的船只，自南海郡（今广州）扬帆起航，驶向遥远的赤土国。他们所循行的这条海道，正是古代海上丝绸之路，而海南岛，则以其得天独厚的地理位置，成了这条黄金水道上的重要中转站。

## （一）"开边定远"，复置珠崖郡

隋朝在完成中华大一统的时候，亦将岭南全境纳入其疆域之中，琼岛亦迎来了行政建制的重新恢复，它重归中央集权的怀抱，无论是形式符号还是实质内涵，海南岛正式踏上了与中华民族血脉相融、文化共生的同频轨道。回溯隋前，海南岛多受中央政府的遥治，其治理模式属羁縻之治。

而海南岛行政建制的恢复，其背后离不开那位被誉为"母仪天下"的冼夫人的卓越贡献。隋文帝开皇十一年（591年），冼夫人以其非凡的文治武功，不仅铲除了番州总管赵讷的贪腐暴虐，还成功安抚了岭南十余州的黎民百姓。隋文帝为表彰其功，特赐临振县（今三亚市所在地）为食邑，并赐封地一千五百户，同时任命冼夫人之子冯仆为崖州总管，这一系列举措不仅彰显了朝廷对冼夫人一家的深厚恩宠，更透露出隋朝对于在海南岛建立稳固行政管理体系的高度重视与决心。

由此观之，隋朝已开始积极在海南岛构建完善的行政建置体制，海南岛也正式步入了中央朝廷的直接管辖之下，这一历史性的转变，不仅加强了中央对边疆地区的控制力，也为海南岛的长期繁荣稳定奠定了坚实的基础。

到了隋炀帝统治时期，隋朝对海南的统治得到日益加强。大业年间（605—617年），炀帝在海南复置郡县（一说大业三年，一说大业六年），将崖州改称为珠崖郡[①]。在国家强大的经济和军事实力保障下，隋朝吸取前朝统治不足的教训，不再采取单纯靠武力征伐的方式，而是采取"开边定远""示柔海上"的恩威兼施的策略，对海南先住民（原住民）采取了"怀柔"政策。

即便如此，由于阶级矛盾的不可调和性，隋王朝对海南统治仍危机不断。隋炀帝大业六年（610年），朱（同珠）崖民众叛乱反抗，《隋书·韩洪传》载："未几，朱崖民王万昌作乱，诏洪（韩洪）击平之。以功加位金紫光禄大夫，领郡如故。俄而万昌弟仲通复叛，又诏洪讨平之。"[②]隋炀帝横征暴敛和残虐

---

① （清）明谊，修.（清）张岳崧，纂.琼州府志[M].海口：海南出版社，2006：11.
② （唐）魏征.隋书（卷五二）[M].北京：中华书局，1973：1343.

政治使得本就不牢固的帝国政权陷入风雨飘摇的境地，隋王朝很快土崩瓦解。隋朝以怀柔与镇压两手政策，对海南岛执行实力统治仅仅维持了38年。

隋末，天下群雄并起，唐国公李渊趁势在晋阳起兵，于618年称帝，建立唐朝，一统天下。在隋炀帝于618年3月被宇文化及所弑之后，冼夫人之孙冯盎从北方任所回到岭南故里，凭借冼夫人遗留下来的余威，再次拥有"二十余州，地数千里，统领番禺、苍梧、朱崖等地"。①海南岛的大部分地区也为冯氏家族所控制。直至冯盎在唐武德四年（621年）降唐之后，海南才又重新回归天下一统的中原王朝。

## （二）海域经济的开拓

隋唐，乃中国古代封建制度发展之巅峰时期。历经长久的战乱纷扰后，无论是庙堂之高还是江湖之远，皆深深渴望着社会的安宁与百姓的安居乐业，这一共同愿景汇聚成不可阻挡的时代洪流。战争的洗礼，虽带来痛苦与破坏，却也悄然为统治者提供了革新治理方式的宝贵试错土壤。

回溯魏晋南北朝，那是中华民族历史上一次复杂多变的民族大融合时期。隋唐王朝的崛起，正是北方少数民族与汉族主动交流、深度融合的结果，这一时代以其独有的包容性与开放性，预示着一个万象更新、生机勃勃的时代的来临。

随着社会经济的蓬勃发展，经济交流的广度与深度均实现了质的飞跃。隋炀帝，这位雄心勃勃的帝王，在致力于疆域拓展的同时，亦将目光投向了浩瀚无垠的大海，海上交通与贸易的繁荣，成为推动帝国政治、经济版图扩张的新引擎。此时，沉寂数百年的陆上丝绸之路重新焕发生机，而海上丝绸之路，这条不受陆地战乱波及的黄金水道，更是迎来了前所未有的发展机遇。

作为重要的贸易中转枢纽，海南岛不仅促进了贸易货物的流通，更成为文化交流与融合的重要平台，其见证了隋唐封建帝国的繁盛。

《隋书·南蛮传》载："炀帝即位，募能通绝域者。大业三年，屯田主事

---

① （北宋）欧阳修，（北宋）宋祁.新唐书（卷一一〇）[M].北京：中华书局，1975：4112.

常骏、虞部主事王君政等请使赤土。帝大悦，赐骏等帛各百匹，时服一袭而遣。赏物五千段，以赐赤土王。其年十月，骏等自南海郡乘舟，昼夜二旬，每值便风。至焦石山而过，东南泊陵伽钵拔多洲，西与林邑相对，上有神祠焉。又南行，至师子石，自是岛屿连接。又行二三日，西望见狼牙须国之山，于是南达鸡笼岛，至于赤土之界。"①记载虽然没有直接提到这条海上交通路线要经过海南岛，但船队从"南海郡乘舟"出发，穿过琼州海峡经北部湾航行是宋元前的传统航道，所以航行过程中要补充淡水等补给品首靠的就是海南岛。况且，海南自古就是中国与南海各岛交通的中转站，经略南海与经略海南岛都是朝廷开拓海域经济的不可分割的一部分。

越过海南岛，南海不仅是中原王朝沿中南半岛南下东南亚各国的海上之路，还是王朝当时前往西亚（中东阿拉伯国家）以及欧洲必经的海上通道。隋炀帝时，曾经派遣云骑尉李昱乘船经南海，过马六甲海峡，行经印度洋出使波斯。返程时，波斯随即遣使与李昱一同前来朝拜隋朝，并正式与隋朝通商。隋炀帝时，还曾经派遣朝廷大员出使南亚，到达印度。王仲荦在其著作《魏晋南北朝史》中引用阿拉伯人"古行记"的记载："中国的商船从公元3世纪中叶开始向西，从广州到达槟榔屿，4世纪到达锡兰，5世纪到达亚丁，终于在波斯及美索不达米亚独占商权。"②自秦汉开辟、魏晋南北朝得到很好发展的这一海上航道，为隋及以后各朝各代大规模扩展海上贸易创造了不可或缺的条件。

随着隋朝实现国家的大一统，并怀揣着帝国对外贸易和交流的强烈诉求，来自东南亚、西亚乃至远至欧洲的各国纷纷踏上前往中国的征途，希望能在这片广袤的土地上寻觅贸易的契机。这一历史潮流极大地促进了南海航路（古代海上丝绸之路的重要组成部分）的蓬勃发展，同时也让中国东南沿海的诸多港口焕发出前所未有的生机与活力。

7世纪左右，中国南海之上，贸易的航帆竞逐，除了隋唐帝国的皇家船队与少数穿越重洋而来的罗马商船外，绝大部分则是印度与波斯商人的身影。波斯商船自波斯湾沿岸的繁华港口启航，历经惊涛骇浪的航程，途经印度、古锡兰（今日之斯里兰卡）、马来半岛的葱郁、苏门答腊的富饶，直至

---

① （唐）魏征.隋书（卷八二）[M].北京：中华书局，1973：1834.
② 王仲荦.魏晋南北朝史[M].上海：上海人民出版社，2020.

中国的南海明珠——海南岛，最终抵达帝国东南沿海的众多商埠，如交州、广州、明州、扬州及密州港等。

在这些港口中，尤以岭南地区的交州与广州最为耀眼，它们不仅接纳了数量最为庞大的外国商船，更因商贸的繁荣而成为那个时代最为繁华的海上都市。交州与广州，不仅见证了东西方文化的交流融合，也记录了古代海上丝绸之路的辉煌，其影响力跨越时空，至今仍为世人所铭记。

在这一时期的海上贸易过程中，海南岛无论是作为运输中转站和补给站，还是本身作为贸易货物的提供者，都起到了重要的作用。《隋书·地理志》记载："自岭以南二十余郡，大率土地下湿，皆多瘴疠，人尤夭折。南海、交趾，各一都会也，并所处近海，多犀、象、玳瑁、珠玑，奇异珍玮，故商贾至者，多取富焉。"①五岭以南诸郡中，有南海郡，也有南海，自然也包括海南岛。玳瑁、珠玑等海上的奇异珍物，都是来自海南与南海的特产。由此可见，海南及南海物产在其时的海上丝绸之路的贸易货物流通过程中，早已显示出其特殊的作用与独特光彩。

## 二、天涯海角，何处是家

流放，这一封建帝王巩固政权、惩治异己的严厉手段，其目的地往往选定于偏远荒芜的边疆地带。海南岛，作为我国历史上首个被指定为流放之地的岛屿，其作为流放目的地的历史可追溯至隋唐时期，标志着海岛命运的重大转折。

隋朝虽将海南岛正式纳入国家行政版图，然其短暂的国运未能对其施行有效治理。及至唐代，统治者汲取前朝经验与教训，对海南岛的行政架构进行了调整与优化，并辅以招抚与安抚并重的策略，巧妙化解了原住民与官府间的隔阂，极大地强化了中央对琼岛的统治力，使之真正成为国家版图中稳定的一部分。然而，尽管地位有所提升，海南岛在当时仍被视为远离政治经

---

① （唐）魏征.隋书（卷三一）[M].北京：中华书局，1973：887-888.

济核心的"化外之地"，以及环境严酷、瘴气弥漫的"蛮荒之地"。其独特的地理位置与恶劣的自然条件，使之成为安置政治异己分子的理想之选，既便于控制又足以惩戒。

唐代，贬官现象尤为突出，数量远超往昔。这既源于唐朝前期的强盛国力与政治稳定，使得统治者自信能够仅凭手中权力驾驭政敌；也体现了唐代皇权的宽容一面，对于罪不至死的官员，尤其是统治阶级内部的斗争失败者，多采取流放而非极刑，以示皇恩浩荡。诸如中宗复位、韦后乱政、安史之乱、永贞革新、牛李党争及反宦官斗争等历史事件中，失败的政治势力成员往往被发配至海南等边陲之地，承受着身心的双重惩罚。因此，自隋朝始，海南便陆续迎来了贬官的足迹，至唐代更是成为流放官员的热门去处，其见证了无数历史人物的命运沉浮。

岭南地域，在唐代则成为流放重地，而海南岛，更是这流放的终极之路。

此间流放者，身份横跨庙堂之高与江湖之远，既有权倾一时的宰相，亦有平凡无奇的黎民百姓；他们是政见相左的政敌，宫廷暗斗的牺牲品，贪腐无度的污吏，改革受挫的先驱，抑或党争失败的落魄者……统治者以其为罪不致死却需严惩之对象，遂施以仅次于极刑的流放之罚，而将之发配至帝国版图最南端、海角天涯的海南岛，无疑是流放中最严苛的等级。踏上这片土地，官员们往往心如死灰，或中途自尽，或未至已遭赐死，即便抵达，亦多自感命不久矣，鲜有重获自由、北归中原之例。"岭水争分路转迷，桄榔椰叶暗蛮溪。愁冲毒雾逢蛇草，畏落沙虫避燕泥。五月畲田收火米，三更津吏报潮鸡。不堪肠断思乡处，红槿花中越鸟啼"[①]，字里行间，尽显海南岛作为流放者断肠之地的凄凉与绝望。

然而，正是这些贬官，以他们的才学与智慧，意外地加速了海南岛的开化进程，催生了独特的"贬官文化"。珠崖山水，因贬官之笔墨而更显灵秀；学士之家，因贬谪之经历而传颂千古。自两伏波将军开拓海南以来，中原文化虽逐渐南播，但直至隋唐之前，其影响仍显微弱。直至贬官们踏足这片蛮荒之地，中原的礼乐文明才得以深刻融入海岛，并与海岛之原始文化交织碰

①全唐诗（卷四七五）[M].上海：上海古籍出版社，1986：1205.

撞，共同推动海南岛迈入了一个全新的发展阶段。从此，海南不再仅仅是蛮荒的代名词，而是成为中原文化与海岛风情交融共生的新生天地。

## （一）贬官"第一人"——杨纶

隋之前，海南岛基本属于羁縻州，天威不及，谈何流放。隋朝正式将海南岛纳入治理版图后，生存环境恶劣的海南岛自然成为流放政治异己的不二之地。

随着隋唐贬官的到来，海岛上的"风鼓寒潮"寄寓了他们的悲愤与失落，更留有大量作为文人儒生的教化之举。虽是"天涯海角"，更多的人也只能将之作为另一个"家"了。

流放到海南岛的贬官，有正史记载的第一人是隋朝炀帝时代的杨纶。

杨纶，字斌籀，隋滕穆王杨瓒之子。

《隋书·卷四十四·列传第九》记载，滕穆王杨瓒，字恒生，又名慧，是隋朝开国皇帝杨坚的同母弟弟。他在北周时期因父杨忠军功被封为竟陵郡公，并娶了武帝的妹妹顺阳公主为妻，从右中侍上士逐步升迁为御伯中大夫。保定四年，他改任纳言，并被授予仪同三司的官职。杨瓒作为贵族子弟，又娶了公主，他容貌俊美，喜欢读书，尊重士人，因此在当时享有很高的声誉，人们称他为"杨三郎"。武帝对他非常宠爱，在平齐之战中，他让杨瓒留守京城，并赋予他极大的信任和责任。然而，当宣帝即位后，杨瓒的仕途并未一帆风顺。他因某些原因与高祖杨坚不和，当杨坚入主朝政并试图与他商议时，他选择了拒绝。杨坚成为丞相后，杨瓒虽然被提升为大将军和大宗伯，但他内心对杨坚的执政感到不安，甚至暗中策划对付杨坚。然而，杨坚对他一直宽容以待。

隋朝建立后，杨瓒被封为滕王，并担任雍州牧。然而，由于他妻子的原因，他逐渐失去了皇帝的恩宠。最终，在开皇十一年，他在跟随皇帝游幸栖园时突然去世，年仅四十二岁。有人猜测他是被毒死的。

杨纶，性格宽厚，容貌俊美，对音律也有一定的了解。隋朝建立后，高祖杨坚封他为都国公，并赐予他八千户的食邑。第二年，他被任命为邵州刺史，展现了一定的政治才能。

在晋王杨广（即后来的隋炀帝）向梁国纳妃时，杨纶奉命前往致礼，深受梁国人的尊敬。然而，由于他父亲杨瓒的原因，杨纶在隋朝时期一直感到不安。隋炀帝即位后，他对杨纶更是充满了猜忌。

杨纶忧惧不安，不知道该如何应对这种局面，于是求助于术士王琛。王琛告诉他："你的相禄非凡。"并解释说："'滕'字有腾飞之意，这是一个吉祥的预兆。"此外，杨纶还与一些懂得占卜的沙门如惠恩、崛多等人交往密切，经常让他们为自己占卜星象。

然而，有人告发杨纶心怀怨恨，甚至进行诅咒。隋炀帝大怒，命黄门侍郎王弘彻查此事。王弘见皇帝正在气头上，便迎合圣意，奏称杨纶行厌蛊之术，犯下恶逆之罪，应处死刑。隋炀帝令公卿们商议此事，司徒杨素等人认为杨纶心怀不轨，希望国家遭灾以便自己得势。他们指出，杨纶的恶行源于家族传统，其父杨瓒在先帝时就曾阻挠大计，而今杨纶又继承父恶，不仅觊觎朝廷，更是图谋危害社稷。因此，他们请求依法严惩杨纶。

隋炀帝虽然顾及公族之情不忍处死杨纶，但仍将他除名为民并流放至始安。同时，杨纶的兄弟们也被分散流放到边郡。大业七年，隋炀帝亲征辽东时，杨纶曾上表请求随军效力，但被郡司所阻。不久之后，他又被流放到珠崖。

杨纶携妻子儿女，渡过波谲云诡的海峡，惶恐不安地来到海南岛上。这是一片举目无亲的荒土，岛上到处都是茂密的雨林，散发着神秘而又可怖的气息，岛外则是日夜喧嚣的惊涛骇浪。

杨纶在岛上度过孤寂的五年之后，天下又乱云四起，鄱阳起义首领操师乞自立为"元兴王"。操师乞中流箭死后，大将军林士弘又自称皇帝，诸方豪杰纷纷依附。冼夫人的孙子、汉阳太守冯盎，以苍梧、高凉、珠崖、番禺之地附林士弘。杨纶不愿为林士弘所用，举家逃亡到岛西的儋耳。唐朝立国之后，杨纶上表归顺于大唐政权。凭借着残余的一点德望，他被封为长沙地方小小的怀化县公，拖家带口坐船北上赴任。上任不久，他因病而逝。无论如何，他也算是善终了。

流放天涯海角，不一样的主人公，不一样的故事，不一样的剧本，却往往有相似的结局。而发生在杨纶身上的事情，在其后排下来的长长的流放队伍中，并没有多少人能有他这样的幸运……

从此海南就是"家"。贬官流放者，来到海岛，无论是回去了的，还是留下来的，海南已是他们生命中不可抹去的记忆和与生存相抗争的栖身港湾。岛便成了他们与自然条件和当地土著相互融合的滚滚红尘路。

随着时间的推移，这些流放者及其家族在海南岛上生息繁衍，逐渐融入了当地的社会与文化之中。他们的到来不仅为海南岛带来了中原地区的先进文化和生产技术，也促进了岛上各民族之间的交流与融合。在这个过程中，流放者的后裔们逐渐形成了自己独特的文化传统和生活方式，成为海南岛多元文化中不可或缺的一部分。

同时，海南岛作为一个相对独立的地理单元，也为这些家族提供了相对稳定的生存环境。在岛上，他们可以找到相对肥沃的土地、丰富的资源和适宜的气候条件，这些都有利于他们的生存和发展。因此，一旦到达岛上，这些家族往往就会选择在此定居下来，不再轻易迁移。这些流放者的后裔们不仅为海南岛的发展作出了重要贡献，也成为连接中原与海南岛的重要桥梁和纽带。

## （二）贬官与移民

隋唐之际，被贬谪至海南岛的官员与迁徙而来的移民，是海南经济社会发展的一股重要力量，直接加速了海南岛经济社会发展的步伐，尽管其具体人数因历史尘封而难以精确统计。

关于隋朝海南岛的人口状况，官方资料仅载有户数而未及具体人口数。《隋书·地理志》中详载，彼时海南岛设珠崖、儋耳、临振三郡，其中珠崖郡辖十县，户数达一万九千五百余户。若依据古时平均每户约5.17人的保守估算，珠崖郡人口应接近十万之众，而这仅是海南岛人口版图的一隅，全岛人口规模或更为庞大。

与前朝西汉、东汉相较，海南岛人口虽有所增长，但增幅并不显著，这或许映射出当时经济发展水平的局限与政策导向的影响。隋朝时期，人口分布显著集中于海南岛的沿海地带，尤以北、东两岸为甚，这里因交通便捷、资源丰富而成为居民聚集的热点。反观内陆与偏远之地，则因自然条件严酷与经济开发滞后，人口较为稀疏。

及至唐代，海南人口数量历经波折，总体增长趋势虽存，却未显著跃升。有史料记载特定时期海南人口或缩减至七至八万，然此数据实难全面反映岛内真实情况，因偏远村落、深山之中的黎族居民常游离于官方统计之外。尤为值得一提的是，唐朝时期人口贩卖问题严峻，众多黎族人口不幸成为受害者，被贩卖至岛外，这无疑对海南人口结构与数量造成了深远影响。

《隋书·食货志》中对此已有着墨，书中记载："岭外酋帅，因生口、翡翠、明珠、犀象之饶，雄于乡曲者、朝廷多因而署之，以收其利。历宋、齐、梁、陈，皆因而不改。"这些地域的酋长，将人口视为私产，从中攫取巨大利益。至唐代，此现象非但未减，反而愈演愈烈。譬如冯盎之子冯智戴，其受唐太宗之宠，"赏予不可计，奴婢至万人"，所获赏赐难以计量，奴婢数量竟达万人之众。[1]又如海南岛万安州的大首领冯若芳，其势力范围之广，竟至"掠人为奴婢。其奴婢居处，南北三日行，东西五日行，村村相次，总是若芳奴婢之（住）处也"。[2]《新唐书·孔我传》亦载有"南方鬻口为货，掠人为奴婢，戏峻为之禁"。[3]唐宣宗大中九年（855年），宣宗颁布《禁岭南货卖男女敕》，痛陈："闻岭外诸州，居人与蛮獠同俗，火耕水耨、昼乏暮饥。迫于征税，则货卖男女，奸人乘之，倍讨其利，以齿之幼壮，定估之高下。窘急求售，号哭喻时。为吏者谓南方之俗，夙习为常，适然不怪，因亦自利，遂使居人男女与犀、象、杂物俱为货财，故四方鳏寡高年无以养活，岂理之所安，法之所许乎！"[4]由此可见，当时人口买卖之风盛行至极。海南黎族人口被贩卖至岛外，成为一种特殊的移民形式，亦是海南岛人口减少的重要原因之一。

唐代，海南岛的人口分布格局继续沿循以沿海地区为核心的趋势，然而，随着郡县行政体系的广泛扩展与外来移民的持续涌入，内陆区域的居民数量亦悄然攀升。尤为显著的是，唐代环岛行政版图的最终确立，促进了汉族与黎族居民分布格局的深刻演变，初步勾勒出了"汉在外，黎在内"[5]这一民族分布格局的雏形。移民的足迹不仅局限于沿海的肥沃平原，更逐渐深入内陆腹地。

---

① （北宋）欧阳修，（北宋）宋祁.新唐书（卷一一〇）[M].北京：中华书局，1975：4113.

② ［日］真人元开.唐大和上东征传[M].汪尚荣，校注.北京：中华书局，2000：68.

③ （北宋）欧阳修，（北宋）宋祁.新唐书（卷一六三）[M].北京：中华书局，1975：5009.

④ （北宋）宋敏求.（明抄本影印）唐大诏令集（五）[M].台北：台湾华文书局，1968：2270-2271.

⑤ 华林甫.1990年中国历史地理研究概述[J].中国史研究动态，1990（8）：8.

至于唐代海南岛的移民潮，其动因较前朝更显纷繁复杂。既有朝廷政策导向下的官宦贬谪、军队驻防等官方因素，也不乏寻求生计、躲避战乱、商贸往来等民间自发行为。这些多元化的移民动力交织在一起，共同塑造了海南岛人口结构与社会风貌的深刻变迁。

首先是谪臣流迁。

在陈铭枢所著的《海南岛志》中有，"海南孤悬海上，距中土辽远，在昔水土气恶，视为虫蛇所居……洎至唐代，乃复置版籍，移军屯戍。而谪臣罪囚窜逐流配之迹，遂由是日繁"[①]。可见直至唐代，方重启户籍管理，派遣军队驻守，并频繁地将官员贬谪至此，或将罪囚流放至此，海南岛始得逐步开发，人口流动日盛。

《五代史·南汉世家》亦载："是时，天下已乱，中朝士人以岭外最远，可以避地，多游焉。唐世名臣谪死南方往往有子孙者，或当时仕宦遭乱不得还者，皆客岭表。"[②]由此可见，海南正式户口登记制度，肇始于唐朝。那些因贬谪流寓海南的官员与罪囚，部分人在岛上繁衍生息，与黎族人民交错杂居，甚至逐渐融入其中，成为黎族文化的一部分。

以唐相李德裕为例，他虽在崖州（今海南三亚附近）仅度过了一年左右的时光便溘然长逝，但其血脉却在这片土地上延续。据明代王文禎《漱石闲谈》记述："李赞皇之南迁也，卒于崖州，子孙遂为獠族，数百人，自相婚配。正德（1506—1521年）间，吴人顾朝楚为修州同知，以事至崖，召见其族，状与苗獠无异，耳缀银环，索垂至地，言语亦不相通，德裕诰敕尚存。"[③]清人张庆长亦提及此事："唐相李德裕贬崖州，其后有遗海上者，入居崖黎，遂为黎人。其一村皆李姓，貌颇与别黎殊。唐时旧衣冠尚有藏之者。"[④]及至晚清，张之洞任两广总督时，特地向崖州官员唐牧询问关于李德裕后裔的情况，得悉尚有十余人生活在岛上，并已完全融入了黎族的生活方式。这些珍贵的笔记资料，虽非正史所载，却为研究海南岛的历史变迁、民族融合提供了宝贵的参考与启示。

① 陈铭枢.海南岛志[M].海口：海南出版社，2004：121.
② （北宋）欧阳修.新五代史（卷六五）[M].北京：中华书局，1974：810.
③ （清）褚人获.坚瓠集[M].上海：上海古籍出版社，2012：877.
④ （清）张庆长.黎岐纪闻[M].广州：广东高等教育出版社，1992：117.

其次，是因赴海南岛任职而其后裔入籍海南的。唐代符元生之墓、林氏家族以及韦执谊的迁徙历程，为后世探索海南唐代贬谪官员及其后代融入海南的深远影响，提供了丰富的历史人文素材。

文昌符氏家族的起源便是一个鲜明的例证。符元生，字安行，祖籍河南宛丘（今河南省淮阳县），于唐昭宗大顺二年（891年）奉命前来海南处理安抚事务，其后更在此地安家落户，被符氏后人尊为迁徙海南的始祖。据《文昌县文物志》详尽记载，符元生之墓静卧于文昌市龙楼镇铜鼓岭南尖之侧，占地面积达35平方米，虽封土略显简约，却透露出浓厚的历史沉淀与沧桑之感。墓前矗立之石碑，高120厘米，宽60厘米，厚10厘米，其上镌刻之文字清晰可辨，明确标示了墓主人的尊贵身份——"唐始祖参议中书符元生公墓"，并记录了清光绪十四年冬日吉时，由其后代宗孙福礼与众族人共同重修的史实。

此段历史，在《符氏族谱》中亦有着详尽的记载与印证。族谱第三十九世中述及："元生字安生，原籍河南宛丘，授广东南雄太守，选任中书令，配陈氏洁封夫人，生男龙养、龙直、龙本。后唐昭宗大顺二年（891年）奉谕同弟元先、元量渡琼抚黎有功，敕封五代。袭万户侯，因籍文昌居焉。考察铜鼓岭南尖地尖石山有碑，妣葬铜鼓岭北尖地坐东。全男宣，本二媳莫，冯氏同地向三台岭。"[①]这段记载不仅描绘了符元生家族的迁徙与兴盛，也生动展现了唐代以来海南岛人文交融、民族融合的壮阔图景。

海南林氏之根，可追溯至林裕公，彼于唐昭宗光化二年（899年），因任琼山县知事之职而踏足海南，后因中原烽火连天，局势动荡不安，决定选择在这片热带宝岛落地生根，其后裔遂在海南岛上枝繁叶茂，历经世代传承，蔚然成为海南一带的名门望族。《琼州林氏族谱》卷首（下）（十德堂）中，《唐渡琼始祖裕公传略》一文，以详细记录了林裕公家族渡琼一脉："公讳裕，字汝成，号柏庵，福建省福清县太平乡人，长牧端州刺史苇公之曾孙也。祖恕公任韶州平乐县主簿。父橘公，为福清县尉，生四子：仁偁、域、泰、裕，公其少也。唐昭宗乾宁间（894—898年）赐进士出身。光化二年（899年）授琼山县知事，以功累升琼郡同知，时中原多故，渡海为难，遂迁家于郡城之西关。安人陈氏，生子公堂，堂生辨，辨生五子：思范、思筠、思筵、思

---

① 义阳堂.符氏族谱（卷四）[M].海口：海南书局，2017.

篇、思劝。所谓思派五房是也。"①

　　韦执谊，唐代京兆（即今日西安）人，唐代重要的政治家和改革家，与唐德宗李适关系密切，积极参与由王叔文等引领的革新运动。然天不遂人愿，德宗驾崩，保守势力复辟，革新运动失败，韦公不幸被贬谪至遥远的崖州，最终魂归贬所。

　　据《乐会韦氏族谱》卷一《唐丞相执谊公考略》引《新唐书》所载："韦执谊（767—814年），字宗仁，号文静，京兆（今西安）人，汉族。他与唐德宗李适诗文唱和，深受倚重……永贞年间，参与王叔文等人的政治革新运动，成为改革派的核心人物，执谊以聪明气势，急于褒拔，网罗贤秀：如柳宗元、刘禹锡等皆在门下。后由于顺宗皇帝病死，唐宪宗即位，保守派得势，王叔文等被黜，执谊公也被贬到崖州，后死于贬所，享年四十五岁。执谊贬所位于府城镇西南约二十四公里处（海口市琼山区十字路区新联乡雅咏村），该村所在地，方圆四十五华里，唐代称郑都。执谊公于唐元和二年（806年）九月被贬到崖州为参军司户，摄理郡事。"②

　　虽然韦执谊在海南的时光短暂，但他作为唐代改革派的核心灵魂，其先进的政治理念与勇敢的革新行动，对后世产生了深远的影响。同时，他的贬谪遭遇，也是唐代政治斗争激烈与复杂的一个缩影，映射出那个时代权力更迭的残酷与无奈。

　　除了因贬谪或官职调动而踏足海南的官员外，还有驻守边疆的军队及其眷属，以及远道而来、旨在经营海南丰富土特产的商贾与手工艺人。更有那些不幸被本地权势掳掠的海上异邦商贾，以及来自四面八方的奴婢，共同构成了海南岛多元而复杂的人口构成。以郡首韦公干为例，其府邸内竟有女奴四百余人，她们技艺精湛，分工明确，有的擅长织造华美的花缣纱罗，有的能将兽角雕琢成器，有的则精通金银冶炼与锻造，更有巧手能将珍稀木材雕琢成各式精美器具，这些琳琅满目的手工艺品不仅展现了她们的高超技艺，更为韦公干积累了难以估量的财富。③这些技艺高超的工匠，无一不是从中

① 十德堂.琼州林氏族谱.海口：琼州林氏族务工作理事会，1988：24.
② 京兆堂.乐会韦氏族谱（卷一）.太原市寻源姓氏文化研究中心，1987：9.
③ （北宋）李昉，等.太平广记（卷二六九）[M].北京：中华书局，1961：2113.

原大陆迁徙而来。

而谈及唐代那场声势浩大的移民浪潮，岭南俚人的迁徙至海南岛无疑是一股不可忽视的力量。俚人，这一在隋唐时期广泛指代南方多个少数民族的称谓，其内涵之丰富，远非后世单一民族——黎族所能涵盖。他们的到来，不仅为海南岛带来了更加丰富多元的文化元素，更在长期的交流与融合中，促进了当地社会的全面发展与繁荣。

隋末唐初之际，冼夫人凭借其非凡的威望与实力，牢牢掌控着海南岛的大片区域。尤为值得一提的是，隋开皇十一年（591年），朝廷为表彰其功绩，特将临振县的1500户民众赐予冼夫人作为食邑。为了有效接管并治理这一远在南溟的县治，冼夫人派遣了一批亲信随从迁徙至此，这批人便成为最早深入海南岛南部的俚人群体。随后，历史的车轮滚滚向前，冼夫人的孙子冯盎，在隋朝覆灭后返回岭南，迅速集结起一支声势浩大的军队，号称五万人之众，横跨琼州海峡，发起南征，一举平定了海南岛上的地方割据势力。其卓越贡献得到了唐朝的高度认可，冯盎被任命为高州总管，统辖粤西、高州、雷州乃至整个海南岛的军政事务。在他的带领下，众多俚人追随其脚步，纷纷踏上海南岛的土地，形成了一支庞大的移民队伍。

这些俚人移民不仅在沿海地区广泛分布，更有相当一部分深入内地，与原有的汉人居民交错杂居。此前，汉人主要聚居在岛的北部，而俚人则多在南部活动。然而，随着环岛行政建置的逐步完善，一个新的民族分布格局逐渐成形：汉人主要分布在岛屿的外围地带，而俚人则更多地向内陆延伸，形成了"汉在外、俚在内"的独特分布景象，这一变化深刻影响了海南岛的社会结构与文化风貌。

唐代移民海南的最后一个原因是战乱，尤其是安史之乱这一历史巨澜之后，直至唐朝末年，连绵不绝的战火成为推动人口大规模迁徙不可抗拒的力量。此时期的移民潮，与唐代前期相比，不仅在规模上蔚为壮观，其迁徙人群的构成与迁徙动因亦显得错综复杂，更富层次。中原与北方广袤大地饱受战祸侵扰，民众在求生与寻安的双重驱动下，背井离乡，踏上了南下的征途，掀起了一场波澜壮阔的人口迁徙风暴。

在这片向南涌动的迁徙洪流中，海南岛以其相对平和的政治生态、丰饶的自然资源以及得天独厚的地理位置，吸引了无数渴望安宁与重建生活的旅

人。海南，这座海上的避风港，成为他们心中理想的避难所与定居乐土。于
是，一部分南迁的移民，带着对和平生活的深切向往，最终踏上了海南岛这
片充满希望的土地，成为海南新的家人。

这些新移民的到来，如同一股清泉注入海南，不仅带来了中原与北方先
进的文化精髓、精湛的工艺技术，以及充沛的劳动力资源，更为海南的社会
经济发展注入了强劲的动力。同时，他们与当地居民的交流融合，也极大地
促进了海南地区的民族团结与文化交流。

五代十国，这段历史虽短，却烙印着国家的分裂与混乱，其动荡局势如
同狂风巨浪，迫使无数百姓踏上了南下的逃难之路，寻求一片安宁的避风港。
在这一背景下，海南岛，作为南汉政权的一隅之地，虽未能在治理上留下多少
笔墨，却因其远离战火、相对安定的环境，成为无数人心中的"世外桃源"。

彼时，北方大地战火连天，民众饱受战乱之苦，只能忍痛割舍故土，远
赴岭南，乃至更远的海南岛，寻找一线生机。苏轼在其《伏波将军庙碑》中
深情描绘："自汉末至五代，中原避乱之人，多家于此。今衣冠礼乐，盖班
班然矣。"①这不仅是对历史事实的记述，更是对海南岛接纳四方来客、文化
交融盛况的赞誉。

《新五代史》亦载："是时，天下已乱，中朝士人以岭外最远，可以避地，
多游焉。唐世名臣谪死南方者往往有子孙，或当时任宦遭乱不得还者，皆客
岭表。"②这其中，海南岛无疑成为他们重要的栖身之地，迎来了又一轮中原
移民的高潮。

王云清在《儋耳赋》中以生动的笔触记录了这一景象，"五季（五代）之
末，神州陆沉。大夫君子，避乱相寻。海门一带，比屋如林"，其注更详述
了"当时中原大家世族，纷纷迁徙，相率而来。居儋者则有羊、杜、曹、陈、
张、王、许、谢、黄、吴、唐、赵十二姓，或以仕隐，或以戍谪，挈眷踵
至。沿海一带皆由黄沙港上岸，皆以种蔗为业。上自顿积港，下至德义岭，
皆系客民住云。"③他们或在此隐居，或戍边屯田，以种蔗为生，从黄沙港登

① （北宋）苏轼.苏轼文集（卷十七）[M].北京：中华书局，1986：506.
② （北宋）欧阳修.新五代史（卷六五）[M].北京：中华书局，1974：810.
③ （清）王云清.儋县志初集[M].海口：海南出版社，2004：1191，1225.

陆，沿海岸线而居，为海南岛带来了中原的文化、技术与劳动力，使得这片土地焕发出前所未有的生机与活力。

# 三、海南文明时代的开端

唐王朝初期，中国封建社会步入了一个前所未有的繁荣盛世，其内外政策展现出前所未有的宽容与开放，这一策略如同春风化雨，极大地激发了社会生产力的蓬勃发展，推动了经济与文化的双重飞跃。唐朝君主在边疆治理与民族关系的处理上，更是秉持"怀柔远人"的"优容"之策，这一治理策略不仅巩固了多民族国家的统一，更促使帝国的版图空前辽阔，其疆域之广，超越了西汉鼎盛时期。

与此同时，随着唐王朝对海南岛政治、社会及经济领域的深度治理与强化，中原汉文化的涓涓细流逐渐汇聚成海，深刻而广泛地渗透至这座海岛。在这一过程中，海南的文明与文化在中原汉文化的影响和渗透下，也达到了一个前所未有的高度。自唐代起，汉文化以其深厚的底蕴与强大的影响力，就开始引领海南地域文化的发展方向，成为推动海南文化发展和繁荣兴盛的核心力量。

## （一）逐步走向稳定的治理格局

### 消失的羁縻州

唐高祖初登大宝，承袭了隋朝遗留下的国家治理框架，确保了国家机器的稳定运行。彼时，海南地区已摒弃了旧有的羁縻州制度，与中原腹地及四方疆域并轨，正式纳入州县管理体系之中，实现了由朝廷直接管辖的行政一体化。这些精心设置的州县，不仅加强了中央对海南地区的垂直管理，还通过派遣得力官吏深入地方，确保了政令畅通与治理成效。

及至唐太宗继统，他依据国家辽阔疆域内山川形胜的多样性，创造性地划分出十个行政区域——十道，即关内道、河南道、河东道、河北道、山南道、陇右道、淮南道、江南道、剑南道与岭南道。这一行政改革，旨在精准对接各地实际情况，优化资源配置，提升治理效能。

唐太宗秉持"轻徭薄赋，选用廉吏，使民衣食有余"的施政理念，力求减轻百姓负担，激发社会活力。他的一系列惠民政策，使得"数年之后，海内升平，路不拾遗，外户不闭，商旅野宿"。[①]

唐代之初，随着内部政权的日益稳固，统治者积极实施对外扩张战略，对边疆地区的经营取得了显著成效。这一安边定疆策略涵盖了对突厥、西突厥、东北诸族及西南边陲的深入治理与行政规划，极大地拓宽了唐朝的疆域边界，彰显了帝国的强盛。与此同时，对于远离中原腹地、历经隋末动荡后亟待统一的海南岛，唐朝亦给予了高度重视与精心治理。

海南岛，在唐代正式纳入岭南道的管辖之下。唐初年间，冼夫人之孙冯盎，在纷扰的战乱中稳固了对包括苍梧、高凉、珠崖（即今海南岛部分区域）及番禺在内的广大疆域的统治。随着冯盎的归顺，唐朝对海南岛的治理进入了新的阶段，通过更加精细的行政区划调整，将珠崖地区一分为三，即崖州、儋州、振州，以此强化中央对该地区的直接统治与有效管理。

这一系列政治操作，不仅极大地巩固了唐朝在海南岛的统治地位，更为当地的经济繁荣与社会发展奠定了坚实的基础。具体而言，崖州下设颜城、澄迈、临机、平昌四县，州治设于琼州（今海口市琼山区），尽显其作为区域中心的繁荣景象；儋州则辖义伦、昌化、感恩、富罗四县，州治定于义伦（今儋州市），展现出其在地方治理中的独特地位；而振州则统领宁远、延德、临川、陵水四县，州治设于宁远。

随着冯盎的归顺，海南局势渐趋平稳。武德四年（621年），李靖平定了萧铣的叛乱，为海南及周边地区的稳定奠定了重要基础。继而，贞观元年（627年），为了更加高效、有序地治理海南这片"南蛮"之地，朝廷特设都督府，将其直接置于崖州、儋州、振州三州之上，此举不仅标志着行政与军事管理体制的重大变革，更是中央集权在边疆治理上的深刻体现。

---

① （北宋）司马光．（元）胡三省，注．资治通鉴（卷一九二）[M].北京：中华书局，1956：6026.

在这一历史性的转折中，都督府以其全新的姿态，取代了往昔的总管制度，成为统筹三州军事与行政事务的核心力量。据《资治通鉴》所载，武德七年（624年）二月戊午，朝廷正式将"大总管"之名更名为"大都督府"，这一称谓的变迁，不仅仅是官制层面的细微调整，更是中央政府对地方，尤其是对海南等边疆重地治理力度与策略深化的鲜明信号。

都督府的设立及其权力的扩展，超越了传统州县的框架限制，构建起了一个更为紧密、高效的治理网络。它不仅强化了中央对海南全岛的直接掌控，还极大地提升了整体治理效能，为海南地区的经济繁荣、社会稳定与文化交流注入了强劲动力。这一变革，无疑是唐朝边疆治理史上的一座重要里程碑，其影响深远。

五代十国时期，自公元907年序幕拉开，至960年大宋王朝的建立，是中国历史中继三国两晋南北朝之后，再度上演的一场波澜壮阔的政治分裂与重组大戏，同时也是唐朝与宋朝之间的过渡期。在这一时期，南汉政权亦如匆匆过客，自917年刘䶮（亦称刘俨、刘陟、刘龑）在广州登基为帝始，至971年黯然陨落，不过延续五十四载。若追溯至刘隐于905年初掌靖海军节度使，割据岭南之时，南汉的统治痕迹则更可上溯五十四年。

刘隐，作为南汉基业的奠基人，于公元905年受命为靖海军节度使，岭南之地自此在其掌控之下。两年后，他更获梁帝嘉赏，被册封为靖海（交州）两军节度使及大彭郡王，权势日盛。911年，刘隐辞世，其弟刘䶮承继兄业，不仅稳固了既有基业，更成功将韶、潮、高、容四州纳入南汉疆域。917年，刘䶮在广州称帝，南汉国祚由此开启，历经三代帝王，直至971年终被宋朝所灭。

南汉政权在制度建设上，深谙"以史为鉴"之道，广泛吸纳唐代治理之精华，形成了独具特色的治国体系。其疆域辽阔，囊括了今日广东省，并及于海南岛，这一历史事实清晰地表明，自隋唐以来，直至五代十国南汉统治时期，海南岛已彻底摆脱了作为中原王朝羁縻之地的身份，正式融入中原王朝的普通行政版图之中。

### 海盗的天堂

海南，作为古代海上丝绸之路的重要中转站，见证了无数商贸货轮的频繁往来和东西方的交流。然而，在这片远离皇权直接管辖的蔚蓝边疆，"天高皇帝远"，海盗活动如暗流涌动，悄然滋生并肆虐一时。

琼州海峡及其所环抱的海南岛周边海域，成为海盗的天堂。岛与峡、海与人，成为这片海域得天独厚的优势。在海南岛这片地域内，源自偏远荒芜山间的台地，孕育出无数溪流，它们犹如大自然的刻刀，将地形切割得错综复杂、支离破碎。与此同时，南海以其无垠的广阔与深邃，展现出沧海森漫的壮阔景象，赋予了海南岛独特的战略地位。因其地理位置的特殊性，自然成为海上盗贼眼中的避风港和藏匿之地。

进入唐代，沿海经济迎来了前所未有的繁荣景象。季风轻拂，商船如织，穿梭于南海的碧波万顷之间，满载着价值连城的金银珠宝与珍贵货物。这份繁华与富饶，如同磁石般吸引着海盗的贪婪目光。他们潜伏于波涛汹涌的海面之下，伺机而动，追逐着那令人心动的财富。海南岛，这个孤悬海上、相对独立的岛屿，因其得天独厚的隐蔽性，成为海盗们的天堂。在这里，海盗们找到了安全的避风港，与地方势力的微妙平衡、土著部落的默许乃至国际商人的复杂关系交织在一起，编织成一张错综复杂的利益与权力之网。

在《太平广记》中，有两则聚焦海南海盗的传奇叙事。陈武振，这位振州海域的传奇霸主，以其庞大的财富与神秘莫测的"叽术"（或称咒术）闻名遐迩，其府邸之内，犀角、象牙与玳瑁堆积如山，仓库绵延数百间，无不彰显着他在南海上的无上权威与尊崇地位。尤为令人唏嘘的是，他与招讨使韦公干之间那非同寻常的深厚情谊，二人情同手足，相互扶持，韦公干更是在陈武振不幸陨落后，家族命运随之黯淡，这一情节背后，深藏着海盗与官吏间错综复杂、难以言表的利益交织。

另一则关于韦公干的记载，"郡守韦公干者，贪而且酷。掠良家子为金银者，有攻珍木为什具者，其家如市，日考月课，唯恐不程"[1]，揭露了海南岛上另一番截然不同的景象。更为惊人的是，韦公干计划将爱州境内象征权威的马援铜柱私自变卖，与外商交易，幸亏被制止而未实际发生，但其行为之恶劣，可见一斑。这样的酷吏，在海南岛上，以剥削百姓、中饱私囊为能事，更与陈武振等海盗势力勾结，形成了亦官亦商亦盗的复杂网络，共同侵蚀着这片土地

---

① （北宋）李昉，等.太平广记（卷二六九）[M].北京：中华书局，1961：2113.

的安宁与公正。

至于陈武振那传说中的"得牟法"，其神秘莫测，世人难以窥其全貌，故在此存而不论，留给后人无限遐想与猜测的空间。这两则故事，不仅展现了海南海盗的传奇色彩，更深刻揭示了古代社会中权力、财富与人性之间的复杂关系。

在《唐大和上东征传》中，详载了唐鉴真大和尚自海南扬帆启航，东渡扶桑的艰辛旅程，其间穿插着与海南岛著名海盗冯若芳的微妙交集。时值天宝二载（743年）岁末，海疆不宁，台州、温州、明州沿岸频遭海盗侵扰，海路因此受阻，公私贸易几近断绝。次年夏四月，南海太守刘巨鳞虽力克海贼吴令光，永嘉郡重归安宁，但海上的风云依旧变幻莫测，鉴真一行踏上险象环生的东渡之路，此行亦深刻映射出当时南海海盗活动的猖獗态势。

当鉴真大师一行在第五次航行中遭遇风暴，意外漂流至海南岛振州之时，迎接他们的并非恐惧与绝望，而是别驾冯崇债的温暖援手。一年后，冯崇债更是亲自护送他们至万安州，引见了该州大首领冯若芳——一位身兼海盗与官员双重身份的传奇人物。冯若芳，以其亦官亦盗的非凡手段，累积了富可敌国的财富，每年例行劫掠波斯商船，不仅将财物据为己有，更将俘虏贬为奴婢，其势力范围之广，竟至"南北三日行，东西五日行"之地，皆是其奴婢的居所。《唐大和上东征传》中描绘的，"若芳每年常劫取波斯舶两三艘，取物为己货，掠人为奴婢。其奴婢居处，南北二日行，东西五日行，村村相次，总是若芳奴婢之处也。若芳会客，常用乳头香为灯烛，一烧一百余斤。其宅后，苏芳木露积如山；其余财物，亦称此焉。"[1]

## （二）中原文脉，移风易俗

唐代之始，中原文化犹如一股清泉，开始缓缓流入并渗透于海南岛这片遥远而神秘的土地上。在此之前，海南岛的文化及教育犹如被晨雾笼罩，尚处于一种相对闭塞与蒙昧的初期阶段，而至唐代，中原文化的引入为这片岛

---

[1] ［日］真人元开.唐大和上东征传[M].汪尚荣，校注.北京：中华书局，2000：68.

屿揭开了知识启蒙与文化觉醒的序幕。

科举制度，这一历史悠久的选官机制，其滥觞可追溯至隋朝，至唐代则迎来了全面兴盛与广泛实践的黄金时代。彼时，朝廷对于官员的甄选，尤重进士科出身，此制度所考察的，乃是以儒家经典为核心的经史之学，辅以诗文创作之才华，故而造就了一大批学识渊博、修养深厚的进士官员。当这股文化洪流遭遇海南（及岭南）的贬谪命运，更是涌现出一批兼具文化造诣与政治素养的文人墨客。

于是在海南这片遥远的土地上，不乏昔日朝堂之上的风云人物，如杨炎、韦执谊、李德裕、皇甫镈等宰辅之臣，他们因种种原因被贬至此，此地遂有"朝廷宰相亦难及之州司户参军"之叹，足见其地位之特殊，宋人所谓"唯崖州地望最重"①，实非虚言。同时，这里也是文学巨匠的流寓之地，李邕、王义方等文坛翘楚，他们的到来，为海南的文化图谱增添了浓墨重彩的一笔。

值得注意的是，唐代贬谪至海南的官员中，虽以进士出身者居多，但亦不乏非科举出身而文化造诣极高的文人士大夫。例如，李德裕，出身河北名门望族，家学渊源深厚，尤擅《汉书》与《左氏春秋》，其文笔之精湛，连朝廷的诏书典册亦多出自其手；又如王义方，虽未通过科举步入仕途，却以卓越的儒学造诣闻名遐迩，精通五经，其事迹被《旧唐书》《新唐书》乃至司马光《资治通鉴》等史书所记载，足见其影响之深远。

这些贬谪文人，作为中原文化与海南文化的桥梁与使者，他们的到来，不仅为海南带来了先进的思想观念与文学艺术，更在潜移默化中促进了当地政治、文化的飞跃式发展，为海南的历史文化留下了不可磨灭的印记。

据史料所载，整个唐代期间，共计有29位朝廷重臣（含7位宰相之尊）不幸遭贬，远徙至天涯海角的海南岛。②这批人中，不乏当时政治舞台与文化领域的巨擘，如翰林学士柳璨之文采飞扬，太子洗马兼侍读刘纳言之学识渊博，兵部侍郎韩瑗之忠勇可钦，尚书左丞、同平章事韦执谊之政坛风云，以及两度拜相的李德裕在文宗、武宗朝间的辉煌政绩。他们的流放，不仅是个人命运的转折，更成为海南文化教育发展史上的一座座丰碑。

---

① （明）陶宗仪.说郛[M].上海：上海古籍出版社，1988：535.
② 刘丽.唐代贬官与海南文化[J].咸阳师范学院学报，2010（5）：112-115.

宋代无名氏于《正羊琼台志》中转述道："琼州自古僻处荒远，历汉唐之世，直至宣宗（847—859年）治下，方见文化之春风化雨。"明代海南硕儒钟芳亦感慨："溯及唐前，教化未兴，学宫阙如，士子求学之路多艰。"①彼时，国家设立的官学虽遍及中央与地方，然受限于资源与名额，难以广开才路。于是，中原私学蔚然成风，成为知识传播的重要渠道。随着大批中原士人因故被贬谪至海南，这股私学之风亦跨越千山万水，吹拂至岭南之地。

在唐代海南的贬谪官员中，不乏学富五车之士，他们中的许多人，在逆境中仍不忘传道授业，于贬所之地亲自开坛讲学，广收门徒。其教学形式灵活多变，既有交游中的随机点拨，也有门生登门求教的谆谆教诲，为海南私学教育的发展注入了强大动力，培育出一批批儒学新秀。正是这些贬谪士人，以儒学为桥梁，将中原文化的精髓播撒至海南这片沃土，开启了海南文化教育的新篇章。

唐太宗时代，王义方，这位首开先河被贬谪至海南的官员，以他非凡的学识与坚韧不拔之志，为海南的文化教育翻开了崭新的一页，堪称海南教育史上的先驱与奠基者，名垂青史，实至名归的"南学启明者"。②

王义方，生于公元615年，卒于669年，籍贯江苏泗州涟水，其人品端方，学识渊博，尤以精通五经著称，曾任太子校书等显赫之职。然而，其命运多舛，贞观二十年（646年），他因受刑部尚书张亮案牵连，被贬至海南儋州吉安县丞，这一贬谪，却意外地成为海南文化教育史上的一次重要起点。

当时的海南，文教尚处于蒙昧状态，居民对礼教知之甚少，读书识字之人更是稀缺如珍。《唐摭言》中提及岭南及周边地区科举中举之艰难，岭南已如此，更何况更为偏远的海南岛。王义方所至的吉安（今昌江黎族自治县棋子湾），更是少数民族聚居之地，经济文化双重滞后，民风粗犷难驯。

面对如此困境，王义方以儒家礼乐为钥，毅然肩负起教化民众的重任。他主动接触并召集当地少数民族首领，共商文化兴教大计，以开放包容的心态，深入民间，亲自为子弟们讲授经书，行释奠礼，将儒家文化的精髓以清歌吹笛、登降跽立等生动形式展现，使得人人向学，心悦诚服。

---

① （明）芳钟.钟筠溪家藏集（卷八）[M].海口：海南出版社，2006：151.
② （后晋）刘昫，等.旧唐书（卷一八七）[M].北京：中华书局，1975：4874.

尤为难能可贵的是，王义方还慧眼识珠，选拔出几位颇具潜质的学生，悉心栽培，不仅传授经书知识，更举行庄重的祭祀先圣先师礼仪，教授清歌短笛合奏等技艺，寓教于乐之中，强调尊老爱幼、长幼有序的儒家伦理。此举深深打动了那些原本对教化持怀疑态度的少数民族首领，他们纷纷将自家子弟送入王义方的门下，以求得知识之光的照耀。

王义方所处的讲学环境，其艰苦程度超乎想象，相较于后来相隔四百余年、同样贬居海南儋州的东坡先生所描绘的"食无肉、病无药、居无室"[1]之困境，王义方的境遇无疑更为严苛。他在这般艰难中，于吉安默默坚守了三年贬谪岁月，不仅逆转了该地文教荒芜的面貌，更将其塑造成为一片文化繁荣、弦歌不辍的礼仪乐土，这一壮举对海南乃至整个岭南地区文教事业的发展，以及历史文化的演进，均产生了深远而不可估量的影响。

后世对王义方在海南文化事业上的卓越贡献给予了极高的评价。《澄迈县志》中载："澄地僻处海岛，旧俗粗鄙，远离中原文明。其文化之变迁，首推汉之锡光以农耕、冠履、学校启蒙，次则唐之王义方以儒学教化振衰起弊，终至宋之守之以五经讲授、尊师重道为继，风气渐淳，习俗日新。"[2]锡光，这位东汉时期的行政官员，虽在交趾（今越南）任上亦曾倡导农耕、礼仪与学校建设，但其重心更多在于经济民生与风俗改良，教育之举虽有其功，却未能形成深远影响与持续传承。

相较之下，王义方则以一介文人之躯，肩负起了传播中原文化、启迪民智的重任。他不仅在吉安亲自授课，更致力于儒家思想的深植与传承，使得海南的文化教育得以薪火相传，开启了海南历史上一个全新的文化教育篇章。王义方的贡献，不仅仅是知识的传授，更是文化的播种，他让海南这片遥远的海岛，首次真正意义上地融入了中华文明的大家庭，其历史地位与影响，自是无可替代，永载史册。

紧随王义方之后，第二位谪居海南、名扬四海的文人雅士乃是李邕。李邕（678—747年），唐代大书法家，书法造诣深厚，独树一帜。其父李善，更是《文选》一书的权威注解者，家学渊源，可见一斑。李邕年少时便已

---

① （北宋）苏轼.苏东坡全集（卷五八）[M].北京：中华书局，2021：1710.

② （清）龙朝翊.澄迈县志[M].海口：海南出版社，2004：586.

才名远播，后步入仕途，历任左拾遗、户部员外郎、括州刺史及北海太守等职，因其卓越的政绩与文采，世人尊称其为"李北海"。然而，中宗登基后，因与权臣张柬之交情深厚，李邕不幸受累，先贬富州司户，再贬崖州舍城丞，命运多舛。尽管目前尚未有确凿史料记载李邕在海南直接从事的文化活动，但根据其生平事迹与才华横溢的特质，我们不难推测，即便身处贬谪之地，李邕亦未曾放下手中的笔。史载"邕早擅才名，尤长碑铭，虽贬职在外，中朝士人及天下名刹古观，仍竞相携带金帛，远道而来，以求其墨宝。前后所撰碑文，累计数百篇"①，这充分证明了李邕即便在逆境之中，依然笔耕不辍，其文学与艺术之光，并未因地域的偏远而黯淡。因此，我们有理由相信，在海南的那段时光里，李邕或许也在默默地以笔墨为舟，传播着中原文化的精髓，为海南的文化发展添上了自己独特的一笔。

在唐代众多被贬谪至海南的官员之中，李德裕无疑是最为显赫的人物，他乃唐宪宗朝重臣李吉甫之嗣。李德裕（787—850年），字文饶，籍贯真定赞皇（今河北省赞皇县），系唐朝中期一位杰出的政治家兼诗人，自幼胸怀大志，勤勉笃学，尤对《汉书》与《左氏春秋》造诣颇深。虽未涉足进士科举之途，却以其广博的学识与深邃的见地，赢得了时人的广泛赞誉与尊崇。

穆宗初登大宝，朝中禁中书诏、典册等重要文牍，皆出自李德裕之妙笔。这充分彰显了其非凡的文学与政治才能。其仕途生涯亦丰富多彩，历任翰林学士、浙西观察使、西川节度使、兵部尚书直至左仆射等要职，更在唐文宗大和七年（833年）与文宗开成五年（840年）两度拜相，权倾一时，政绩斐然。

然而，在宣宗一朝，李德裕不幸遭遇政敌排挤，先是被贬为潮州司马，继而在大中二年（848年）更遭远谪，任崖州（今三亚）司户参军。次年正月，李德裕风尘仆仆抵达崖州，未料仅数月后，便于同年十二月在这片遥远的土地上溘然长逝，享年六十三岁，其命运之波折，令人扼腕。

初至海南贬所，李德裕的心境难免笼罩着一层忧郁的阴霾，这份情感在他的《谪岭南道中作》与《登崖州城作》中得到了深刻的抒发。《登崖州城作》中："独上高楼望帝京，鸟飞犹是半年程。青山似欲留人住，百匝千遭绕郡

---

① （后晋）刘昫，等.旧唐书（卷一九○）[M].北京：中华书局，1975.

城。"他独步高楼，遥望帝京，慨叹"鸟飞犹是半年程"，青山环绕，仿佛有意挽留，却更添离愁别绪，尽显海南之偏远与孤寂。《谪岭南道中作》则以细腻的笔触描绘了岭南的崎岖险路与异域风光："岭水争分路转迷，桄榔椰叶暗蛮溪。愁冲毒雾逢蛇草，畏落沙虫避燕泥。五月畲田收火米，三更津吏报潮鸡。不堪肠断思乡处，红槿花中越鸟啼。"毒雾蛇草、沙虫燕泥，交织成一幅既神秘又艰险的画面，五月畲田、三更潮鸡，更添思乡之痛，红槿花下的越鸟啼鸣，声声皆是游子心碎的哀歌。

然而，作为一代名相，李德裕并未长久沉沦于个人的哀愁之中，他展现出了强大的适应力与责任感，选择入乡随俗，因地制宜，积极承担起传播文化的重任。在贬谪的岁月里，他潜心著书，立言不朽，同时致力于教育事业，亲自讲学，倡导读书明理，以文化之光照亮蛮荒之地，培养出一批批文化人才，真正实现了"教民读书著文，讲学明道济时"的宏愿。南宋陈振孙所撰《直斋书录解题》记载："《穷愁志》四卷，唐崖州司户参军李德裕撰。晚年迁谪后所作，凡四十九篇。"以文载道，明志抒怀，其影响力跨越山海，深远而广泛。

正因李德裕在中原政治文化领域的显赫地位与卓越贡献，他在海南的文教活动不仅是对个人命运的抗争，更是对文化传承与发展的有力推动。

在唐代众多被贬谪的文人墨客中，德宗朝的户部尚书吴贤秀亦是不可被忽略的一位。吴贤秀，生于唐玄宗天宝壬午年（742年），字敬之，号壶邱，祖籍可追溯至河南汴州浚仪（今河南省开封市），世代书香。他本人以乾元己亥年进士及第，历任御史、户部侍郎，终至尚书高位。

唐贞元乙酉年春（805年），吴贤秀不幸遭贬，远赴崖州（今海南岛），寓居琼山县张吴图都化村，面对异乡的荒凉与孤寂，他并未消沉，而是迅速投身于当地的文化教育事业之中。他亲自筹划并兴建了多座祠堂与学校，其中最为人称道的便是琼台书院与孔庙，这些文化地标不仅为当地土民提供了学习的场所，更成为儒家文化在海南传播的重要阵地。吴贤秀身体力行，倡导儒家经典，尊崇孔孟之道，以其深厚的学识与高尚的品德，引领当地土民向学向善，极大地提升了琼州的文化氛围与学术水平。

吴贤秀的这一系列举措，不仅为海南的文化教育事业奠定了坚实的基础，更为琼州"文运之开"作出了重要贡献。

另有一位值得一提的唐代谪臣，乃是唐顺宗时期的年轻宰相韦执谊。韦执谊（769—814年），字宗仁，籍贯唐代京兆（今陕西西安），曾任翰林学士、尚书左丞及同平章事（即宰相之职）。后因牵涉王叔文案，于唐宪宗时遭贬至崖州，在这里他度过了长达七年的时光。在谪居期间，韦执谊积极辅助地方官员，致力于改善民生，在水利建设方面成就斐然。他亲自主持修建的岩陂塘水利工程，不仅在当时极大地促进了农业发展，灌溉了良田，惠及了百姓，直至今日，其留存的遗迹仍在发挥作用。

正是这些唐代被贬谪至海南的文人雅士，以他们的智慧与汗水，将这片昔日的文化荒漠逐渐浇灌成生机盎然的绿洲。他们不仅传播了中原的先进文化，更在海南这片土地上播下了文明的种子，使得海南从一个偏远的海上孤岛，逐渐融入了中华文化的广阔版图，与中原文化交相辉映，共同书写着中华文明的动人篇章。

## （三）黎汉交融

隋唐之际，海南岛迎来了与中原腹地民族交融的重要时期。在这一时期，海南岛的黎族同胞与中原移民间产生了前所未有的融合与共生。往昔，海南岛作为中原王朝羁縻体系的组成部分，其治理模式往往是间接与松散的。然而，随着唐王朝的崛起，这一历史格局发生了根本性的转变。

唐朝统治者，在广袤无垠的边疆少数民族地区，匠心独运地发展了羁縻州制度，以其高度的政治智慧与灵活的政策手段，促进了边疆的安定与民族的和谐共融。《新唐书》中对此制度有详尽的记载。唐王朝不仅在边疆依据部落分布巧妙设立州县，更赋予部落首领世袭官职的特权，其虽在经济层面保持了一定的独立性，但在文化、教育及行政管理上则全面纳入国家统辖之下。然而，对于海南岛，唐朝却展现出更为非凡的远见与卓识，打破了传统羁縻模式的桎梏，直接设立州县，并派遣朝廷重臣驻守治理，这一创举无疑彰显了中央政府对海南岛前所未有的重视与直接管辖的坚定意志。

针对黎族聚居的黎峒地区，唐朝更是采取了"以夷制夷""因俗而治"①的策略，即在尊重当地风俗习惯的基础上，巧妙运用当地力量进行治理，实

---

① （元）脱脱.辽史（卷四十五）[M].北京：中华书局，1974：685.

现了行政管理与文化认同的双重融合。在黎族社会里，"峒"不仅是日常生活与生产活动的基石，更是族群认同与地域特色的鲜明标志，每个"峒"都宛如一个既独立又紧密相连的生态与文化微缩景观。唐朝通过精心选拔并委任酋首，巧妙地将国家意志融入部落治理之中，既维护了黎族社会的内在和谐与稳定，又实现了对其高效而有序的管理。

唐初，特设岭南道五府经略招讨使，以统揽边疆事务。唐太宗即位后，更是秉持"以文德安抚四海"[①]的仁政，一方面通过招抚政策展现宽宏与友善，另一方面则通过建立完善的行政体系与增强军事力量，确保对边疆地区的稳固统治。至唐玄宗天宝元年（742年），岭南地区的治理体系更是得到了进一步的精细化与系统化，五府经略使肩负起绥靖安抚夷、獠等民族的重任，统辖经略清海两大军镇及桂、容、邕、交四管，治所雄踞广州，麾下精兵强将逾万五千四百人，这一布局深刻体现了唐王朝对边疆治理的深远规划与周密考量。至德元年（756年），五府经略使变更为岭南节度使，统辖包括琼州（即今海南岛）在内的二十二州军事力量，其规模与影响力可见一斑。及至咸通三年（862年），为进一步提升治理效率，岭南道被细分为东西两道，岭南节度使一职亦随之更名为岭南东道节度使。这一系列的调整与变革，表明唐王朝对海南岛及整个岭南地区治理的深化与加强。

此外，据万历年间《琼州府志》所载，唐代采访使亲赴五州，与地方首领亲切会面，这一历史细节生动描绘了唐朝政府与边疆民族之间亲密无间、和谐共融的生动画面，进一步印证了唐朝在边疆治理上的成功与智慧，为后世留下了宝贵的治理经验与精神财富。

马端临在《文献通考》中对海南黎族地区的描绘，犹如一幅细腻生动的画卷，展现了该区域独特的自然风光与浓郁的民族风情。唐朝在此推行的二重管理体制，不仅体现了"夷汉分治"的灵活策略，更通过积极的招抚政策，搭建起民族间沟通的桥梁，促进了文化的交流与民族的深度融合。尽管面对地理环境的复杂性与文化差异的挑战，唐朝对海南黎族的治理实践充满了不易，但这种基于相互尊重与深刻理解的治理模式，无疑为后世提供了宝贵的

---

① （北宋）司马光．（元）胡三省，注．资治通鉴（卷一九二）[M].北京：中华书局，1956：6038-6039.

治理智慧与深刻的启示，成为中华民族多元一体格局构建中重要的一环。

为了进一步加强对海南岛的统治，唐朝在海南岛设立了都督府，据《琼州府志》记载，当时设有镇州都督府与琼州都督府，两府并立，共同维护地方安宁。唐朝还制定了严密的军事部署，五州各有驻军，以应对不时之需。特别是武则天时期，针对五州首领间的纷争，岭南采访使宋庆礼果断裁撤各州部分驻军，转而集中兵力，以四位将领统率，黎族士兵虽无固定编制，但亦被纳入整体战略考量之中。同时，勒连镇等地亦屯有重兵，设立都督府及五州招讨使，以强大的军事力量作为后盾，确保招抚政策的顺利实施与边疆的长期稳定。这一系列举措，充分展现了唐朝在海南岛推行招抚政策与加强军事设防并重的治理智慧。

公元789年，岭南节度使李复为巩固对海南的统治，派遣得力助手孟京协同崖州刺史张少逸，率部深入琼州，针对那些游离于唐政权之外的"俚峒酋寮"展开了一场有力的征讨行动。他们不仅在海南岛精心构建了坚固的城防与军事据点，屯集重兵，更将唐朝的军事力量延伸至周边广阔海域，确保了对海南及其周边地区的全面控制。随后，李复更进一步，将唐军主力调至海南的核心区域——琼州，并亲自兼任琼、崖、振、儋、万安五州的"招讨游奕使"，显示了朝廷对海南治理的高度重视与决心。

回溯至784年，杜佑担任岭南节度使期间，他以其丰富的治边经验，著有《通典》一书，书中专辟章节，详尽记录了海南的地理、人文及治理状况，为后世留下了宝贵的资料。而到了807年，岭南节度使赵昌与广州司马刘恂分别辑有《海南五州六十二洞归降图》与《岭表录异》两部重要著作，它们不仅是海南文献中最早专门记载黎族生活的珍贵文献，更为我们揭开了唐代海南开发与治理的神秘面纱，让我们得以窥见那个时代海南岛的社会风貌与民族融合进程。

唐代的海南岛，总体呈现出一种相对稳定的社会面貌。在这一时期，"汉在外围，黎在腹地"的民族分布格局逐渐形成，这既是自然发展的结果，也是唐朝"绥抚"政策深入实施的体现。通过一系列温和而有效的治理措施，唐朝的统治力量逐渐渗透至黎族聚居的广阔腹地，不仅促进了汉黎两族之间的交流与理解，更为日后海南岛成为宋代重要移民（衣冠南渡）目的地奠定了坚实的基础。

# 第五章

# 衣冠南渡——从闽南到南溟

随着唐王朝对海南岛的有效治理与深入开发，这片曾被视为"化外荒蛮、瘴气笼罩"的偏远之地，悄然蜕变成为战乱纷扰中的一片宁静港湾，成为无数人心中的天然避风港。北宋以来，尤其是南宋时期，面对金兵的铁蹄南下，中原大地战火连天，大批士大夫阶层与福建百姓纷纷踏上南迁之路，史称"衣冠南渡"①。这一历史洪流，不仅是对"衣冠楚楚"这一社会尊贵与文化身份象征的追寻，更是对和平安宁生活的深切渴望。

"衣冠南渡"，它不仅是北方士族为躲避战乱而向南迁徙的悲壮史诗，更是中华民族历史上一次深刻的文化迁徙与融合。在这场迁徙中，海南岛，这个在宋代早期多被视为流放之地的孤岛，逐渐迎来了它发展的机遇。大量中原与福建移民的涌入，不仅为海南岛带来了先进的生产技术与文化知识，更促进了当地经济的繁荣与文化的多元。尤其是福建移民，作为海南岛汉人群体中的重要组成部分，他们的到来不仅丰富了海南的语言文化，还使得该地成为现代闽语区的重要一隅。

"衣冠南渡"这一历史过程，是中国南北民族大融合、经济广泛交流与政治深刻变革的集中体现。它如同一股不可阻挡的潮流，将源自中原的先进文化如星火燎原般播撒至南方广袤的土地上，对今日中国的政治经济格局乃至社会文化面貌产生了深远而持久的影响。这一过程，不仅是中华民

---

① （唐）刘知几.史通（内篇）[M].北京：中华书局，2014：239.

族历史长河中一段波澜壮阔的篇章，更是中华文化生命力与适应力的生动写照。

# 一、"衣冠"从流放到"南渡"

与过往对犯官的单纯"流放"不同，那些生活优裕、风度翩翩的"衣冠之士"，竟能舍弃世代生息的故土，放下身段，踏上前往被视为"未开化之地"（尽管他们常以"南渡"这一雅称来美化此行）的征途，这背后无疑是超越了个人意志的复杂局势所驱使。诚然，从更宏观的视角审视，这一波"衣冠南渡"的浪潮，不仅深刻促进了中华民族之间的广泛融合，还悄然间重塑了以中原为核心的中国古代政治经济版图，使之逐渐呈现出多元共荣的新格局。这一过程，既是历史的必然，也是文化生命力的顽强展现。

## （一）衣冠南渡

在中国的浩瀚历史长河中，有着三次波澜壮阔的"衣冠南渡"壮举。

其中首次尤为震撼人心，它肇端于五胡乱华、中原板荡的黑暗时期。公元308年，西晋怀帝永嘉二年，一场由匈奴贵族刘渊叛晋自立的"永嘉之乱"犹如狂风骤雨般席卷而来，标志着中原大地陷入了前所未有的浩劫。刘渊挥师南下，直指洛阳，一时间，中原沃土被战争的阴霾紧紧包裹，生灵涂炭，哀鸿遍野。

随后，羯、鲜卑、羌、氐等异族势力迅速崛起，黄河流域成为群雄争霸的残酷舞台，烽火连天，城头变幻大王旗，政权更迭之速令人咋舌。在这片混乱与杀戮的海洋中，种族间的冲突不断升级，汉族民众面临着前所未有的生存绝境，无数无辜生命在异族铁蹄下黯然消逝，中原大地满目疮痍，白骨遍野，空气中弥漫着难以言喻的血腥与悲凉，史称"神州陆沉"①。

---

① （南北朝）刘义庆.世说新语[M].北京：中华书局，2007：212.

在这长达一个多世纪的动荡不安中，中原地区竟先后更迭了十六个政权，而汉族人口则从昔日的鼎盛之数——约二千四百万之众，急剧萎缩至不足四百万。面对这山河破碎、家园沦丧的绝境，中原士族怀揣着对生存与安宁的深切向往，踏上了南迁之路。他们背负着家族的希望，携带着文化的火种，穿越千山万水，投奔至司马睿于建康（今南京）重建的东晋王朝，希望寻求一片能够安身立命、重振旗鼓的净土。这一悲壮的迁徙，不仅是一次生存的逃亡，更是中华文明在逆境中坚韧不拔、生生不息精神的体现。

此次"衣冠南渡"的浪潮，主要席卷了长江中下游以南的广袤区域，成为一次大规模的人口与文化迁徙。同时，也有部分姓氏如林、黄、陈、郑、詹、邱、何、胡等，他们不畏艰难险阻，远赴闽越之地，开启了在这片古老土地上的移民叙事诗。正如《三山志》所载："永嘉之乱，衣冠南渡，始入闽者八族。"这段历史不仅见证了中华民族在逆境中的坚韧与迁徙的勇气，更为后世留下了深刻的文化交融与地域发展的印记。

第二次"衣冠南渡"的壮阔画卷，在公元755年"安史之乱"的硝烟散去后缓缓展开。这场由异族将领挑起的内乱，如同一把利刃，深深刺入了大唐王朝的腹地，不仅重创了其国本，更将其推向了边疆战乱与藩镇割据交织的深渊，最终演变为五代十国那段分裂动荡、政权更迭如走马灯般的黑暗时期。在这漫长的岁月里，政治权力的天平始终摇摆不定，战争如同永不停歇的绞肉机，吞噬着无数生灵，也将昔日的文明与秩序践踏得支离破碎。

面对这乱世风云，那些曾经显赫一时的衣冠望族，在绝望与无奈中纷纷选择南迁，他们携家带口，远离了中原的战火与硝烟，踏上了寻找安宁家园的漫长旅程。这一次的南渡，脚步更加坚定而深远，许多名门大族跨越千山万水，深入到了闽南的青山绿水间、岭南的热带雨林中，乃至遥远的西南地区。他们的到来，不仅为这些地区注入了新的活力与希望，也促进了当地经济文化的蓬勃发展。

随着衣冠士族的迁入，广州、泉州、成都等城市逐渐焕发出前所未有的生机与光彩。广州以其独特的地理位置成为海上丝绸之路的重要节点，商贾云集，百业兴旺；泉州则以其深厚的文化底蕴和开放的姿态，吸引了无数文人墨客与海上侨胞；而成都，则以其"天府之国"的美誉，成为南迁士族心中的理想乐园，他们在这里重建家园，传承文化，共同书写着中华民族历史上又一段新的辉煌。

第三次"衣冠南渡"的宏大史诗，是在北宋王朝遭遇"靖康之变"的沉痛打击后悲壮上演的。北宋盛世之时，秦岭与淮河以北的地域，汇聚了全国逾八成的人口，繁花似锦。然而，随着北宋政权的轰然倒塌，中原汉族，尤其是那些承载着深厚文化底蕴的士大夫阶层，纷纷踏上南逃之路，其决心之坚，足迹之远，前所未有。他们不仅深入闽南的温婉水乡、岭南的葱郁热土，更远涉重洋，抵达海南乃至东南亚的众多岛屿，寻找心中的避风港。

海南，这片曾被视为流放之地的蛮荒之地，在这一刻摇身一变，成为无数人心中的诺亚方舟，一个充满希望的避难所。北方士族迁徙至海南岛时，多选择海口神应港作为登陆之地，这里正是海南第一大江——一条原本自南向北静静流淌的河流的入海口。或许是为了铭记这段历史，抑或为了象征着无数衣冠士族南下的坚定步伐，这条河流竟在人们的记忆中悄然易名，称为"南渡江"，仿佛连自然之力都在默默见证并响应着这场浩大的迁徙。

此次"衣冠南渡"的浪潮，历经蒙元铁骑对中原的征服，直至南宋的最终覆灭，其持续时间之长、规模之宏大，远远超越了前两次。这一过程，不仅深刻改变了中国的人口分布格局，使得南方人口首次超过北方，更促进了南方经济文化的蓬勃发展，使之呈现出前所未有的繁荣景象。自此以后，中国逐渐形成了政治中心位于北方，而经济文化中心则南移并稳固于南方的独特格局，这一局面历经数百年风雨，至今依然清晰可见，成为中华民族历史长河中一道独特的风景线。

## （二）闽南与海南

闽地，作为南宋时期衣冠南渡浩荡大军的重要栖息地，海南岛则犹如天边尽头的最后一颗星辰，成为中原士人南迁的最终归宿。在这场波澜壮阔的第三次衣冠南渡浪潮中，中原文化的涓涓细流涌入海南，为其文化的发展注入了前所未有的活力与动力，将海南推向了一个文化繁荣的黄金时代。海南文化，作为宋朝文化脉络的悠长延续，宛如汉文化海洋中一股清澈而独特的支流，其根源深厚，尤显珍贵。实际上，海南更是闽南文化最为亮丽的一次延伸，两者间文化血脉紧密相连，共同承载着对古老中原文明的悠远记忆。

海南与闽南、潮汕及台湾地区共享着闽南话的醇厚音韵，这一方言不仅是汉语八大语系中的瑰宝，更蕴含着古汉语的厚重。它源自汉文化的摇篮——黄河、洛水流域，故亦称河洛话，其独特之处在于保留了隋唐以前汉语的诸多发音特征与词汇组合，仿佛一部活生生的语言历史典籍，揭示了汉民族文化的古老基因与智慧密码。

闽地不仅见证了中原汉族文化的深远影响，更是宋朝文化精髓的忠实传承者。从精美的陶瓷艺术、精湛的制茶技艺，到先进的造船工艺与纺织技术，这些宋代文明的结晶与成果在闽地得以生生不息，尤其是宋代瓷器的典雅韵味与茶道文化的深邃意境，至今仍被世人所珍视与发扬。当北宋烟云散去，定窑与龙泉窑的光辉渐隐，景德镇与德化则挺身而出，续写了中国绚丽的陶瓷文化。而闽南工夫茶道，以其独特的仪式感，融合了儒家礼仪的庄重、道家哲学的玄妙与禅宗的意境，成为一种极具精神内涵的生活艺术。

自古以来，闽南人便是海上丝绸之路上的勇敢探索者，他们乘风破浪，成为最早一批通过海洋连接世界的中国人。在欧洲的众多港口，至今仍回响着闽南人船只抵达的悠远号角。福建、广东、海南，作为中国的三大侨乡，其海上侨胞多为闽南人的后裔，他们携带着宋朝文化的基因，散居世界各地，续写着中华民族海上开拓的悲壮史诗。海南人民，同样作为宋朝子民的后裔，与闽南、潮汕、台湾等地的同胞血脉相连，共同守护并传承着这份中华文化历史遗产。

衣冠南渡，对于中原汉族而言，无疑是一场历史性的浩劫，然而，这场浩劫却以一种独特的方式促进了南方社会经济文化的蓬勃兴起，尤其在偏远的海南岛上，这一现象尤为显著。明朝大学士丘濬，这位海南骄子，在其《南溟奇甸赋》中深情地描绘了这一变迁："魏、晋以后中原多故，衣冠之族，或宦、或商、或迁、或戍，纷纷日来，聚庐托处，熏染过化，岁异而月或不同，世变风移，久假而客反为主，劘犷悍以仁柔，易介鳞而布缕，今则礼义之俗日新矣，弦诵之声相闻矣，衣冠礼乐彬彬然盛矣。"[1]

① （明）丘濬.琼台诗文会稿（卷二二）[M].海口：海南出版社，2006：4457.

【注：原句"劗犷悍以仁柔，易介鳞而布缕"意在表达从粗犷到仁柔、从原始到文明的转变】据陈铭枢先生所著《海南岛志》记载，唐宋年间，海南岛迎来了汉人迁徙的壮阔篇章，其规模蔚为可观，约有万余户汉族人家，总数逾五万之众，其中不乏源自北方的名门望族，他们携带着深厚的文化底蕴与家族荣耀，迁徙至此。[①]这些迁徙者，或因战乱频仍而寻求避世桃源，或因仕途迁转而择此良地定居，更有甚者，举家南迁，将根深深扎入这片热带沃土之中。王俞春先生的《海南移民志》及丰富的民间族谱资料进一步印证了这一点，如林、符、邢、周等四十余个姓氏族群，正是在这一时期于海南岛落地生根，每一族群皆能追溯至明确的渡琼始祖，族谱记载详尽无遗，从先祖的栖息之所到墓茔的朝向，皆历历在目，传承有序。[②]历经千年的风雨洗礼与世代繁衍，这些家族已如参天大树般枝繁叶茂，其人口数量已攀升至百万之众，他们不仅融入了海南的血脉，更成为这片土地上不可或缺的文化符号。

值得注意的是，在海南汉族人口结构中，接近六成的居民可溯源于闽南地区的移民浪潮，而在1988年海南正式建省之前，这一比例或更为接近七成，深刻表明了闽南文化对海南岛不可磨灭的文化烙印与深远影响。此外，海南的某些民间音乐，如琼南崖州民歌，与闽南民歌之间流淌着鲜明的相同的文化血脉，两者间的共鸣展现了跨地域文化的紧密交织。海南话，作为闽南语系中的一个支系，自宋末元初时期起，逐渐确立为海南汉族地区的通用语言，这一转变无疑进一步强化了闽琼两地文化的交融与共生。

两宋之交，衣冠南渡不仅是一次波澜壮阔的人口迁移，更是中原文化的一次深刻南播与扎根。这种以人流为载体的文化传播方式，相较于书籍等间接媒介，展现出更为直接且全面的力量，它如同甘霖般滋养了海南的文化土壤，使其文化层次与地位得到了显著提升。明代海南文化的空前繁荣，正是这一历史洪流中孕育出的珍宝，它不仅是对衣冠南渡历史贡献的生动诠释，更是海南乃至整个南方文化发展史中的重要组成部分，彰显了人口迁徙与文化交融对于区域文化发展的深远意义。

---

① 陈铭枢.海南岛志[M].海口：海南出版社，2004：494.
② 王俞春.海南移民史志[M].北京：中国文联出版社，2003.

# 二、从南渡到南溟

衣冠南渡的宏大历史进程，深刻地促进了南方经济社会的飞跃式发展，对于坐落于岭南边陲、孤悬海上的海南岛而言，这一趋势尤为显著。它不仅为长江流域及其以南的广袤土地带来了前所未有的经济繁荣景象，更使得中原文化的精髓如同移花接木般在这片土地上生根发芽，绽放出夺目的文化之花，实现了经济与文化双重领域的全面振兴与升华。

## （一）宋代对海南的治理

公元1126年，金军铁蹄南下，势如破竹，攻克汴京，俘虏了宋徽宗与宋钦宗两位帝王及其庞大的宗室成员共计三千余人，这一历史事件被称为"靖康之变"，标志着曾盛极一时的北宋王朝黯然落幕，其统治时期遂被后世统称为"北宋"。次年（1127年），宋高宗赵构南渡长江，于临安（现今的杭州）登基称帝，开启了历史上的南宋，这一朝代因定都江南而被史书记载为"南宋"。南宋政权虽得以延续，却偏安一隅，对于远在南疆的海南岛，其控制力更是显得微弱而力不从心。

### "三巴陈大王"

南宋咸淳三年（1267年），陈明甫与陈公发于临川镇（今三亚市之心脏地带）举起反旗，建立起一方割据政权，自封为"三巴陈大王"。这一政权，在风雨飘摇的南宋末年，竟奇迹般地屹立了八年之久，直至咸淳十年（1274年），方被朝廷重兵围剿而覆灭。其兴衰历程，或因时局纷乱，正史阙如；或惧其声威浩荡，恐生波澜，故史籍记载寥寥，几成绝响。

幸而，同朝昌化军知军、文昌才子邢梦璜，于咸淳十年秋，以《节录磨室碑记》详述此事，成为后世窥探这段历史的唯一窗棂。书中所载，"三巴陈大王"之起义，实为农民自发抗争之典范。他们精准选址于南宋统治鞭长莫及之崖州，此地偏远孤悬，仅凭百余户薄弱民力与数十散卒，依托南宋残存威望，得以立足。崖州之南，临川镇孤悬百里，历来为反抗者之避风港，加之黎族同胞鼎力支持，更添几分不可侵犯之势。朝廷对此地，因军力不济，往往视而不见，天高皇帝远，消息难达天听。

"三巴陈大王"政权建立后，其行事之张扬，前所未有。他们不仅于鹿回头胜境构筑指挥所，更仿效帝王，驾双龙头大船，衣饰器用皆逾礼制，公然自称大王，挑战朝廷权威。其势力之嚣张，竟敢藐视军印，凌驾于州郡之上，拘禁官军，甚至公然劫掠朝廷海运船只，致使海道不通，诸司舶务形同虚设。

然而，此政权亦非一味蛮横无理。他们有效行使地方治理之权力，征税有度，更开辟大规模对外贸易，联结八方州郡，促进经济交流，确保了政权的经济基础。其统治之下，虽不乏暴烈之举，但亦展现出一定的生存和治理智慧。

直至咸淳六年，朝廷终遣重臣马成旺及其子马扰机、马应麟南下清剿。经数年筹备，于咸淳十年发起总攻，历经七十日激战，终将这一割据势力彻底荡平。

此事件，既是一场农民反抗封建统治的英勇斗争，又透露出其行为的复杂性质。其悲壮落幕，不仅标志着一次起义的终结，更预示着南宋王朝末日的临近。

### 海防与海盗

海南，以其四面环海的独特地理位置，成为中国海上丝绸之路不可或缺的安全屏障与繁荣枢纽。宋代对此战略要地的重视，在正德年间编纂的《琼台志》之中有详尽描述①，展现了其作为海上交通枢纽的重要地位：

郡东水路半日至文昌铺前港，半日至清澜港，日至会同调懒港，半日至乐会博鳌港，半日至万州莲塘港，日至南山李村港，日半至崖州临川港。俱无隐泊处。

西水路半日至澄迈东水港，半日至临高博浦港，日至儋州洋浦港，日至

---

① （明）唐胄.正德琼台志（卷二一）[M].海口：海南出版社，2004：463-465.

昌化乌泥港，日至感恩抱罗港，日至崖州保平港。俱有湾汊，可泊舟。北自徐闻抵琼必渡海，有海安、踏磊、冠头、那黄、老鸦洲、车仑等渡。

外匝大海，接乌里苏密吉浪之洲，南则占城，西则真腊、交趾，东则长沙、万里石塘，东北远接广东、闽、浙，近至钦、廉、高、化。开洋四日至广州，九日夜达福建，十五日至浙江。

儋海之西与廉境相对，顺风一日可至；二日可达交趾万宁县；三日可抵断山云屯县。崖之南二日接占城外番。

黄支国，民俗略与珠崖相类，其州广大，户口多，多异物。韩国，七千余里，其地大较在会稽东治之东，与珠崖、儋耳相近。

安南（现越南），一路自獾州东，二日行至唐林州安远县，南行经古罗江，二日行至环王国之檀洞江，又四日至珠崖。

占城，近琼州，顺风舟行，一日可抵其国。

在这片至关重要的海上咽喉之地，海盗活动频繁。海盗们利用海南的地理优势，作为巢穴与中转站，年复一年地侵扰沿岸，不仅从事劫掠，还涉足商贸，公然挑战宋代市舶司的权威与秩序，宋代朝廷对此保持高度警觉，并对此进行了严厉打击。

早在至道年间（995—997年），广南西转运使陈尧叟便意识到海盗问题的严重性，他采取了一系列外交与军事并重的策略，通过妥善处理与邻国的关系，减少海盗的庇护所，并亲自部署追捕藏匿的海盗，展现了他"威德并施"的治理智慧，有效遏制了海盗活动的嚣张气焰。

《海南朱氏族谱》记述了迁琼始祖朱延玉在景德二年（1005年）抗击海盗的情景：面对海盗肆虐琼州沿海的严峻形势，皇帝真宗赵恒对朱延玉委以重任，派遣他率兵渡海征讨。朱延玉凭借卓越的指挥才能与无畏的英勇精神，迅速平息了海盗之乱，稳固了琼州局势，并因此升任雷琼总镇。

宋庆历年间（1041—1048年），为巩固海疆安宁，朝廷于广南之地启动了大规模的巡海水军招募与强化训练计划。这其中，诸如忠敢、澄海等精锐部队虽隶属于湘军体系，却无一不披坚执锐，装备之精良堪称一时之选，并历经严苛训练，以雷霆万钧之势，捍卫海域安宁，有效遏制了海盗活动的猖獗。

到了绍兴年间，鉴于时局之需，宋王朝再度于琼州重镇直接部署了精锐水军二百余众，并于此地巍峨设立白沙港水寨，作为海防前哨。此水寨由一位身兼将领与海南水陆都巡检双重要职的将领统率，其统御之下，水军将士纪律严明，士气高昂，此举无疑成为海南海防力量飞跃性增强的鲜明标志，预示着宋王朝在维护海洋权益与保障沿海百姓安宁方面迈出了坚实的一步。

《宋会要辑稿》载：绍兴三十二年（1162年）四月二十七日，广南西路经略安抚、提刑司申：本路转运判官邓酢言广西琼、雷、化、钦、廉等州，自来不曾置水军，遇有海贼冲犯，如蹈无人之境。今欲招募水军四百，于琼州白沙港岸置寨屯驻，差主兵官一员，合用先锋战船六只，面阔一丈六尺，又大战船四只，面阔二丈四尺，从沿海逐州以系省钱置造，逐司详所陈事理，除依旧存留雷州已置水军二百人，统领一员，在雷州驻扎。欲琼州招置二百人，就于本州驻扎，经略司准备将领兼海南水陆都巡检一员，于白沙港岸置寨，统辖水军，弹压盗贼。①

然而，尽管宋代在海南部署了水军，但由于地理位置偏远，加之海盗往往与沿海村寨及黎人首领勾结，形成了复杂的势力网络，使得官府难以彻底根除海盗活动。长期以来，海盗问题如同顽疾，始终未能得到根本解决，这也从侧面反映了宋代海防与社会治理的复杂性与艰巨性。

## （二）宋代移民

随着"衣冠南渡"的历史洪流汹涌而至，海南岛迎来了其历史上空前的移民浪潮，这股磅礴的力量犹如一股强劲的东风，直接催生了海岛经济文化的飞跃性蜕变与繁荣。步入宋代，海南的移民规模从唐代时微不足道的七万余人，迅猛激增至超过十万之众，增幅近乎三分之一。此等变化，不仅直观展现于人口数量的急剧膨胀，更深层次地重塑了海南各地的人口密度格局，促进了区域间的均衡与互动。尤为值得一提的是，官府主导下的黎族汉化进程，将众多黎民纳入国家户籍体系之中，极大地促进了海岛的社会融合与文化交流，加速了整体文明进程。

宋朝帝王，尤其是宋太祖，深谙户口数据作为稳固国本、精细治理之基

---

① （清）徐松.宋会要辑稿（第一九四册）[M].北京：中华书局，1957：7610.

石的重要意义，于乾德元年（963年）十月，启动了宋代历史上首次规模宏大的户口与财产普查。《续资治通鉴长编》一书，以细腻的笔触，详尽描绘了此次普查的精心策划与周密部署，各地州郡均被赋予重任，特设专职官员，专司户籍登记与管理之职，并对丁口年龄做出了明确的界定——二十为成年丁男，六十则为老者，而女性则相对宽松，不纳入详尽核查之列。①

然而，对于早已在封建制度下历经千年耕耘的内陆州县而言，此项工程虽具挑战，尚能勉力应对；而之于彼时尚处于开发萌芽阶段的海南岛，其统计基础之薄弱、社会环境之复杂，无疑让此次户口普查工作面临了前所未有的艰巨考验与重重困难。

据正德年间编纂的《琼台志》记载，宋代海南岛官方档案所记录的人口数量大致恒定于十万之众，但若细加推敲，以户均五人这一传统估算为基准，实则隐含的户籍人口远低于此数，仅约五万有余。此现象背后，潜藏着错综复杂的社会经济动因：户口隐匿、析户逃税避役等规避官府赋役的手段盛行一时，极大地侵蚀了官方统计数据的真实性与完整性。《宋史·食货上二》中深刻剖析道："时天下户口类多不实，虽尝立法比较钩考，岁终会其数，按籍纂括脱漏，定赏罚之格然蔡攸等计德、霸二州户口之数，率三户四口，则户版诡隐，不待校而知。"②此番记载，不仅揭示了全国范围内户口不实问题的普遍性，即便是在法制体系相对完备的内陆地区，户口误报亦难以根除，更遑论海南岛这一正处开发前沿，大陆移民与海岛先民文化交织、社会结构复杂的特殊地域。

鉴于海南岛独特的历史脉络与社会架构，汉族移民人口流动性的加剧、黎族社群内部的持续分化，以及大量游离于户籍制度之外的群体的存在，共同构成了人口统计工作的重重障碍，使其难度倍增。因此，有充分理由推测，宋代海南岛的实际人口规模极有可能远超官方所公布之数字，而官方统计与实际人口间的差距或达半数之多，这一推测虽基于假设，却深刻映射出当时海岛社会人口统计工作的复杂面貌与挑战重重，是对那个时代社会现实的一种深刻写照。

---

① （南宋）李焘.续资治通鉴长编（卷四）[M].北京：中华书局，1992：106-107.
② （元）脱脱.宋史（卷一七四）[M].北京：中华书局，1975：4212.

无论移民浪潮如何涌动，相较于繁华的中州腹地，宋代海南依旧保持着地广人稀的苍凉景象。《宋史·地理志六》中一语道破："宋初，以人稀土旷，并省州县。然岁有海舶贸易，商贾交凑……儋、崖、万安三州，地狭户少，常以琼州牙校典治。""其余三郡，强名小垒，实不及江浙间一村落。县邑或为黎人据其厅事治所，遣人说谢，始得还。前后边吏，惴不敢言。"

当贬谪官员初踏海南岛，所见所感，皆是人口寥落、自然野性未驯之景。苏轼于《和陶劝农》中，以诗绘景："岂无良田，膴膴平陆。兽踪交缔，鸟喙谐穆。惊麏朝射，猛豨夜逐。"①他更抒怀道："从我来海南，幽绝无四邻。耿耿如缺月，独与长庚晨。"字里行间，无不透露出海南的荒凉与孤寂。"溪边古路三叉口，独立斜阳数过人。"唯见稀疏行人匆匆而过，此情此景，尽在诗中。

胡铨被贬崖州，其《买愁村》中"区区万里天涯路，野草荒烟正断魂"一句，道尽了路途遥远与内心的凄凉。丁谓亦在《到崖州》中，以"今到崖州事可嗟，梦中常得到京华。程途何啻一万里，户口都无二百家。夜听孤猿啼远树，晓看潮浪瘴烟斜。吏人不见中朝礼，麋鹿时时到县衙。"述说着万里之遥的无奈与思乡之情，描绘出"户口都无二百家"的惊人景象，夜听孤猿哀鸣，晨观潮浪与瘴烟交织，连县衙也常有麋鹿出没，尽显海南之荒凉与偏远。

《琼台志》所载的十万人口，虽为官方统计，实则难以掩盖海南岛人口稀少的真相。这些诗作，如同一幅幅生动的历史画卷，真实而深刻地反映了宋代海南的荒凉面貌。

然而，正是这片辽阔而人烟稀少的土地，以及相对稳定的政局环境，犹如一块巨大的磁石，吸引着源源不断的大陆移民纷至沓来，谱写出了一段段迁徙故事。这场历史性的移民潮，悄然间成为海南岛社会风貌变迁的催化剂。以李光在昌化军的谪居生涯为例，他满怀深情地回顾往昔，由衷赞叹："近年风俗稍变，盖中原士人谪居者相踵，故家知教子，士风浸盛。"

明代学者丘濬亦对中原人士迁居海南的盛况进行了详尽记载，他明确指出，这一现象不仅极大地丰富了海南的人口构成，更如同催化剂一般，

---

① （北宋）苏轼.苏轼诗集（卷四一）[M].北京：中华书局，1982：2256.

促进了文化的深度交流与广泛融合。他写道："海内氏族，所谓故家乔木者，皆自中州来，故其遗风流俗，往往而在，苏长公所谓衣冠、礼乐斑斑，盖指此也。其散在四州者琼为多，琼属邑文昌大族，可数者五六家，邢其一也。邢之先自汴来，盖在宋南渡初至今，子姓蕃衍，散居邑中者，殆居他姓什三四焉。"①

正德《琼台志》亦有所载，深刻揭示了这一现象对海南岛文化的深远影响："琼僻居海屿，旧俗殊陋。唐宋以来，多名贤放谪，士族侨寓，风声气习先后濡染，不能无今古淳漓之别。""盖自五代以来，中原多故，衣冠之族类寓于此。建炎托名避太学上书之祸，于是有苍原陈家。汴都分戚，启万安文学之守，于是有水北邢家。纲使留子孙，大昌忠惠之宗，于是有叠村蔡家。"②

这些鲜活的历史例证，无不有力地证明了"衣冠南渡"的移民潮对海南岛文化生活所产生的深刻影响。

宋代，海南岛的移民现象尤为显著，随着时间的推移，这些外来移民逐渐成为地方的主导力量，促使黎族先民逐步从沿海地带向内陆山区迁徙，让渡出更广阔的生存空间。这一持续的移民潮，在文化发展层面产生了深远影响，汉文化与黎族文化体系在碰撞与交融的历程中，汉族传统文化以其深厚底蕴和强大影响力逐渐占据主导地位，汉化进程加速推进，成为不可逆转的趋势。在此文化变迁的洪流中，海南岛经历了翻天覆地的变化，不断蜕变，持续发展，展现出勃勃生机与崭新的面貌。

宋代海南岛的移民路径复杂，不仅囊括了来自广阔大陆的中原移民潮，还罕见地融入了海上移民的多元色彩。这些海上移民，携带着各自的独特印记、地域文化的丰富底蕴，以及多样化的职业背景，因着不同的命运轨迹与追求，汇聚于这片南海之滨。每一个迁入海南的家庭及其背后的故事，都如同一个个生动的章节，共同编写并诉说着宋代这段波澜壮阔的历史。

细观这一历史长河，从大陆南渡而来的移民群体大致可划分为五大类人群：

---

① （明）丘濬.琼台诗文会稿（卷十）[M].海口：海南出版社，2006：4058.
② （明）唐胄.正德琼台志（卷七）[M].海口：海南出版社，2004：137，138，148.

其一，乃是由官府派遣至海南岛执行征伐与戍守任务的军士群体。其中部分军士，在完成服役期限后，选择在海南落地生根，成为当地永久居民。学界研究表明，宋代海南移民的构成中，不乏此类服役期满后定居的军人身影。至今，在海南岛西部及西南部沿海地区仍广泛流传的"军话"，便是这一历史遗留的见证，其语音虽略近普通话，却深深烙印着中原的乡音，被当地人亲切地称为"官话"，而在岛屿东部则不甚普遍，这一现象与宋代以前海上丝绸之路主要依托北部湾海域，航线更贴近海岸而非直穿南海的地理特征紧密相关。

这些军士，原驻防地不乏沿海内陆，毗邻山区之处，他们在与当地黎族民众长期共存的岁月里，不仅促进了文化上的交流与融合，更在血缘上实现了某种程度的混融，逐渐融入了"熟黎"的社群之中。值得注意的是，除来自中原的军士外，还有相当一部分军士源自广东高州、化州、阳江及广西梧州、藤县等地，尤以王、符二姓居多。他们深入海岛腹地，最终在此安家落户，繁衍生息。

此外，追随这些军士的脚步，来自福建、两湖等地的逃亡者亦纷纷涌入。他们披荆斩棘，开辟村落，以先至者为领袖，共谋生计，同时保持与外界的联系，接受州县管理，正式成为"熟黎"群体的一员，实质上也是大陆移民大军的重要组成部分。宋代文献如范成大的《桂海虞衡志》与赵汝适的《诸蕃志》均有记载。《桂海虞衡志》指出："熟黎贪狡，湖广、福建之奸民亡命杂焉，侵轶省界，常为四郡患。"①《诸蕃志》也说："黎之峒落日以繁滋，不知其几千百也，咸无统属，峒自为雄长，止于王、符、张、李数姓。同姓为婚。省民之负罪者多逋逃归之。"②

其二，是那些为了商贸往来而踏上海南岛的商贾群体。部分大陆商人，在深入黎族聚居区进行交易活动的过程中，不仅与黎族人民建立了深厚的友谊与信任，更因这份和谐共处而选择在黎寨安家落户，成为岛上不可或缺的一分子。正如范成大所述，黎人与来自大陆的商人之间的贸易往来，秉持着

---

① （南宋）范成大.桂海虞衡志·范成大笔记六种[M].北京：中华书局，2002：159.
② （南宋）赵汝适，著.杨博文，校释.诸蕃志.海南（卷下）[M].北京：中华书局，2000：220.

高度的诚信与互信，互不欺诈，这一景象生动地反映了当时海南岛商贸活动的繁荣与商人之间互信的良好风尚。

在这群商人中，福建商人尤为引人注目。这得益于福建沿海地区商业的蓬勃发展，特别是泉州这一国际贸易大港的崛起，"泉商"之名远播四海。他们频繁穿梭于海南与福建之间，不仅促进了两地间的经济交流，更在风雨飘摇中展现出了非凡的坚韧与适应能力。当遭遇海难，货物损失殆尽之时，许多福建商人并未选择放弃，而是转而深入海岛腹地，以耕种为生，开启新的生活。这些商人在海岛的经历，不仅加深了他们对这片土地的情感依恋，也成为后来者效仿的典范，证明了商业活动不仅仅是金钱与货物的交换，更是文化、情感与身份的融合过程。而那些过往的官吏及商贾等在穿越黎区时，也常会选择在这些福建商人的家中歇脚，寻求庇护与安宁，这进一步体现了他们在当地社会中的重要地位与影响力。

其三，是贬谪海南的官吏群体。宋代之时，这一群体的数量颇为可观，其贬谪缘由纷繁复杂，交织着政治斗争与个人命运的沉浮。在南宋抗金的历史洪流中，主和与主战两派的激烈交锋，使得主战派中的中流砥柱因政治立场的不同而惨遭贬谪至海南岛，如被海南临高人王佐尊称为"海上四逐客"的李纲、赵鼎、胡铨、李光等，他们的事迹成为后世传颂的佳话。此外，还有因宫廷权斗而受累的卢多逊，因卷入与宰相赵普的纷争被贬至崖州；更有因"专权黩货"之罪而失势的宰相丁谓，以及才情横溢、享誉四海的苏轼等文坛巨匠，也未能幸免，被贬至海南这片遥远的土地。

这些贬官，大多出身名门望族，有的甚至是中原文化的杰出代表与学术巨擘。他们的到来，不仅为海南岛直接引入了中原文化的精髓，促进了当地文化的发展与繁荣，更在潜移默化中成为连接中原与海南文化的桥梁与纽带。在海南的日常生活与环境中，他们或深或浅地受到了当地风俗的熏陶与影响，实现了文化上的双向交流与融合，无形中扮演了文化传播使者的角色，为海南的文化发展注入了新的活力与元素。

其四，是因躲避战乱而迁徙的民众。尽管这一群体的数量相对有限，却也是海南移民史中不可忽略的一部分。宋代，尤其是南宋时期，中原大地烽火连天，抗金斗争异常激烈，而海南岛则宛如南疆的一片宁静绿洲，自古以来远离战祸，成为许多人梦寐以求的避风港。因此，不乏民众为了逃离那动荡不安的乱世，选择南下寻求安宁，其中一部分便踏上了海南这片热土。

海南岛广袤的荒地，为这些避乱而来的民众提供了广阔的生存空间。他们抵达后，有的开垦荒地，辛勤耕作，成为自给自足的农民；有的则利用海岛丰富的海洋资源，沿海捕鱼，成为勤劳的渔民；更有甚者，采用独特的生存方式，"以舟为室，浮海而生"①，成为与风浪共舞的疍民。无论选择何种生活方式，他们都在这片远离战乱的土地上找到了属于自己的安宁与幸福，过上了相对平稳和谐的生活。与中原地区朝不保夕、动荡不安的日子相比，海南岛无疑成为他们心中的世外桃源，让他们得以摆脱乱世蝼蚁的命运，重获新生。

第五类移民群体，乃是那些被朝廷正式任命并派遣至海南担任官职的官员。他们肩负着治理地方、造福百姓的重任，毅然踏上了这片遥远的海岛。然而，在履职的过程中，不少官员逐渐爱上了海南的自然风光与淳朴民风，最终选择在这里安家落户，将海南视为自己的第二故乡，并在此繁衍生息，继续书写着与这片土地紧密相连的家族传奇。这些官员的到来，不仅为海南带来了更为先进的管理理念和治理经验，也进一步丰富了海南的社会结构和文化内涵，促进了当地社会的全面发展。

在宋代波澜壮阔的海南移民潮中，福建与广东成为最主要的迁徙源头，尤以福建为甚，其中福建莆田更是移民大军中的佼佼者。海南岛上，无论是政界精英还是商界巨擘，福建籍人士均占据了举足轻重的地位。他们中既有被朝廷委以重任、远赴海南任职的官员，也有因政治风波而无奈被贬谪至此的文人士大夫。至于渡海来琼的动因，则更为多元：有的是为躲避灾祸与战乱，寻求一方净土；有的是被海南的商机所吸引，希望在此开辟新的商业版图；还有的则是出于对海南这片无战事纷扰、宛如世外桃源之地的无限向往，主动在此安家落户，繁衍生息。

此番移民潮的汹涌澎湃，无论从人员规模之庞大、素质之优异，还是姓氏种类的激增、迁徙原因的错综复杂来看，均远超前代，达到了前所未有

---

① （南宋）周去非，著，杨武泉，校注.岭外代答校注（卷三）[M].北京：中华书局，1999：145.

的高度。苏东坡所言"自汉末至五代，中原避乱之人，多家于此。今衣冠礼乐，盖班班然矣"①，正是对这一盛况的生动描绘。随着中原文化的深入渗透，汉族人的"衣冠礼乐"在海南岛上逐渐得到普及，成为一种普遍的文化现象，深刻影响着当地的社会风貌与生活习惯。

与此同时，海南岛原有的原始生活状态也在黎族与汉族文化的激烈碰撞与和谐交融中悄然蜕变，一种融合了两者精髓的全新文化形态——海南文化，在两族人民的共同孕育下应运而生。这一过程不仅见证了海南历史的深刻变迁，更展现了中华民族文化多样性与包容性的独特魅力。

大陆移民与黎族民众在海南岛的共同生活中，既有和谐共融的一面，也不乏因文化冲突、利益纠葛而产生的摩擦。部分移民，尤其是那些夹带不法之徒的群体，其到来在某种程度上加剧了黎族对王朝统治的反抗情绪，成为历史进程中不可忽视的变量。

## （三）元代屯田与移民

元承宋制。元朝在对海南岛的政策实施上，不仅深度延续宋代的治理智慧，更在此基础上展现出前所未有的开拓精神。为强化对海南的开发与建设，元朝完全将海南全面纳入国家治理体系的核心范畴，标志着海南岛正式步入了一个由国家直接且深入管辖的时代。

在元朝的精心治理下，海南岛不仅在人口规模上实现了飞跃式增长，农业与造船业等关键领域亦蓬勃发展，其繁荣景象远超宋代。据学者深入考究，这一时期的海南，琼州（今海口市南部区域）、昌化军（今儋州市西北部）、万安军（今万宁市）及吉阳军（今三亚市西部）等地，至元二十七年（1290年）的户数相较于北宋元丰年间，分别实现了惊人的746%、1152%、2461%及410%的增长②，这些数据表明海南岛在元代所经历的深刻变革与繁荣景象。

尤为值得注意的是，至元二十七年（1290年）距南宋灭亡仅十余年之遥，

---

① （北宋）苏轼.苏轼文集（卷十七）[M].北京：中华书局，1986：506.

② 葛剑雄.中国人口史（第三卷）[M].上海：复旦大学出版社，2000：558-559.

这充分说明南宋时期对海南岛的开发与经营已为其后续的飞速发展奠定了坚实的基础。因此，南宋时期无疑被视为海南岛历史上人口增长与经济发展的一个重要里程碑，其深远影响直至今日仍清晰可见。

谈及海南岛人口数量的显著提升，其背后是多重因素交织的结果：自然繁衍的稳步增长、跨越世纪的移民浪潮，以及南宋时期人口的大幅度扩张，均扮演了重要角色。然而，尤为关键的是元代入主海南后，对黎族实施的征剿与归化政策，这一举措深刻改变了历史轨迹。通过征剿与安抚并行，大量原本游离于官府体系之外的"生黎"——那些未被官方登记在册的族群，逐渐转变为接受政府管理的"熟黎"，他们开始履行纳税纳粮的义务，从而被正式纳入国家人口统计之中。这一过程不仅促使政府登记在册的人口数量急剧攀升，更促进了不同民族间的交流与融合，加深了社会结构的多元化与和谐。

根据元朝官方修撰的人口数据，若仅凭《元史·地理志》作为参考，其记载的户数与人口数，尤其是人口数，往往远低于实际情形，这反映了当时统计体系的局限。同样，唐胄在正德年间编纂的《琼台志》在人口统计上也沿用了《元史·地理志》的数据框架。相较于宋代海南仅万余户的记载，元代人口激增至九万余户，这一飞跃性增长主要归因于"生黎"向"熟黎"的转变，以及他们最终归入海南地方政府的管理体系之中。

元朝在海南推行的大规模屯田政策，堪称海南开发史上的里程碑事件。这一举措不仅有效缓解了人口增长与土地资源分配之间的矛盾，还极大地推动了荒地的开垦与利用。从大陆迁徙而来的移民，为了生计，纷纷投身于官方组织的屯田活动之中，与当地民众一同致力于土地的开发与建设，使得琼州路等地迅速涌现出如屯田民户五千余户、屯田面积近三百顷的繁荣景象。屯田制度无疑为海南岛的农业生产注入了强劲动力，显著提升了当地的生产力水平。然而，不容忽视的是，屯田制度所蕴含的军事强制性与元朝吏治腐败的双重影响，也在一定程度上抑制了其经济效果的充分发挥。

在官方屯田移民的洪流之外，民间移民的涌入同样为海南岛带来了勃勃生机，其中汉族与回族移民构成了这股力量的主流。

在汉族移民群体中，不乏朝廷派遣的官员及其家眷，他们在海南履新后，往往选择在此落地生根，成为海南的一分子。此外，还有那些因商贸机遇渡海而来，最终定居海南的商贾。元朝灭宋后，更是有一大批南宋的贵族、官员被俘虏并充军至海南，他们中的许多人也在海南扎下了根。这些移民由琼州路安抚司（其办事机构设于乾宁府，与南宁军、万安军、吉阳军共同构成了"一府三军"的行政格局）统一管理，下辖琼山、澄迈、文昌等六县，以及万安军、吉阳军、南宁军等地，各县均设有兵屯管理所，负责田地分配、公粮收缴、水利建设及军事训练等事务。同时，为巩固对海南的统治，元朝还派驻了大量镇戍军，其中不乏退役后选择留在海南的士兵。

在回族移民方面，从宋代至元代，战乱成为推动他们迁徙至海南岛的重要因素之一。正德《琼台志》卷七详细记载了这样一段历史："番俗本占城人在琼山者，元初，驸马唆都右丞征占城，纳番人降，并其属发海口浦安置，主营籍为南番兵。无老稚，皆月给口粮，三年以优之。立番民所，以番酋麻林为总管，世袭，降给四品印信。元末兵乱，今在无几。其外州者，乃宋元间因乱挈家驾舟而来，散泊海岸，谓之番坊、番浦，不与土人杂居，其人多蒲、方二姓。"[1]这部分回族人后来成为万宁、陵水、三亚等地的居民。此外，还有一批回族人因商贸之需，从大陆南下迁居海南，进一步丰富了海南的多元文化。

# 三、南溟奇甸

明洪武元年（1368年）六月，随着明军的旗帜在海南岛上空飘扬，这片美丽的海岛正式纳入了大明王朝的版图。在明朝长达276年的历史中，万历新政时期无疑是其最为辉煌的阶段，它不仅是中华大地封建帝制繁荣昌盛的巅峰之一，也是中国历史在主动与被动交织下，逐步融入世界舞台，与全球经济体系紧密相连的黄金时代。这一时期，"西学东渐"的浪潮汹涌澎湃，为中国传统社会带来了前所未有的变革与挑战，封建制度的根基悄然松动，步入了其衰败的序曲。

---

[1]（明）唐胄.正德琼台志（卷七）[M].海口：海南出版社，2004：149.

历史的巨轮滚滚向前，时代的洪流不可阻挡地席卷着每一个角落，即便是远在南海之滨、曾被视为边陲蛮荒的海南岛，也在这场历史的大潮中迎来了前所未有的发展机遇。在历代积累的坚实基础之上，海南岛步入了一个飞跃式发展的新阶段。明朝的统治者，摒弃了过往将海岛视为流放之地、蛮荒之境的偏见与轻视，转而以崇敬与欣赏的目光审视这片神奇的土地，亲切地将其誉为"南溟奇甸"，寓意着它是南海之中一块珍贵而奇异的宝地，寄托了对海南岛未来发展的无限期许与美好愿景。

## （一）宋、元最后的碰撞

在宋、元两朝的最后较量中，海南岛成为最后的决战场所。公元1278年初春，张世杰、陆秀夫等忠臣义士，怀揣幼帝，退避至七洲洋，意图借道越南占城，重燃复国之希望。为打通通往琼州海峡的生命线，他们派遣骁将王用，率精锐之师逆袭雷州，彼时该城已沦入元将阿里海牙的铁蹄之下。琼管安抚使张应科闻此危急，即刻动员海口周遭军民，跨海驰援，一场惊心动魄的战役在雷州之畔轰然展开，然而，尽管南宋将士浴血奋战，数日不息，雷州终归元军之手，王用无奈归降，张应科则以身殉国。

元军乘胜攻打海口，阿里海牙采纳了降将王用的计策，亲率水师，如猛虎下山般直扑海口浦，意图切断宋军退路并扼杀其复兴之梦。此时，新任琼管安抚使赵与珞挺身而出，引领着当地军民誓死捍卫这片土地，使得元军攻势屡屡受挫，战局陷入胶着。

面对僵局，阿里海牙利用旧部关系，召回已归顺元朝的前琼管安抚使马成旺，企图从内部瓦解宋军防线。面对马成旺的诱降，赵与珞正气凛然，其言辞之坚决，如同海岛磐石，不可动摇。然而，马成旺为达目的，不惜采用卑劣伎俩，重金收买赵与珞麾下旧部作为内奸，暗中破坏指挥中枢，导致赵与珞等一众抗元志士不幸落入敌手。

被捕后的赵与珞，其忠贞之志更甚于前，面对元军的酷刑与威逼，他始终坚贞不屈，最终在海口惨遭"裂杀"之酷刑，其英勇事迹，如同海南岛上永不褪色的浪花，激励着后世无数仁人志士，成为忠诚与勇气的永恒象征。

随着赵与珞等将领的牺牲，"四州县及外蛮"之地纷纷倒戈，归顺元朝麾下，海南岛的局势由此发生了根本性的逆转。仅仅三个月的时间，宋朝的余晖彻底消散，元朝凭借其强大的军事力量，彻底征服了海南岛，开启了长达九十年（1278年至1368年）的统治。在这漫长的岁月里，元朝对海南岛的治理策略，初期以武力镇压为主导，尤其是对五指山黎峒地区的围剿行动，其手段之残忍，令人发指，成为海南历史一段难以抹去的黯淡记忆。

元朝在海南岛的行政规划上，承继了宋代"一路三军十三县"的架构，并创造性地赋予其"海上四州"之名，这一称谓不仅是对海南作为海上疆域独特地位的认可，更是对其在地理与文化上特殊性的深刻体现。然而，至元朝末年，行政归属的变迁使得海上四州归入了广西行中书省海北海南道宣慰司的管辖之下，尽管行政体系有所调整，但海南人民心中那份对宋朝的深切忠诚与归属感，却如同磐石般坚定不移。

海南的百姓以宋朝遗民自居，在他们的心灵深处，始终回响着对蒙元统治的抗拒与不屈，这份坚韧与执着，在海南人民民族抗争史中留下了不可磨灭的印记。"宋末，琼州人谢明、谢富、冉安国、黄之杰，从安抚赵与珞拒元兵于白沙口，皆被执不屈以死。于是，终元之世，郡中无登进士者。明兴，才贤大起。文庄、忠介，于奇甸有光。天之所以报忠义也，忠义之钟于人。于海上一洲一岛，殆有甚焉。天不得其子孙而报之，报之于其地，天之穷也。"[1]琼州勇士宁死不屈，展现了海南人民的高尚气节。此后，整个元代，海南竟无一人赴京应试进士，这并非出于逃避或畏惧，而是海南士子们对先烈遗志的尊重与继承，他们不愿以个人的仕途为代价，玷污这片被烈士鲜血染红的土地。

及至明朝建立，汉族政权重焕生机，海南这片承载着深厚宋朝遗民情感的土地，终于迎来了文化的全面复兴。文庄、忠介等杰出人才如雨后春笋般涌现，他们不仅为海南的文化繁荣贡献了力量，成为那个时代海南文化复兴的标志性人物。海南士子们以实际行动，诠释了对故国的忠诚与对文化的坚守，他们的精神照亮了海南的历史天空。

终元一代，海南士子的忠诚与信仰，如同灯塔般指引着后人前行。而当明朝的曙光照亮这片土地时，海南终于迎来了属于自己的文化春天，海上衣

---

[1]（清）屈大均.广东新语（卷九）[M].北京：中华书局，1997：285.

冠之盛，成为那个时代最为动人的风景线。

## （二）南溟奇甸

在明朝统治海南之后，太祖朱元璋先后发布两道诏书《宣谕海南敕》和《劳海南卫指挥敕》。《宣谕海南敕》云："盖闻古先圣王之治天下也，一视同仁，无间远近，况海南海北之地，自汉以来列为郡县，习礼义之教，有华夏之风者乎！顷因元政不纲，群雄并起，朕举义除暴，所向廓清。迩者师临南粤，尔诸州郡不烦于传檄，奉印来归，向慕之诚，更可嘉尚。今遣使者往谕朕意，尔其益尽乃心，以辑宁其民。爵赏之赐，当有后命。"《劳海南卫指挥敕》云："南溟之浩瀚，中有奇甸，方数千里，历代安天下之君，必遣仁勇者戍守。地居炎方，多热少寒，时忽瘴云埋树，若非仁人君子，岂得而寿耶？今卿等率壮士连岁成此，朕甚念之，今差某往劳。"①

在《宣谕海南敕》一文中，可以看出朱元璋彻底改变了历代对海南岛所持的偏颇之见，转而以极高的赞誉与重视，重新定位了这片海域之南的宝贵疆土。文中字里行间，洋溢着一种前所未有的包容与尊重。

开篇即振聋发聩地提出"古先圣王之治天下，一视同仁，无间远近"，这一理念不仅是朱元璋治国理政的核心理念，更是对"天下大同"理想境界的深情呼唤。在朱元璋看来，海南虽地处偏远，却与中原腹地同享皇恩浩荡，其地位与价值应一视同仁。

继而，文中深情回顾海南的历史脉络与文化传承："海南海北之地，自汉以来列为郡县，习礼义之教，有华夏之风者乎！"这不仅是对海南悠久历史的肯定，更是对其作为中华文化重要组成部分的认可。在朱元璋的心目中，海南人民与中原百姓同根同源，共同沐浴在中华文明的光辉之下，共享着中华儿女的荣耀与自豪。

面对海南各州郡在军事压力下的主动归顺，朱元璋表现出极大的欣慰与赞赏，他深知这份忠诚与向往背后所蕴含的深刻含义。因此，他不仅给予归

---

① （清）明谊，修.（清）张岳崧，纂.琼州府志（卷三八）[M].海口：海南出版社，2006：1657-1658.

顺者以爵赏之荣，更以实际行动践行了"信义著于四海"的治国方略，赢得了海南民众的广泛拥护与爱戴。

最后，朱元璋以一位深谋远虑的君主之姿，向海南的官员寄予了殷切的期望与重托。他期望他们能够秉承"益尽乃心，以辑宁其民"的治理理念，以高度的责任感和使命感，致力于海南的繁荣与发展，让这片热土上的百姓能够安居乐业、共享太平。这不仅是朱元璋对海南未来的美好愿景，更是他对整个国家长治久安、人民幸福安康的深情厚望。

《劳海南卫指挥敕》一文，深刻体现了朱元璋对海南驻守将士的深切关怀与崇高敬意，以及对他们在维护国家安全和边疆稳定方面所做出的巨大贡献的高度肯定。

文中，朱元璋以宏大的笔触描绘了海南的地理特征——"南溟之浩瀚中有奇甸，方数千里"，不仅赞美了其辽阔壮丽的自然风光，更强调了其作为海疆要塞的战略地位。他明确指出，历朝历代安邦定国的明君，无不重视海南的防务，派遣最为仁勇的将士戍守此地，以保国家南大门之安宁。这一论述，不仅凸显了海南在国家安全格局中的重要位置，也彰显了朱元璋对海南防务的远见卓识和高度重视。

针对海南独特的自然环境——"地居炎方，多热少寒，时忽瘴云埋树"，朱元璋表达了对驻守将士生存条件的深切关怀。他深知，在这样恶劣的条件下坚守岗位，非有非凡的毅力和牺牲精神不可。因此，他通过此敕，向将士们传递了来自朝廷的温暖与慰藉，表达了对他们为国奉献和顽强拼搏精神的崇高敬意。

同时，朱元璋还特别赞扬了海南卫指挥等将领及麾下壮士，他们多年如一日地镇守海南，面对重重困难与挑战，始终坚守岗位，忠诚履职，为国家的和平与稳定立下了汗马功劳。他深情地说到"朕甚念之"，这四个字，不仅是对将士们功绩的充分认可，更是对他们忠诚与勇气的高度赞扬。这种来自最高统治者的肯定与激励，无疑极大地鼓舞了士气，激发了将士们更加努力地守卫边疆、报效国家的热情。

明太祖的敕书，使在朝廷任高职的海南名人丘濬大为感动，拜手稽首写下著名的《南溟奇甸赋》，其序曰："伏读太祖高皇帝御制文集，其劳海南卫指挥敕。有曰：'南溟之浩瀚中，有奇甸数千里，地居炎方，多热少寒。'

是时琼郡入职方仅再期，其地在炎天涨海之外，荒僻鄙陋，而我圣祖即视之以畿甸，而褒之以奇之一言，岂无意哉！谨按文集若干卷，其中劳天下军卫诏敕，何啻百数，大率叙其边徼险远，将领勤劳，征戍艰苦而已，未始有褒美其疆域若此者。噫！圣人之心与天通，物之美恶，必豫有以知其后之所必然于千百载之前，则夫吾郡之在今日，民物繁庶，风俗淳美，贤才汇兴，无以异乎神州赤县之间，且复俊迈奇诡，迥异常俦，有由然哉！濬世家于海南，北学于中国，偶有所见，谨拜手稽首而为之赋。"[1] 丘濬，这位来自海南的世家子弟，北上求学于中原腹地，最终在北京成就了辅佐君王之伟业。心怀对故土的深情厚谊，他欣然提笔，创作了《南溟奇甸赋》这一雄文，细腻描绘并颂扬海南岛那独特的风光景致与淳朴的人情风貌。此赋与朝廷的敕令交相辉映，不仅将海南独树一帜的自然景观、丰饶物产及深邃的人文底蕴，淋漓尽致地展现在大明王朝的广袤疆域之内，更成为海南历史上一段熠熠生辉的佳话，见证了这片土地在中华文明长河中的独特地位与辉煌成就。

## （三）改弦更张

朱元璋在奠定帝业基石之后，即刻筹划并开启了南方的平定征程。洪武元年（1368年）二月癸卯之日，他钦命廖永忠为征南将军，辅以骁勇善战的朱亮祖为副将，二人率领精锐之师，扬帆起航，由海路直取广东。当廖永忠大军威临海南岛之际，前通议大夫、同知海北海南道宣慰使司副都元帅陈乾富等一众地方首领，深感大势所趋，遂顺应天命，纳土归降，标志着明王朝南征的又一重大胜利。

随后，明王朝乘胜追击，开始在海南这片最后的"皇天后土"上构建稳固的政权体系。在行政制度上，明朝初期沿袭了元朝的部分框架，但又不失时机地进行了调整与革新。原元朝设立的广东道宣慰使司（治所设于广州路），隶属江西行中书省；另设海北海南道宣慰使司（治所设于雷州路），则归湖广行中书省统辖。至洪武二年（1369年）三月，明王朝又将海北海南道划归广西行中书省管辖，四月间，广东道则被正式更名为广东等处行中

---

① （明）丘濬.琼台诗文会稿（卷二二）[M].海口：海南出版社，2006：4456.

书省。随着时间的推移和政治架构的进一步细化与完善，洪武四年（1371年）十一月，广东都卫应运而生；八年（1375年）十月，都卫被改制为广东都指挥使司，军事指挥体系更加健全。及至九年（1376年）六月，行中书省又被革新为承宣布政使司，成为地方行政管理的核心机构，下辖十府、一直隶州、七属州及七十五县，疆域辽阔，北迄五岭，东临潮州，西抵钦州，南至浩瀚的琼州海峡，尽显大明王朝一统天下的恢宏气势。

自明朝伊始，海南岛正式纳入广东的行政版图，这一历史性的划归成为海南蓬勃发展的重大转折点。此前，海南岛在历朝历代的封建统治下，常作为遥控治理的对象，时而隶属于广西行中书省，时而又转归湖广行中书省管辖，其治理的连续性与深度均显不足。

明太祖洪武年间，这一局面得到了根本性的改变。海南岛被明确划归广东，成为其下辖的一个重要地方行政区，此举不仅强化了中央对海南的直接管理，更深远地促进了海南与广东之间在海洋文化、海洋经济等多方面的深度融合与协同发展。海南的海洋资源得以更加充分地开发，加之海洋文化的繁荣与海洋经济的腾飞，与广东形成了紧密相连、相互促进的良好态势。

同时，这一划归还极大地便利了朝廷对海南在政治、经济、文化等多领域的全面管理与促进。政治上，加强了中央对海南的掌控力，确保了政令的畅通与有效执行；经济上，促进了资源的优化配置与市场的拓展，加速了海南的经济发展步伐；文化上，则推动了广东与海南之间文化的交流互鉴与共同繁荣，形成了独具特色的地域文化风貌。

明朝将海南岛划归广东管辖的举措，无疑为海南的长期发展注入了强劲的动力，是其历史上一次具有里程碑意义的重大变革。

除此之外，朱元璋对海南岛展现出尤为深厚的重视，其另一项具有深远意义的举措，便是将琼州晋升为府级建制，此举不仅赋予了海南更高的行政地位，更在海南直接隶属于广东之后，构建了一个统一而有力的治理核心。这一变革不仅确保了海南在行政管理上的高效与连贯，也为海南的全面发展奠定了坚实的组织基础。正德《琼台志》载："洪武二年（1369年），改为琼、崖、儋、万四州，省琼山，复南建州为定安县，复万安县为万宁州，仍各领属县，隶广西如故。三年（1370年），升琼州为府，总领州三、县十三，隶广东。十九年（1386年），以儋之感恩县属崖州。正统五年（1440年），省三州，附郭宜伦、万宁、宁远三县，领州三县十。"①明朝对于海南建置的调整，正如司徒尚纪所说的："自汉开郡以来，海南行政建置，虽间有唐都督府，宋安抚都监这类兼领军政的机构，但不算一种行政区划。全岛没有一个统一的治理的机构，缺乏一个首府，各州管各州，互不相干，因而对岛上资源开发、经济中心的形成都是不利的，行政指挥也弊多利少。琼州升格为府，成为全岛行政中枢，这是海南政区沿革上一件大事。"②

明王朝对海南的统治策略，相较于历代王朝而言，展现出了前所未有的高明与深远。统治阶层以非凡的洞察力，细致入微地剖析了海南独特的地理环境与沿海区域可能遭遇的复杂民族问题、海盗威胁，进而精心策划出一套既切实可行又高瞻远瞩的行政管理蓝图。明人杨理所著的《琼管论》，便是这一智慧结晶的集中体现，其论述之深刻，见解之独到，堪称对此问题剖析的典范。

在《琼管论》中，杨理精妙地构划三重卓有成效的战略构想。首先，他提议在"罗活冈"这一兵家必争之地部署重兵，采取以静制动、时间换空间的策略，逐步构建起坚不可摧的军事屏障，并设立镇所加以稳固，确保了对战略要地的绝对掌控与优势地位。

其二，针对"陵水"这一连接四方的交通咽喉及毗邻崖州这一敏感区域，杨理巧妙构思，以"十字路"为界，设下天罗地网，不仅有效阻断了不法之徒与敌对势力的自由流窜与暗中潜伏，更在无形中织就了一张维护地方安宁与秩序的安全网。

至于黎族民众聚居而地广人稀之地，如感恩县等，杨理则展现出了深切的民生关怀与前瞻性的治理智慧。他力主采取积极的建设性措施，修筑坚固的城郭作为庇护所，同时加强武装力量的部署，构建起一套既坚固又灵活的防御体系。这一举措不仅有力保障了当地民众的生命财产安全，更促进了社会的和谐稳定与福祉的持续提升。

明朝统治者正是巧妙运用了杨理所提出的这些精妙策略，不仅在军事部署上实现了对海南的全面掌控与灵活应对，更在百姓治理、经济发展、文化

---

① （明）唐胄.正德琼台志（卷二）[M].海口：海南出版社，2004.

② 司徒尚纪.海南岛历史上土地开发研究[M].海口：海南出版社，1992：46.

融合等多个方面采取了得当而有效的措施，从而确保了海南岛的长治久安与
繁荣昌盛。

# 四、衣冠盛事

文昌孔庙的飞檐斗拱见证着千年文脉传承，琼剧戏台上的水袖翻飞出独
特的海岛韵味。从妈祖庙的香火缭绕，到黎锦苗绣的斑斓绚丽，海南在岁月
沉淀中形成了多元包容的文化体系。这片曾经的蛮荒之地，以"海滨邹鲁"
之姿，绽放出文明的璀璨光华，让南渡衣冠的薪火在南海之滨生生不息。

## （一）明代移民

在明代海南的移民大潮中，汉族无疑占据了主导地位，他们之中不乏显
赫的"世家望族"以及迁徙至此的官员、商贾与文人墨客家庭，这些新居民
的涌入，为海南这片土地注入了前所未有的活力与勃勃生机。

提及明朝海南历史上的名士，元末迁居海南的丘濬家族便是不可多得的
佳话。丘濬的祖父丘晋，自福建香江远赴琼州任职医官，并在此落地生根，
成为临高县的一代名医。丘濬在《学士庄记》中深情追忆："吾家祖籍闽地，
辗转定居琼州，历世久远。自七世祖学正公起，家族世代为官或耕读传家，
虽仕途有短长，而农耕之本从未荒废。吾家紧邻城池，先辈们更在城外拥有
良田千顷，距宅不过一里之遥。"丘氏家族因官而迁，后在海南繁衍生息，
丘濬更是自豪地称"吾家世居海南，北学中原文化"，终成明代海南乃至全
国的杰出人物。

再如海瑞，其家族渊源亦可追溯至闽地。海瑞高祖答儿，洪武年间投身
军旅，定居琼山，其后代中不乏仕宦之人，如曾祖福被敕封为松溪县知县，
祖父宽景泰年间亦中乡举，官至福建松溪县知县。海瑞自幼丧父，由母亲悉
心教导，终成一代清官，名垂青史。

薛远家族亦是明朝海南移民中的佼佼者，其祖父为安徽无为州人，曾任

工部尚书，后因故父亲薛能充军海南卫，占籍琼山。薛远不负家族厚望，于正统年间高中进士，后官至南京兵部尚书，荣封荣禄大夫。

此外，如邢宥、廖纪、钟芳等明代海南的杰出人物，其祖先亦多为汉族移民，分别从汴梁、直隶河间府在宋朝时期迁入海南，并在各自的领域内取得了非凡成就，共同谱写着人文海南的新历史。这些历史人物的故事，不仅彰显了汉族移民对海南发展的巨大贡献，也见证了海南这片土地对于多元文化的包容。

客家人，作为海南移民群体中一支尤为独特而重要的力量，在海南的移民历史长河中亦占据着举足轻重的地位。自明朝以来，这股源自广东的移民潮便络绎不绝地涌向海南，他们大多选择海南岛西南部的崇山峻岭作为栖息之地，具体而言，便是儋县、临高、澄迈、琼中、白沙这五县交汇的广大区域。

追溯至唐宋时期，客家人或因仕途、或因宦游、或因商贸之需踏上海南这片热土，许多人在此扎根，将异乡变为故乡。及至明代，其后代子孙更是广泛分布于海南西南部的儋州、崖州等地，特别是崖州三亚，成为他们世代繁衍的乐土。正德年间编纂的《琼台志》中，已明确记载了番坊、新地、保平三村为客家人的主要聚居地；而《崖州志》则进一步详述了永宁里、临川里、保平里及西六里等地，皆是客家后裔繁衍生息之地。

这一系列的历史记载，不仅揭示了明代时期客家人在海南的广泛分布与深厚根基，更表明客家话作为一种独特的语言文化现象，已悄然融入海南方言体系之中，成为其重要的组成部分。这批历经岁月洗礼的客家人，早已超越了"新客"的身份界限，成为海南岛上名副其实的"老客"，他们的故事与传奇，也成为海南多元文化交融共生中一道亮丽的风景线。

明代海南的移民浪潮，携带着一个鲜明的时代烙印——社会经济环境的深刻变迁促使了前所未有的民族交融景象。在这一背景下，熟黎与汉族移民之间的密切互动与深度融合，其普遍性之广，影响之深，均属罕见。

汉族移民踏入海南这片热土后，面对全新的生活环境与文化氛围，不少人逐渐融入了黎族的生活方式与习俗之中，这一过程被形象地称为"汉族的黎化"。与此同时，黎族民众也在与汉族的广泛接触中，逐渐走出山林，接受并吸纳了汉族的文化元素，实现了"黎族的汉化"。这两种看似相反却并行不悖的文化变迁，共同绘制出一幅海南民族间和谐共生的美丽画卷。

海南岛上这种汉族与黎族之间相互影响、相互融合的现象，不仅随着时代的变迁而不断深化，更在环境因素的催化下展现出多样化的形态。它不仅是海南地区文化多样性的生动体现，也是中华民族历史长河中大融合趋势的一个微观缩影，展现了中华民族多元一体、兼容并蓄的伟大精神。

## （二）海岛文风，中原文脉

海南，自古以来便深受中原文化的深邃滋养，尤其是宋元以后，中原大地的迁徙浪潮，如潮水般涌向这座孤悬海上的岛屿。这股人潮，携带着中原文化与先进的科学技术，如同春日细雨，悄无声息却又势不可挡地渗透进海南的每一寸土地。在这片多元文化交织的沃土上，海南的文化之花，绽放出前所未有的绚烂光芒。

丘濬在其《学士庄记》中深情地追溯道："予先世闽人，来居于琼，世数久远，自七世祖学正公以来，代有禄仕。"此言不仅道出了家族迁徙的历史轨迹，更映射出中原文化对海南深远而持久的影响。

海瑞，这位被誉为"南包公"的清廉官员，在《梁端懿先生墓志铭》中亦提及自己的身世与海南的不解之缘："瑞亦番禺人也，隶籍琼南……后与先生裔孙建、柱臣辈同学省城禺山书院。其院乃先生讲学旧址祀先生其中，瞻仰德徽，亲依灵爽，非一日矣。"①此段文字，不仅展现了海瑞对梁端懿先生高尚品德的无限敬仰，也从一个侧面反映了海南文化对中原士子强烈的吸引力与融合力，见证了海南与中原文化间跨越时空的深厚纽带。

《明故中顺大夫都察院左佥都御史邢公墓志铭》镌刻着："公讳宥，字克宽。其先由汴徙琼之文昌。"王弘海在《万安林氏族谱序》中娓娓道来："当国朝某年间，林之先有金坛县丞镛，在都门会莆田甲科，授万州牧。望者叙谱合族，相沿至今……前此吾乡参政、北泉林公士元，尝敦宗盟，为修谱序。顷莆田谕德兼齐公尧俞复遣侄柱芳奉谱，逾海而来，与大任兄弟会

①（明）海瑞.海瑞集（卷二五）[M].海口：海南出版社，2003：612.

宗联谱。”[①]《通议大夫户部左侍郎赠都察院右都御史西洲唐公神道碑》铭记：“公讳胄，字平侯，姓唐氏，西洲其号也。先世桂林之兴安人。宋淳祐间，始震刺琼州，卒于琼。子叔建荫琼山县尉，遂卜城东番蛋里，家焉。”王佐于《海口〈黄氏族谱〉序》中提及：“乡彦黄维坚钰间以其族谱见示。谱其先世闽之莆田凤谷里人：高祖讳守仁，元雷州别驾；曾祖讳受甫，徐闻助教。始因元季乱不得归，避兵于琼。洪武岁辛酉，占籍琼山海口都第一里，遂为琼山人。”[②]

深入探索这些历经沧桑、世代显赫的家族族谱，不难发现，明代那些海南文化巨擘与社会精英，其家族血脉皆可追溯至远道而来的中原移民。自唐、宋、元以来，他们的先辈或因仕途之需迁徙至此，或因商贸之便往来其间，抑或迫于战乱纷扰、戍边安邦之责，跨越重重山水，最终在海南这片热土上落地生根，繁衍生息，枝叶扶疏，蔚为大观。这些中原移民，不仅是文化的使者，携带着丰富的文化宝藏与深邃的文学精髓，更在海南岛的广袤大地上播撒下文明的种子，让中原文化的璀璨光芒在海南的每一个县市州绽放。

将目光投向更为遥远的秦汉时期，中原汉族与海南岛的交流便已悄然萌芽，官员的赴任、商贾的穿梭、战乱的流离、戍边的定居……种种历史洪流推动着汉族移民的浪潮不断涌向这片热带天堂。汉族文化，凭借其独特的魅力和强大的融合力，与黎族本土文化在海南岛上交织碰撞，历经千年的相互渗透与深度融合，至明代之时，海南岛已呈现出“世变风移，久假而客反为主”的壮观图景，象征着两种文化达到了前所未有的和谐共生新高度。

在这场文化交融的盛宴中，黎族族群亦经历了深刻的内部变革与分化，孕育出了生黎与熟黎两大鲜明群体。熟黎，作为深受汉文化影响的黎族分支，他们欣然接受朝廷的治理与教化，遵循国家的赋税制度，生活习惯与风俗也逐渐向汉族靠拢，展现出一种“劘犷悍以仁柔，易介鳞而布缕”的深刻变迁。正如丘濬所深刻描绘的那样，熟黎之地，礼仪之风日新月异，弦歌之声此起彼伏，衣冠楚楚，礼乐昌盛，构成了一幅海南岛多元文化和谐共荣的

①（明）王弘诲.天池草（卷六）[M].海口：海南出版社，2004：166-167.

②（明）王佐.鸡肋集（卷六）[M].海口：海南出版社，2004：156.

景象。

海南岛在明朝时其科举成就达到了前所未有的高度，全岛范围内涌现出63位进士与594名举人，这一成就不仅映照出海南人才济济的盛况，更显示出这片热土对知识与社会地位的不懈追求。万历年间编纂的《琼州府志》载道："迨于我朝圣圣相承，薄海内外，咸建学官，遴选硕师以专教道，是以贤才辈出，有进列六卿位八座者矣，有视草玉堂兼信史者矣，亦有明习经史、肇登桂籍者矣。"①

回溯往昔，科举之路对海南学子而言，曾是何等艰辛。彼时，考场未设于本土，学子们不得不背井离乡至雷州应试，其间的艰难险阻、舟车劳顿，实非一般人所能承受。及至明代，随着科举热潮的涌动，每年渡海赴考的海南学子数以千计，他们怀揣梦想，却也不得不面对海上的狂风恶浪，许多年轻的生命便这样被无情地吞噬在波涛之中，如嘉靖三十六年那场惊心动魄的风暴，数百学子的梦想与生命一同湮灭，连临高知县杨址亦未能幸免，县印亦随浪而去。

虽有提学官心存怜悯，尝试提出截考之策以减轻学子负担，但终究未能从根本上解决问题。隆庆三年，科举制度更是严苛至极，仅琼山、定安等寥寥数州得以开科取士，其余州县学子因路途遥远、条件所限，不得不忍痛放弃科举之梦，他们的心中充满了无奈，科举之路，对他们而言，似乎成了一条难以逾越的天堑。

面对海南学子赴考之艰辛与不易，王弘诲撰写了《拟改海南兵备道为提学道疏》一文，字里行间饱含着对学子命运的深切关怀，恳切地向朝廷进言，恳请朝廷能够体恤海南学子的艰难处境。他建议仿效陕西、甘肃等偏远地区之先例，在海南特别设立提学道，或可委任兵备副使兼任此职，旨在从根本上解决琼州学子科举应试的难题，确保他们能够在更加安全、便捷的环境下追求学问与功名。此奏疏言辞恳切，情感真挚，终得朝廷垂怜，恩准施行。②

自此以后，海南岛内正式设立考区，为学子们搭建起了一座通往科举殿

---

① （明）王弘诲.天池草（卷六）[M].海口：海南出版社，2004：166-167.
② （明）王弘诲.天池草（卷三）[M].海口：海南出版社，2004：32-33.

堂的桥梁。他们不再需要历经艰险，而是只需在家门口便能应试，这不仅极大地保障了他们的生命安全，也极大地激发了他们的求学热情与进取之心。科举之路，因这一变革而变得更加宽广平坦，海南的科举事业也迎来了前所未有的繁荣景象。

海南科举的兴盛与明代的辉煌成就交相辉映，它们共同书写了中原文化在海南岛深根固柢、枝繁叶茂的壮丽华章，也是丘濬所言"衣冠盛事"在当代的生动再现。这一幕幕文化交融、教育兴盛的盛景，不仅见证了海南文化教育的蓬勃发展，更彰显了中原文明与海南本土文化的深度融合与共同繁荣，为后世留下了宝贵的历史遗产与文化瑰宝。

# 第六章

# 丝路碧浪——岛与峡的情缘

中国史前人类的航海征程，滥觞于新石器时代，尤以岭南地区最为活跃。岭南地界南濒浩瀚的南海与广袤的太平洋，海岸线绵长蜿蜒，岛屿错落有致，如繁星点缀于碧波之上。追溯至距今四五千年前的远古时期，岭南先民，依海而生，凭海而立，已娴熟驾驭平底小舟，在南海之滨扬帆捕鱼，开启了海洋渔猎的先河。

自距今5000年至3000年的漫长岁月里，东江北岸，惠阳平原绵延近百里，成为陶瓷文化交流的桥梁，构建起一个以陶瓷为媒介的繁荣贸易网络，其影响力借由水路之便，深远波及沿海地带乃至遥远的海上岛屿。通过对岭南沿海古船遗迹、出土陶器的精湛工艺，以及独特的有肩有段石器、铜鼓、铜钺等文物的分布范围的深入探究，我们得以窥见先秦时期岭南先民穿梭于南中国海及南太平洋沿岸岛屿的壮阔图景，其文化之光更间接照亮了印度洋沿岸及其岛屿，书写了古代文明交流互鉴的序曲。

及至秦始皇一统中原，岭南并入中国版图，该区域的社会生产力迎来了前所未有的飞跃。鉴于航海活动的重要性日益凸显，番禺（今广州）地区迅速崛起为造船业的中心，其造船规模宏大，技术精湛，引领时代之先。先秦及南越国时期，岭南乃至中南半岛沿海的海上贸易蓬勃发展，为后来海上丝绸之路的孕育与诞生奠定了坚实的基础。此间，番禺与徐闻作为岭南沿海的重要贸易港口，见证了无数商船往来、文化交融的盛况。

历经古代沿海人类不懈的航海探索与开拓，一条连接东南沿海、北部湾、中南半岛乃至东南亚太平洋岛屿的海上通道逐渐畅通无阻。至西汉初期，南越国与印度半岛之间的海上航路亦已开辟，这开启了东西方海上交流的新纪元。汉武帝在征服南越后，为拓展帝国的海上影响力与贸易往来，正式推动了海上丝绸之路的诞生，这是一条跨越重洋、连接东西方文明的伟大海上通道。随着西汉中晚期至东汉时期的持续发展与繁荣，海上丝绸之路不仅确立了其作为古代世界重要贸易路线的地位，更促进了沿线各国文化的深度交流与融合，开启了人类文明史上的海上时代。

东汉时期，历史首次见证了中国与遥远欧洲罗马帝国的交往：彼时，东汉的航船已娴熟驾驭风帆之力，中国商贾乘风破浪，自海路汇聚广州，开展着繁盛的贸易往来。他们携带着精美的丝绸与瓷器，穿越马六甲的碧波，途经苏门答腊的葱郁，抵达印度，同时换回芬芳的香料与绚丽的染料，满载而归。而印度的商贾，则将这些东方的瑰宝经由红海之舟运抵埃及的开罗港，或穿越波斯湾的波涛，抵达两河流域的安条克，再由希腊与罗马的商人接力，将这些奇珍异宝通过地中海的蔚蓝航线，送达希腊与罗马帝国的各个城邦，编织出一幅横贯亚、非、欧三大洲的壮丽海上丝绸之路图景。

这一历史性的记录，无疑标志着真正意义上的海上丝绸之路的诞生，它起始于中国广东的番禺、徐闻、合浦等港口，向西延伸，与自地中海、波斯湾、印度洋沿岸港口东行的航线，在浩瀚的印度洋上优雅交汇，实现了前所未有的互联互通。

进入三国鼎立的时代，魏、蜀、吴三国均以其精湛的丝绸工艺闻名遐迩。尤其是孙吴政权，凭借其雄踞江东的地理优势，对海上丝绸之路的开辟与发展做出了不可磨灭的贡献。随后的东晋、宋、齐、梁、陈等南方政权，在与北方北朝政权的长期对峙中，更加注重南向经济的开发，这一政治与经济的需求，为航海技术的精进与航海经验的累积提供了肥沃的土壤，从而进一步推动了海上丝绸之路的蓬勃发展。

隋唐大一统帝国的辉煌建立，伴随着封建制度的全面繁荣，帝国的经济版图迅速扩张，传统的陆上对外贸易路径已难以满足日益增长的交流需求。与此同时，海上贸易以其相对安全与广阔的潜力，成为帝国发展的新路径。这条航线，自广州启航，穿越海南岛东侧的碧波万顷，直抵西沙群岛的珊瑚海域，进而跨越马六甲海峡的天堑，畅通无阻地驶向印度洋的广阔天地、红海的神秘彼岸，乃至波斯湾的繁华之地。

步入宋元时代，中国封建制度臻于完善，社会经济更是达到了前所未有的巅峰状态。帝国对奢侈品的渴望与统治阶层的奢华追求，极大地推动了对外贸易的蓬勃发展。在这一内外因素的双重驱动下，海上丝绸之路迎来了空前的繁荣景象，成为连接东西方世界的黄金水道。

然而，时至明清，封建制度逐渐步入暮年，内忧外患交织，统治者出于维护统治的考量，实施了严厉的海禁政策，为海上丝绸之路蒙上了一层阴影。与此同时，西方世界正经历着翻天覆地的变化，新航路的开辟与新大陆的发现，不仅极大地拓宽了人类的认知边界，也推动了资本主义生产方式的迅猛发展，东西方力量的天平悄然倾斜。在此背景下，曾辉煌一时的中国古代海上丝绸之路，其上的中国商船逐渐让位于西方殖民者的船队，这条承载着千年贸易与文化交流的古老航线，最终落入了西方殖民者的掌控之中。

而海南岛，作为这条千年贸易线上不可或缺的中转站，见证了无数商船的来往与文化的交融，其碧海蓝天之下，每一片海域、每一道峡湾都铭刻着历史的痕迹，承载着岛与峡之间跨越千年的深情厚谊。


# 一、海丝，琼岛留香


上古先民们历经无数岁月的艰辛探索，陆续开辟出一条条蜿蜒曲折的海上航线（姑且称之为航线片段吧）。这些碎片式的航线开辟，跨越了夏、商、周、秦等多个朝代的更迭，直至汉代，随着商品贸易在各国间日益频繁的交流，南海上的这条交通线路终于迎来了其辉煌的名字——"海上丝绸之路"①。这条传奇之路，其每一次的扬帆起航，都必经那片被古人称为"涨海"的广袤海域，即现今我们所知的包含南海诸岛在内的壮丽南海。因此，海南岛，这座镶嵌于蔚蓝碧波之中的璀璨明珠，自古以来便扮演着"海上丝绸之路"上至关重要的中转站角色，见证了无数商船的来往与东西方文明的交融。

---

① [德] 李希霍芬.中国旅行记[M].李岩，王彦会，译.北京：商务印书馆，2016.

## （一）从这里出发

擢于舟楫的百越民族与东南亚沿海地区的交往，其历史脉络可追溯至遥远的商、周时代。随着海岸线的不断拓展与航海技术的提升，中国沿海地区极有可能已与东南亚乃至南亚地区建立了初步的航海贸易联系，展现了古代中国与外部世界交流的勃勃生机。

秦始皇雄才大略，挥师南下，经略岭南，不仅开凿了举世闻名的灵渠，更在此广袤土地上设立郡县，将番禺（今广州）打造成为汇聚珠玑、犀角、玳瑁、果布等奇珍异宝的海上贸易枢纽。彼时，海南岛作为广东的辖地，与番禺仅一水之隔，诸多珍稀物产亦源自这片富饶的海岛，进一步丰富了番禺贸易市场的繁荣景象。

汉武帝元封元年（前110年），海南岛终于迎来了历史性的时刻，它正式被纳入中华帝国的直接管辖之下，从此开启了与中原大地紧密相连、共同发展的新历程。随着东南沿海地区的统一，他更是以前所未有的力度推动南海对外交通与贸易的蓬勃发展，极大地促进了汉王朝与南海诸国在经济、文化上的深入交流。这一壮举直接催生了中国历史上第一条远洋航行至印度洋的航路，它不仅是中国古代航海史上的里程碑，也是连接东西方文明的重要桥梁。

鉴于当时中国对海上贸易的主要输出品为"杂缯"——种类繁多、工艺精湛的丝绸织物，这条承载着无数丝绸之梦的远洋航路，自然而然地与古老的陆上丝绸之路并驾齐驱，被后世誉为"海上丝绸之路"，两条"丝路"共同谱写着古代中国与外部世界交流互鉴的历史。

班固《汉书·地理志》中记载，该航路情况如下："自日南障塞、徐闻、合浦，船行可五月，有都元国；又船行可四月，有邑卢没国；又船行可二十余日，有谌离国；步行可十余日，有夫甘都卢国。自夫甘都卢国船行可二月余，有黄支国，民俗略与珠崖相类。其州广大，户口多，多异物，自武帝以来皆献见。有译长，属黄门，与应募者俱入海，市明珠、璧流离、奇石异物，赍黄金杂缯而往。所至国皆禀食为耦，蛮夷贾船，转送致之，亦利交易。剽杀人，又苦逢风波溺死，不者数年来还。大珠至围二寸以下。平帝元始中，王莽辅政，欲耀威德，厚遣黄支王，令遣使献生犀牛。自黄支船行可八月，到皮宗；船行可二月，到日南、象林界云。黄支之南，有已程不国，汉之译使自此还矣。"①三国谢承《后汉书》曰："汝南陈茂，尝为交趾别驾，旧刺史行部，不渡涨海，刺史周敞涉海遇风，船欲覆没，茂拔剑诃骂水神，风即止息。"②据记载，汉武帝派遣使者偕同翻译人员，从广东的徐闻出发，经南海、马来亚半岛、苏门答腊，再经缅甸到达黄支国（今印度东南部马德拉斯略南的耶弗伦）。

汉武帝至汉平帝刘衎期间，汉王朝屡次派遣使者前往东南亚和印度尼西亚各国，航行南海，途经南海诸岛。自西汉以后，历代的海南人民都积极参与建设海上丝绸之路。

在《古今图书集成·方舆汇编·山川典·海部汇考二》中，关于汉代海南岛的记述尤为详尽且引人入胜："琼山县海口渡在县北十里，北达徐闻踏磊驿，顺风半日可至……凡渡舟达徐闻者有三处海口官渡，白沙古渡，烈楼渡，自烈楼咀达车轮浦较近。""烈楼港在县西二十里。自徐闻那黄渡开船，小午可到。乃汉军渡海之处。海边有大石一，所生出海北三墩，名曰烈楼嘴。海南地接徐闻，此最近，舟一朝可到。""焚楼岭在城北一百三十里迈都海傍。世传汉楼船将军杨仆初渡海至此，即焚其船，以士卒必死。"③

宋代赵妆适所著《诸藩志》亦载："武帝平南，使自徐闻，渡海略地，置米、耳二郡。"④此记载不仅印证了汉代海疆开拓的辉煌，亦侧面反映了当时航海技术的先进与海军力量的壮大。

及至东汉，朝廷更是频繁派遣重臣，巡游南海及其周边海域，加强对这一战略要地的管理与控制。杨仆将军渡海至焚楼岭的壮举，便是这一历史背景下最为生动的例证。

在航海技术和造船技术还不够发达之时，沿海岸线进行航行是最稳妥的方式。海南岛作为航线上离大陆不远的大型离岛，能够提供足够的食物和淡

① （东汉）班固.汉书（卷二八）[M].北京：中华书局，1962：1671.

② （北宋）李昉，等.太平御览（卷六〇）[M].北京：中华书局，1960：287.

③ （清）陈梦雷.古今图书集成（地理志）[M].海口：海南出版社，2006：156.

④ （南宋）赵汝适，著.杨博文，校释.诸蕃志校释（卷下）[M].北京：中华书局，2000：216.

水等航行补给，自然是一个天赐的中转站和出发点。

## （二）走向大海

### 海丝中转站形成

三国吴时，万震所著《南州异物志》描绘："句稚，去典游八百里，有江口，西南向，东北行，极大崎头，出涨海，中浅而多磁石。"[①]当时，吴国航海之业蔚为壮观，其舟楫不仅轻松跨越琼州海峡之碧波，更对海南以南，南海诸岛之复杂航线了若指掌，已掌握高超的航海技术。

公元226年，孙权黄武五年，交州一分为二，交州与广州并立而治。此番变革中，南海、苍梧、郁林、合浦四郡归入广州，州治选址于番禺城，自此，标志着"广州"之名正式载入史册，成为后世闻名的地域称谓。此等历史变迁，无疑将海南岛及其以南的南海诸岛，更加紧密地纳入广州的广袤疆域之内，不仅拓展了吴国的海疆版图，更在南海地区树立了吴国的权威与深远影响。

广州在古代海上丝绸之路上的地位显著攀升，这一方面由于其政治稳固、经济繁荣以及得天独厚的地理优势；同时，亦与东吴对海南岛南部直至西沙群岛、南沙群岛一带航线的深入探索与充分利用密不可分。1975年，广东省考古工作者在西沙群岛北礁取得了突破性发现——南朝时期的青釉半陶瓷六可罐，这一珍贵文物确凿无疑地揭示了当时众多海上丝绸之路的商船频繁穿梭于这条黄金水道，见证了贸易往来的繁盛景象。值得注意的是，此航线的通航历史远非始于南朝，三国时期的诸多文献已留下确凿记载，揭示这一海上通道的早期形态。

即便魏晋南北朝时期，中原大地饱受分裂与战乱的侵扰，各朝代的统治阶层，尤其是南朝政权，仍不遗余力地推进对沿海疆域的开拓与交通网络的构建，尽管这一过程时遇波折，却从未彻底中断。这得益于东南沿海与岭南地区偏远而相对和平的地理环境，这些区域较少受到战火波及，社会相对安

---

① （北宋）李昉，等.太平御览（卷七四〇）[M].北京：中华书局，1960：3501.

定，为航海事业的蓬勃发展提供了外部环境。因此，即便是在动荡不安的时代背景下，沿海地区的航海活动与对外贸易非但没有停滞，反而展现出顽强的生命力与持续的扩张态势。

吴国君主孙权，凭借其雄踞绵延万余里东南沿海疆域，深知海洋对于国家发展的重要性，因而在政策层面展现出对海上交通开拓与治理的重视，这一战略为孙吴时代对海上丝绸之路的蓬勃发展起到了不可估量的推动作用。公元226年，孙权派遣宣化从事朱应与中郎将康泰作为使节，远赴东南亚诸国进行友好访问与文化交流。这两位使节归来后，各自撰写了《扶南异物志》与《吴书外国传》两部著作，详尽记载了他们亲历及耳闻的众多异域风情，所涉国家多达百数十个，极大地拓宽了中原对外部世界的认知边界。这一壮举不仅彰显了吴国开放包容的国策，也激发了东南亚各国对东吴的浓厚兴趣与向往。自此，东南亚各国纷纷派遣使者，络绎不绝地踏上前往东吴的旅程，其中多数使船更是将海南岛作为必经之地，这不仅促进了双方的经济贸易，也促进了双方的文化交流。

在晋代左思的《吴都赋》中，有意境深远的描绘，"穷陆饮木，极沉水居"，巧妙地勾勒出一幅异域风情的画面。唐代李善对此作出了详尽的注解："饮木，朱崖海中有渚，东西五百里，南北千里，无水泉。有大木，斩之，以盆瓮承其汁而饮之。"[1]这一注解不仅揭示了古人与自然和谐共生的智慧，更让后世诸多学者推测，此所描述的广阔岛群，极有可能便是今日之南海诸岛。

而唐代段成式所著的《酉阳杂俎》中，亦有一段引人入胜的记载："木饮州，珠崖一州，其地无泉，民不作井，皆仰树汁为用。"[2]记载与李善注遥相呼应，进一步加深了人们对南海诸岛独特生态与人文风貌的认识。

值得注意的是，与左思几乎同时代的刘欣期，在其著作《交州记》中已明确提及"椰生南海"，这一记载不仅证明了椰子树在南海地区的广泛种植，也间接反映了当时南海诸岛作为人类居住地的历史事实，岛上居民或许已开

---

[1]（南北朝）萧统.昭明文选（第五卷）[M].（唐）李善，注.上海：上海古籍出版社，1986：215.

[2]（唐）段成式.酉阳杂俎[M].北京：中华书局，1981：45.

始了与椰子树共生的生活。

此外，南朝沈怀远在记录"涨海"奇观的文字中，还提到了海鸥这一自然信使："江鸥一名海鸥，在涨海中，随潮上下，常以三月风至乃还洲屿，颇知风云，若群飞至岸，必风，渡海者以此为候。"[1]这一生动描绘，不仅展现了古人对海鸥习性的细致观察，也反映了当时人们对南海海域天气变化规律已有了相当程度的认知与把握。

南朝，岭南沿海地区凭借其得天独厚的地理位置与相对安定的政治局面，对外贸易迎来了前所未有的发展机遇。史书记载，在那浩瀚无垠的南海之上，"郡常有高凉生口及海舶每岁数至，外国贾人以通货易。旧时州郡以半价就市，又买而即卖，其利数倍，历政以为常。"[2]

岭南沿海，尤其是交州与广州区域，更是上演了一场"商舶远届，委输南州"[3]的海上贸易壮观景象。自南朝刘宋时代起，以广州为起点，一条横贯南海、通达南洋诸国的海上丝绸之路蔚然成形，商船穿梭不息，文化交融碰撞，编织出一幅幅繁荣昌盛的画卷。

尤为令人瞩目的是，中国商船自东南沿海扬帆起航，其航迹穿越了宽广的印度洋，抵达波斯湾之滨，这条畅通无阻的海上丝绸之路，不仅是古代中国与世界各地紧密联系的生动见证，更是人类文明交流的典范。海南岛，在这一伟大的南海贸易路线图中，随着广州港日益成为国际商贸的商埠，其战略地位与经济价值得到了前所未有的显现，成为连接东西方文明的重要桥梁与中转站，其战略地位与商业价值，在这一时期得到了淋漓尽致的展现。

南朝历经宋、齐、梁、陈四朝更迭，每一政权皆秉持开放之姿，致力于对海上贸易的拓展与友好邦交的深化。中国航船自南海扬帆，破浪前行，向西方的远方勇敢探索；与此同时，印度洋沿岸的异域国度与东南亚诸国亦不甘落后，纷纷派遣船只，与中国建立起跨越千山万水的商贸与文化纽带。这一时期，航行于东西方之间的各类船只，被赋予了共同的名字——"南海舶"[4]，它们既是物质财富交流的使者，更是文明与友谊的使者，共同绘就了

① （北宋）李昉，等.太平御览（卷九二五）[M].北京：中华书局，1960：4109.

② （唐）姚思廉.梁书（卷三三）[M].北京：中华书局，1973：470.

③ （南北朝）萧子显.南齐书（卷五八）[M].北京：中华书局，1972：1018.

④ （唐）李肇.唐国史补·因话录（卷下）[M].上海：上海古籍出版社，1957：63.

一幅波澜壮阔、绚丽多彩的海上丝绸之路长卷。

《宋书·夷蛮传》中载有佳话："各国商船泛海凌波，因风远至。"①南朝谢灵运于《宋武帝诔》中记述："卢循负险，肆慝遐岭。珍我江豫，迫我台省。民既摇荡，国将迁鼎。乘骀归辕，式固皇境。弘危济险，弭难释殆。虎骑骛隰，舟师涨海。倾穴寻窠，穷幽测昧。昔去洛汭，息肩江沚。"②此段文字不仅描绘了刘裕于元兴元年（402年）临危受命，次年于涨海大捷的英勇事迹，更表明了南朝时期海上力量的崛起与国家对海疆安全的重视。

《宋书·夷蛮传》更有一语中的之论："舟舶继路商使交属。"在此语境下，"商"与"使"相辅相成，实为同一文化、经济交流脉络上的双生子，展现了南朝时期通过海路进行持续不断、深入广泛的交流与合作的盛况。

《南齐书·南夷林邑国》中，有这样一段描述："各商舶远届，委输南州。故交广富实，牣积王府。"③《梁书·王僧孺传》亦载："海舶每岁数至，外国贾人以通货易。"④

《梁书·诸夷传》则更为详尽地勾勒了古代海上丝绸之路的辉煌场景："海南诸国，大抵在交州南及西南大海洲上，相去近者三五千里，远者二三万里，其西与西域诸国接。汉元鼎中，遣伏波将军路博德开百越，置日南郡。其徼外诸国，自武帝以来皆朝贡。后汉桓帝世，大秦、天竺皆由此道遣使贡献。及吴孙权时，遣宣化从事朱应、中郎康泰通焉。其所经及传闻，则有百数十国，因立记传。晋代通中国者甚少，故不载史官。及宋、齐，至者十余国，始为之传。自梁革运，其奉正朔，修贡职，航海岁至，喻于前代矣。"

隋朝统治者高度重视对外海上贸易，海上丝绸之路的拓展与海南岛的发展迎来了前所未有的契机。《隋书·地理志》在描绘岭南经济繁荣景象时，尤为强调："自岭以南二十余郡，大率土地下湿，皆多瘴疠，人尤夭折。南海、交趾，各一都会也，并所处近海，多犀、象、玳瑁、珠玑，奇异珍玮，故商贾至者，多取富焉。"⑤海南岛作为五岭以南的海上商贸航线要地，地位显著，

① （南北朝）沈约.宋书（卷九七）[M].北京：中华书局，1974：2399.

② （南北朝）谢灵运.谢灵运集：宋武帝诔[M].长沙：岳麓书社，1999：358.

③ （南北朝）萧子显.南齐书（卷五八）[M].北京：中华书局，1972：1018.

④ （唐）姚思廉.梁书（卷三三）[M].北京：中华书局，1973：470.

⑤ （唐）魏征.隋书（卷三一）[M].北京：中华书局，1973：887-888.

特别是南海之滨的奇异珍物，无不体现出海南与南海独有的魅力与价值。

《隋书·南蛮传》则详细记载了隋炀帝时代对海上商贸的重视："炀帝即位，募能通绝域者。大业三年，屯田主事常骏、虞部主事王君政等请使赤土。帝大悦，赐骏等帛各百匹，时服一袭而遣。赍物五千段，以赐赤土王。其年十月，骏等自南海郡乘舟，昼夜二旬，每值便风。至焦石山而过，东南泊陵伽钵拔多洲，西与林邑相对，上有神祠焉。又南行，至师子石，自是岛屿连接。又行二三日，西望见狼牙须国之山，于是南达鸡笼岛，至于赤土之界。"

这些详尽的记载，不仅勾勒出自秦汉以来南海丝绸之路的壮阔交通图景，更深刻地揭示了这条繁荣昌盛的海上丝绸之路早在汉代便已畅通无阻，成为连接东西方的重要纽带。步入魏晋南北朝及至隋代，海南岛以其独特的地理位置和资源优势，逐渐崭露头角，地位日益凸显，成为这条繁忙航线上不可或缺的一环。往来不绝的商船纷纷选择在此靠岸，补给珍贵的淡水、粮食与新鲜蔬菜，海南岛俨然成为这条浩瀚海路上一处至关重要的中转枢纽，见证并促进了古代东西方之间经济文化的密切交流与融合。

### 大唐盛世

大唐盛世，中华文化宛若星辰，照亮了世界的每一个角落。海上丝绸之路，这条跨越重洋的金色纽带，不仅促进了东西方文化的深度交融，更构筑起一条繁忙而繁荣的贸易通道，将世界的两端紧密相连。

满载货物的"南海舶"自广州港扬帆起航，唐代的海上"丝绸之路"穿越碧波万顷的西沙、南沙群岛，远达波斯湾与红海之滨，其航线之繁荣，史无前例，时人誉之为"广州通海夷道"。[①]

《旧唐书·地理志》中，对海南岛南部海域进行描述："振州（今海南三亚市）……南至大海……东南至大海二十七里，西南至大海千里……与崖州同在大海洲中。""修州……与崖州同在海中洲上，东至振州四百里。"[②]书中"西南至大海千里"，是指以振州为出发点海上向西南延伸千里，边界应

---

① （北宋）欧阳修，（北宋）宋祁.新唐书（卷四三下）[M].北京：中华书局，1975：1153-1164.

② （后晋）刘昫，等.旧唐书（卷四一）[M].北京：中华书局，1975：1762-1764.

到越南顺化东海岸附近海域。"东南至大海二十七里",是指振州治所至陆地岸边的距离,振州东为万安州管辖。

韩愈在《韩愈传》中叙述道:"臣所领州,在广府极东,去广府虽云二千里,然来往动皆逾月。过海口,下恶水,涛泷壮猛,难计期程,飓风鳄鱼,患祸不测。州南近界,涨海连天,毒雾瘴氛,日夕发作。"这番描述,不仅展现了岭南地区的偏远与艰险,也反映了当时交通条件的艰难与自然环境的严酷。

及至唐穆宗长庆三年(823年),工部尚书郑权受命出任岭南节度使,韩愈在《送郑权尚书序》中,对岭南节度使的管辖范围与职责有了更为详尽的阐述:"隶府之州,离府远者至三千里,悬隔山海,使必数月而后能至。其南州皆岸大海,多洲岛,飙风一日踔数千里,漫澜不见踪迹。若岭南帅得其人,则一边尽治,不相寇盗贼杀,无风鱼之灾,水旱疫毒之患,外国之货日至,珠香象犀玳瑁奇物溢于中国,不可胜用。"[①]此言不仅反映了岭南节度使治下的广袤疆域与复杂地理环境,更预示了海上丝绸之路的繁荣景象与中外交流的盛况空前,其中所提之"海中洲岛",无疑涵盖了南海诸岛。

唐贞元年间,宰相贾耽在《广州通海夷道》中,以细腻入微的笔触,勾勒出了一幅波澜壮阔的海上"丝绸之路"航线图。他详尽记载了船只如何自广州启航,穿越风浪,历经重重岛屿与海域,最终抵达远方的异国他乡,沿途不仅贸易繁荣,更促进了思想、宗教、艺术的深刻交流与融合。这一记录,不仅是对古代海上贸易路线的珍贵见证,更是人类文明史上的一段交流史诗。

广州东南海行,二百里至屯门山(今香港北屯门岛),乃帆风西行,二日至九州石(海南岛东北角之七洲列岛)。又南二日至象石(海南岛东南岸之独珠山)。又西南三日行,至占不劳山(今越南占婆岛),山在环王国(即占城,今越南中南部)东二百里海中。又南二日行至陵山(今越南归仁以北之燕子岬)。又一日行,至门毒国(今越南归仁)。又一日行至古笪国(今越南芽庄)。又半日行,至奔陀浪洲(即宾童龙,今越南藩朗)。又两日行,

---

① (唐)韩愈,著.刘真伦,岳珍,笺注.韩昌黎文集汇校笺注(卷一一)[M].北京:中华书局,2000:1205-1206.

到军突弄山（今昆仑岛）。又五日行，至海峡，蕃人谓之质（马六甲海峡），南北百里；北岸则罗越国（今马来半岛南端），南岸则佛逝国（今苏门答腊岛东南部）。佛逝国东水行四五日，至河陵国（今爪哇），南中洲之最大者。又西出峡，三日至葛葛僧祇国（海峡南部不罗华尔群岛），在佛逝西北隅之别岛，国人多钞暴，乘舶者畏惮之。其北岸则箇罗国（今马来半岛西岸之吉打）。箇罗西则哥谷罗国（今克拉地峡西南海岸）。又从葛葛僧祇四五日行，至胜邓洲（今苏门答腊岛北部东海岸棉兰之北的日里附近）。又西五日行，至婆露国（即婆鲁师洲，在今苏门答腊岛北西海岸大鹿洞附近）。又六日行，至婆国伽蓝洲（今尼科巴群岛）。又北四日行，至师子国（今斯里兰卡），其北海岸距离天竺（今南印度）大岸百里。又西四日行，经没来国（即印度西南部之奎隆，宋代称为故临），南天竺之最南境。又西北，经十余小国，至婆罗门（今印度）西境。又西北二日行，至爬国（今印度孟买以北的巴罗奇）。又十日行，经天竺西境小国五，至提爬国（今印度河口以西，卡拉奇略东），其国有弥兰太河，一曰新头河（今印度河），自北渤崑国（今昆仑山）来，西流至提飑国北，入于海（今阿拉伯海）。又自提爬国西二十日行，经小国二十余，至提罗卢和国（今波斯湾头的阿巴升附近），曰罗和异国，国人于海中立华表，夜则置炬其上，使粕人夜行不迷又西一日行，至乌剌国（巴士剌以东之奥波拉），乃大食国（今阿拉伯地区泛称）之弗利剌河（今幼发拉底河），南入于海（今波斯湾），小舟沂流，二日至末罗国（今巴士拉），大食重镇也。又西北陆行千里至茂门王所都缚达城（今巴格达）。自婆罗门南境，从没来国至乌剌国，皆缘海（今阿拉伯海和波斯湾）东岸行；其（指阿拉伯海西岸）之西，皆大食国。其西最南谓之三兰国（今坦桑尼亚之达累斯萨拉姆）。自三兰国正北二十日行，经小国十余，至设国（今也门的席赫尔）。又十日行，经小国六七，至萨伊瞿和竭国（今阿曼的哈德角），当海（今阿拉伯海）西岸。又西六、七日行，经小国六七至没巽国（今阿曼的苏哈尔）。又西北十日行，经小国十余，至拔离词磨难国（今波斯湾内巴林岛的麦纳麦）。又一日行，至乌剌国，与东岸路合。①

---

① （北宋）欧阳修，（北宋）宋祁.新唐书（卷四三下）[M].北京：中华书局，1975：1153-1164.

海南岛，虽未如广州那般重要，但凭借其在航线上的枢纽位置，自然而然地成为往来商船与使者航程中的必经之地，中国与印度、阿拉伯世界的文化交流，也随着这条贸易水道而开展开来。

尤为值得一提的是，当鉴真大师第五次东渡日本途中遭遇风暴，奇迹般漂流至海南岛振州之时，当地别驾冯崇债以"昨夜梦有僧姓丰田"[①]之语相迎，此"丰田"一姓，源自东瀛，此异域风情，却为地处偏远、信息相对闭塞的海南官员所知晓，这一细节深刻揭示了至少在彼时，海南岛与日本之间也已存在某种形式的交流，由此可见一斑。

## （三）碧波银浪

在宋代之前，中国的政治与经济命脉根植于北方大地，贸易流向与规模深受北方消费市场的深刻影响，由此，西北陆地上的丝绸之路宛如一条金色纽带，牢牢锁定了外贸格局的框架。然而，步入宋代这一历史转折点，陆上贸易的繁华逐渐褪色，其重心犹如潮汐般向东南沿海转移。广州，这座滨海明珠，一跃成为海上丝绸之路上的璀璨焦点。与此同时，海南岛凭借其得天独厚的地理位置，在海洋贸易的浪潮中乘风破浪，海丝贸易的兴盛如同强劲的东风，直接催生了海南经济社会的全面飞跃，商贸、农业与手工业领域均迎来了前所未有的进步。

宋太祖在开宝四年（971年）平定南汉后，于广州设立了市舶司这一重要机构，专门负责海上贸易的繁荣与交通的畅通，此举不仅彰显了朝廷对海上丝绸之路的重视，也标志着广州正式成为了海上贸易的枢纽。彼时，与宋朝建交通商的国家多达五十余个，贸易往来的商品种类更是琳琅满目，从北宋时期的七八十种激增至南宋的三百三十余种，对外贸易的版图空前扩大，成为帝国经济的主要支柱，乃至维系民生的生命线。广州经济的繁荣昌盛，其背后不乏对外贸易的强劲贡献。

海南岛，在南海航路上，凭借其无可比拟的地理位置、得天独厚的港湾

---

① ［日］真人元开.大唐和上东征传[M].汪向荣，校注.北京：中华书局，2000：67-68.

条件、丰富的海产资源以及珍稀的热带物产，成为众多商贾竞相逐鹿的宝地。商船络绎不绝，不仅带来了国内外的商品交流，更促进了文化的深度融合。部分精明的商人更是深入黎族聚居区，将海南的热带特产远销四海，这一繁荣景象极大地推动了海南经济的蓬勃发展，商业的昌盛如同催化剂，激发了海南各行业的活力与潜力。

乐史在北宋初太平兴国（976—983年）年间后期写成的《太平寰宇记》描述海南儋州"东北至广州二千三百七十里，若泛海乘船使便风至广州七日七夜，如无便风则不可"。又海南琼州（即今海口市）"北十五里极大海，泛大船，使西风，帆三日三夜，到地名崖门。从崖山门人小江，一日至新会县。从新会县入，或便风十日到广州"。①儋州是一路沿海航行直达广州，而琼州是从崖门入内河再转水路，入广州。广东沿海的众多港口，宛如繁星点点，与全国各大港口织就了一张错综复杂的贸易网络，这张网络不仅将海南紧密地融入其中，更极大地拓宽了其交通与贸易的航道。广、泉、浙等地的商船，沿着山东绵延的海岸线，一路南下，直至海南，彼此间的往来频繁而密切，构建了一幅幅生动的海上丝绸之路画卷。像朱初平奏章中所说的："自泉、福、两浙、湖、广来者，一色载金银匹帛，所直或及万余贯。"②因为海南是沿海各省通往南洋的转运站，这些都是从中国各港口来往南洋各地的商船，也都停靠海南岛以补给淡水和蔬菜。

宋人楼钥曾对海南的海上交通做过如下描述："黎山千仞摩苍穹，颙颙独在大海中。自从汉武置两郡，黎人始与南州通。历历更革不胜计，唐设五筦为容邕。皇朝声教久渐被，事体全有中华风。生黎中居不可近，熟黎百峒蟠疆封。或从徐闻向南望，一粟不见波吞空。灵神至祷如响答，征帆饱挂轻飞鸿。晓行不计几多里，彼岸往往夕阳春。琉球大食更天表，舶交海上俱朝宗。势须至此少休息，乘风径集番禺东。不然舶政不可为，两地虽远休戚同。"这可以显示当年海南岛与海上贸易的盛况。

赵汝适在南宋时任福建路市舶提举，于宝庆元年（1225年）撰写《诸蕃

① （北宋）乐史，等.太平寰宇记（卷一六九）[M].北京：中华书局，2007：3233-3235.
② （南宋）李焘.续资治通鉴长编（卷三一〇）[M].北京：中华书局，1992：7522.

志》，书中记道："徐闻有递角场，与琼对峙，相去约三百六十余里，顺风半日可济，中流号三合溜，涉此无风涛，则舟人举手相贺。至吉阳，乃海之极，亡复陆途。外有洲曰乌里、曰苏密、曰吉浪，南对占城，西望真腊，东则千里长沙、万里石床，渺茫无际，天水一色，舟舶来往，惟以指南针为则，昼夜守视唯谨，毫厘之差，生死系焉……琼山、澄迈、临高、文昌、乐会，皆有市舶……（吉阳军）郡治之南有海口驿，商人舣舟其下，前有小亭，为迎送之所。"①这部书可以说是赵汝适田野调查的笔录，深具文献价值。这也说明海南岛在宋代海上交通中的重要地位。

宋代战事不断，特别是北宋末年到南宋时期的宋金之战，国家财政长期处于重负之下，迫使统治者不得不将目光投向浩瀚的海洋，视海上贸易为缓解财政压力、充盈国库的关键途径。因此，自宋初至宋末，历代帝王均秉持着开放包容的国策，极力倡导并扶持海上贸易的发展，推行了一系列旨在促进国际贸易往来的政策与措施。

在这样的政策导向下，一股强劲的对外开放风潮席卷全国，吸引着远方异国的商贾纷至沓来。海南岛，以其得天独厚的地理位置和丰富的自然资源，尤其是那些珍稀奇异的热带果实与物产，在这场跨海越洋的贸易盛宴中脱颖而出，迅速成为连接中国与世界的热门商品，备受国内外市场的青睐。

为了更有效地管理并促进这一蓬勃发展的海上贸易，宋朝政府更是设立了专门的机构——市舶司，标志着对南洋及周边国家贸易活动的全面升级与规范化管理。此举不仅继承了自3世纪起便有的朝贡贸易传统，更在此基础上实现了质的飞跃，将贸易的触角广泛延伸至东南亚乃至更远的海域，通过广泛而深入的国际贸易合作，不仅极大地丰富了国内市场的商品种类，也为宋朝带来了前所未有的经济繁荣与丰厚利润。

《宋史·张逊传》载：太平兴国（976—984年）初，补左班殿直。从征太原还，迁文思副使，再迁药香库使。岭南平后，交趾岁入贡，通关市。接着，"并海商人遂浮舶贩易外国物，阇婆、三佛齐、渤泥、占城诸国亦岁至朝贡，由是犀象、香药、珍异充溢府库。逊请于京置榷易署，稍增其价，听

---

① （南宋）赵汝适，著.杨博文，校释.诸蕃志校释（卷下）[M].北京：中华书局，2000：216.

商人金帛市之，恣其贩鬻，岁可获钱五十万缗，以济经费。太宗允之，一岁中果得三十万缗。自是岁有增羡，至五十万缗"。[1]"香药"开始由南洋诸国输入中国。

在海上贸易中，香料贸易独占鳌头，以其丰厚的利润引领风骚，朝廷更是频频施以嘉奖，海商们借此东风，累积起令人瞩目的财富，实现了财富的迅速累积与阶层的跨越。这股由海上香料之路掀起的商品贸易巨浪，不仅深刻改变了全球经济版图，更将海南岛推向了对外贸易的最前沿，使之成为新时代的贸易热土。

宋代海南岛，不仅与闽、浙、广等繁华商埠的商人携手共进，深耕香料贸易的沃土，还勇敢地迈出了走出去的步伐，与南海诸国建立起直接的贸易联系。

为规范并促进这一盛况空前的贸易活动，朝廷于广州、泉州、杭州、温州、秀州、江阳军、密州及澉浦等地设立市舶司或市舶务，构建起一套高效有序的管理体系，专门负责海上商人的接待、贸易活动的监管以及商人出海贸易的保障工作。尽管海南岛在当时尚未设立专门的市舶所，但这并未阻挡中外商人的热情步伐，他们依然络绎不绝地穿梭于海南与世界各地之间，进行着频繁而活跃的贸易往来，共同描绘着宋代海洋贸易的辉煌图景。

《宋会要辑稿》载：乾道九年（1173年）"七月十二日，诏：广南路提举市舶司申乞于琼州置主管官指挥，更不施行。先是，提举黄良心言：欲创置广南路提举市舶司主管官一员，专一觉察市舶之弊，并催赶回舶抽解，于琼州置司。臣僚言，昔贞元中，岭南以舶船多往安南，欲差判官往安南收市，陆贽以谓示贪风于天下，其事遂寝。遣官收市犹不可，况设官以渔利乎！故有是命"。[2]又《宋会要辑稿》载：淳熙三年（1176年）"七月十三日，广西总路安抚司言，琼管司申：准差赍书，前占城取回被虏人口，除病死外见存八十三人，录白到占城申牒内，乞三司敷奏行下，特与本蕃通商。本司检坐见行条法，牒琼管司移文占城称，朝廷加惠外国，各已有市舶司主管交易，海南四郡即无通商条令，仰遵守敕条约束。张栻行下琼管司遵依自来条法体

---

① （元）脱脱.宋史（二六八）[M].北京：中华书局，1975：9222-9223.
② （清）徐松.宋会要辑稿（第八六册）[M].北京：中华书局，1957：3378.

例施行"。《宋会要辑稿》载：嘉定六年（1213年）"四月七日……诏：令户部今后不得出给兴贩海南物货公凭，许回临安府抽解。如有日前已经出给公凭客人到来，并勒赴庆元府住舶，应客人日后欲陈乞往海南州军兴贩，止许经庆元府给公凭，申转运司照条施行，自余州军不得出给。其自泉、广转买到香货等物，许经本路市舶司给引，赴临安府市舶务抽解住卖，即不得将原来船只再贩物货往泉、广州军。仍令临安府转运司一体禁戢。从之"。

当时，广州已是帝国对外贸易的中心，其市舶之利"冠绝群路"。海南的官员目睹广州的繁荣与富足，心生向往，渴望能在本土设立市舶司，以官方之力主导商贸，确保交易之序，但这一愿景并未得到朝廷的垂青与批准。因此，海南的香料等珍稀货物，不得不依赖闽、粤等地的商贾作为中介，辗转贸易，海南岛自身则难以挣脱束缚，自主掌控经济航向，构建独立的经济生态体系。其海上贸易活动，不得不囿于封建专制体制的框架之内，饱受官僚贪腐与奸商欺诈的双重困扰，使得海南经济在波澜壮阔的海上贸易大潮中，步履维艰，前行不易。

然而，海南岛作为海上香料之路不可或缺的枢纽，其沿海港口如琼山、澄迈、临高、文昌、乐会等地，自然成为这条黄金航道上商船休憩避风的港湾与物资补给的重要站点。赵汝适的《诸蕃志》中，生动描绘了海南港口繁忙的景象："于舶舟之中分三等，上等为舶，中等为包头，下等名蜑舶，至则津务申洲，差官打量丈尺，有经册以格税钱，本州官吏兵卒仰此以赡。"[1]这一记载，不仅反映了海南港口在海上丝绸之路上的重要地位，也揭示了当时商贸活动管理的细致与严格，以及港口经济对于地方发展的深远影响。

海南岛的东隅与西滨，随着香料贸易的蓬勃兴起，商船络绎不绝，商贾云集，逐渐发展出一座座繁华的港口。这些港口不仅是货物交流的中转站，更是商人们心灵的港湾，他们或匆匆过往，或选择在此地扎根，共同在港口边虔诚地向海神致以崇高的敬意与祈愿，寄托着对航行平安与贸易顺遂的深切期望。

---

[1] （南宋）赵汝适，著.杨博文，校释.诸蕃志校释（卷下）[M].北京：中华书局，2000：217.

以昌化军的白马井为例，其泉水清冽甘美，闻名遐迩，成为商船归航时争相汲取的珍贵资源，用以滋养归途中的日常所需，这一习俗不仅体现了自然之恩赐，也加深了商人们对这片土地的情感依恋。

更有部分海上商人，被海南岛的美丽与富饶所吸引，决定在此定居，由此，岛上形成了独具特色的番浦、番村。商人们不仅带来了异域的文化与风俗，还建起了庙宇，供奉海神，举行庄重的祭祀仪式，祈求每一次出海与归航都能平安顺遂，这一举动不仅是对海神信仰的坚守，也是中外文化交流融合的生动见证。

赵汝适在其著作中描绘道："城西五十余里，一石峰在海洲巨浸之间，形类狮子，俗呼狮子神，实贞利侯庙，商舶祈风于是。在吉阳军郡治之南，有海口驿，商人舣舟其下，前有小亭，为迎送之所。"万安军线之东，舶主都纲庙巍然矗立，民众对其敬若神明，祈愿祷祝，过往船只无不先祭后行，以祈平安。而琼州之神应港，作为海南岛首屈一指的港口，其历史更是充满了传奇色彩。据王象之《舆地纪胜》所载："神应港，琼州白沙津，蕃舶所聚之地。其港自海岸屈曲，不通大舟，而大舟泊海岸，又多风涛之虞。王帅光祖欲直开一港，以便商旅。已开，而沙复合，人亦难之。忽飓风作，自冲一港，尤径于所开者。神物所相如此，遂名一时。淳熙戊申（1188年）也。"[1]自此，中外商船络绎不绝，神应港一跃成为海上交通之要冲。

此外，万州东北三十五里处的会通都新泽港，亦有一座昭应庙，其供奉之神原称舶主，源远流长。赵汝适的《诸蕃志》载："万安军城东有舶主都纲庙，人敬信，祷卜立应，舶舟往来，祭而后行。"所谓舶主都纲庙即指此庙为舶主所建。《古今图书集成》"昭应庙"条中说："在州东北三十五里莲塘港，门其神名曰舶主。明洪武三年同知乌肃以能御灾捍患，请敕封为新泽海港之神，祀忌豚肉，往来船只必祀之，名曰番神庙。"[2]

宋代楼钥在《攻媿集》之《代谢知琼州表》中亦感慨道："今琼管邈在万里之外，颛居一海之中……而贾胡遥集，实为舶政之源。"可见当时，香料之路的海上贸易盛况空前。

① （南宋）王象之.舆地纪胜（卷一二四）[M].北京：中华书局，1992：3570-3571.
② （清）陈梦雷.古今图书汇编（地理志）[M].海口：海南出版社，2006：52.

　　李光贬谪海南后，感怀时局，挥毫作《阜通阁》一诗，描绘了宋代与海上通商的盛况。其序文雅致："元寿使君到官未几，浚川筑堤，以通商贾之利，急先务也。因为阁扁，其榜曰阜通，辱示佳章，因次其韵。"诗曰：危阁峥嵘枕碧流，筹心计虑匪人谋。千骥不隔云中树，万货来从徼外舟。富国要先除国蠹，利民须急去民蟊。使君不日归华近，要路翱翔遍十州。"李光不仅颂扬了海上贸易的空前繁荣，以"万货来从徼外舟"生动展现了外国商船纷至沓来、海南港口繁华之景，更深刻指出，要实现经济的真正繁荣，必须"除国蠹""去民蟊"。

　　从港口间频繁穿梭的船只可窥见，即便海南尚未设立正式的市舶司，其民间贸易的活力也已如日中天，商船络绎不绝，或在此停泊休整，或直接进行交易，展现出海岛经济的勃勃生机。尽管海岛整体经济尚显滞后，但正如朱初平元丰三年（1080年）奏议所言："广州外国香货及海南客旅所聚，若置场和买添二三百人，未为过也。"[1]此言足见，在海上香料贸易的强劲推动下，海南犹如沉睡的巨龙，其眼眸在朦胧中缓缓睁开，预示着即将迎来的经济觉醒与飞跃。

　　宋代海南的香料贸易，无疑成为推动海岛社会经济发展的重要力量，不仅促进了当地市场的繁荣，也为国家财政贡献了自己的力量，展现了海南在海上丝绸之路上的独特魅力与重要地位。

## （四）落日"辉煌"

　　宋元之后，随着明朝与清朝相继实施的"海禁"之策，加之西欧列强掀起的殖民浪潮，全球贸易版图悄然重塑，昔日由汉代东方帝国开辟并引领风骚一千多年的"海上丝绸之路"，其航线控制权逐渐落入西方海上霸主之手，昔日辉煌渐趋黯淡。即便如此，殖民贸易与东方朝贡贸易也交错进行。在此背景下，岭南地区，这一自古以来便是中外经济文化交流的桥梁与枢纽，愈发无可争议地被推到了对外开放与商贸往来的最前沿。

　　屈大均于《广东新语》中指出，"'东粤之货'，源自九郡者，谓之'广

---

① （南宋）李焘.续资治通鉴长编（卷三一〇）[M].北京：中华书局，1992：7521.

货'；源自琼州者，则名'琼货'，亦称'十三行货'"，①字里行间透露出对明代商贸盛况的深刻洞察。作为明末清初的文人墨客，屈大均所记多为明朝之事，其中，"琼货"与远销四海的"广货"并肩而立，共同织就了一幅海南特色鲜明的商贸图景，冠以琼字号之"琼货"，更是显示出海南已不再是昔日单纯的海丝贸易中转站，其社会经济结构已然发生了深刻变革。

## 商贸繁荣

明朝时期的海南岛，凭借其得天独厚的自然条件，蓬勃兴起了一场以本土珍奇物产为核心的商贸盛景，与内陆市场的交流互动愈发频繁而热烈。在这里，"琼货"以其琳琅满目的农产品独树一帜，其中，槟榔之甘、椰子之醇、波罗蜜之甜，远播四方，成为享誉遐迩的果中珍品。而黎山深处，更是孕育了沉香、蓬莱、脱落、黄熟等珍稀香材，它们与红豆的晶莹、吉贝的轻柔、通草的灵动、藤材的坚韧以及琼芝菜的鲜美，共同填满海南特色商品琳琅满目的橱窗。

此外，海南还以其珍稀皮革闻名遐迩。庆皮之温润、沙水牛皮之坚韧，乃至山马皮、鹿皮之奢华，皆是商贸往来中极受欢迎的商品。更有鱼鳔之奇、翠毛之绚、黄蜡之纯，作为贡品进献，彰显了海南之物华天宝。

这些经济作物，不仅岁岁年年输送至广东各地，更跨越山海，远销福建乃至更广阔的北方，构建起了海南与内陆及沿海地区的经济纽带。在纺织品领域，吉贝与绩麻交织而成的布帛，以及那些色彩斑斓、图案精妙的花幔，成为海南对大陆贸易中备受追捧的佳品。尤为令人瞩目的是万州藤织品，其工艺之精湛，图案之美妙，不仅展现了海南手工艺人巧夺天工的技艺，更蕴含了深厚的审美情趣与文化底蕴。

至于漆器，海南更是以其独特的垒漆、雕漆等精湛工艺，赢得了两广乃至更广泛地区的青睐与赞誉。

明朝洪武初年，海南海商已展现出非凡的商业眼光与勇气，他们携香货等珍奇之物北上京师，虽途中偶有不幸，但朝廷亦施宽仁之政。（洪武三年八月）己巳，琼州海商以香货入京，道溺死，有司请验数，征其什一入官。上

---

① （清）屈大均.广东新语（卷十五）[M].北京：中华书局，1985：432.

曰："其人既不幸死，将谁征？令同行者与鬻之而归，所货资于其家。"商贸的足迹不仅局限于两广、福建，更延伸至南京等繁华之地，展现了海南商贸活动的广泛影响力。

更有商贾，如孔氏家族后裔，因经商而落户琼山，他们的到来不仅丰富了海南的人口构成，也促进了文化的交流与融合。而商人发财后不忘回馈社会，如为寺庙铸造铜鼓以祈福，天宁寺铜鼓上的铭文便是这一善举的见证，它不仅记录了一段历史，也映照出海南商贸繁荣背后的社会风貌与人文情怀。

明末，崇祯十年，广东商贾于海南万州之地，铸钟祈祀之举，不仅是商人对未来的美好祈愿，也是那个时代商贸繁盛与文化交融的生动写照。1984年，陵水发掘出一尊古朴铁钟，其上铭文："广府新会县商人区伯煦、刘九锡虔诚铸洪钟一口重二百余斤。奉万州东山万封峒三宝观音前祈求生男进财福寿绵长，崇祯十年十二月吉日立。"[1]

自古以来，海南以其丰富的土特产与精湛的手工艺品闻名遐迩，这些珍宝大多经由闽粤商客之手，跨越琼州海峡，远销至内陆的江淮、闽浙等地，年交易量以千万计，展现了海南物产之丰饶与商贸活动之频繁。正如丘濬所言："琼郡，自昔号为乐土，而以易治闻于天下也久矣……奇香异木，文甲珠玑之产，商贾贸迁，北入江、淮、闽、浙之间，岁以千万计，其物饶也。"[2]

## 海上贸易

明朝时期，对外贸易体系独树一帜，其核心乃是以彰显皇朝威仪与促进文化交流为宗旨的朝贡贸易制度。这一贸易制度的至高成就，由明成祖永乐年间（公元1403—1424年）郑和七下西洋的壮举所书写。郑和的航海之旅，其深远意义远超商贸往来的范畴，它是一次次向世界展示大明帝国辉煌盛世、吸引四方国家尊崇与归附的壮丽航行，旨在实现大明帝国的"万邦来朝"

① 陵水文史（第二辑）.政协广东省陵水黎族自治县委员会文史组，1987：127-128.

② （明）丘濬.琼台诗文会稿（卷十二）[M].海口：海南出版社，2006：4124.

的宏伟愿景。

随着郑和的足迹远播，南海地区成为朝贡体系的繁荣舞台，各国使者络绎不绝，其朝贡行为实则蕴含了深刻的贸易内涵，即形成了独具特色的朝贡贸易模式。在这一体系中，海南岛以其得天独厚的地理位置，扮演着海上丝绸之路的重要枢纽角色，多数南海诸国的朝贡使团及商贸船只皆需借道于此。

《儋县志》卷六中《诸夷入贡事例》有详尽记载："番贡多经琼州。暹罗国，洪武三十年（1397年）、正统十年（1445年）、天顺三年（1459年）继贡象方物；占城国，宣德四年（1429年）贡方物，正统二年（1437年）又贡，十二年（1447年）贡象，十四年（1449年）贡方物，天顺七年（1463年）贡白黑象，成化七年（1471年）贡象、虎，十六年（1480年）又贡虎，弘治十七年（1504年）贡象，正德十三年（1518年）又贡；满剌加，弘治十八年（1505年）贡五色鹦鹉。各遣指挥使、千百户、镇抚护送至京。"①

顾炎武在其《天下郡国利病书》中曾记录诸藩与琼州的历程："自化州下水，至海口四日程，从州东行三十里渡海抵化州界，地名岗州，通闽浙。从州东南陆行一百四十五里抵海至诸蕃国。从州南陆行一百七十四里至递角场，抵南海，泛海一程可至琼州。从州西陆行一百五十里，汛海水路至安南国。故诸蕃国，东洋琉球等国，被风飘多至琼。"其注云："琼州东至海南一百二十里，其南崖州去海最近云。"②这段水路，如遇风暴，十分危险，但蕃舶因经常来往，水路熟悉。顾玠的《海槎余录》曾记载："千里石塘，在崖州海面之七百里外，相传此石比海水特下八九尺，海舶必远避而行，堕即不能出矣。万里长堤出其南，波流甚急，舟人回流中，未有能脱者。蕃舶久惯，自能避，虽风汛亦无虞。"从中可见南海航路虽暗藏凶险，但蕃舶因往来频繁，对水路颇为熟悉。张岳崧也提及蕃舶遇难情况："予往闻邑人（文昌）濒海居者，洋番巨舰猝遇飙击石啮，浮沉漂泊，货贿狼藉不得顾，里恶因以为利，剽夺攘窃，视舟人呼号喘息莫之救。幸有援手者，卒倾其货，哀丐流

---

① 王国宪，总纂.彭元藻，曾友文，修.民国儋县志（卷六）[M].海口：海南出版社，2004：333.

② （明）顾炎武.顾炎武全集（第12卷）[M].上海：上海古籍出版社，2011：3777.

离，无所告语。"同时，他在给九弟子明的诗中写道："大瀛海以外，汝游知通衢。暹罗过交海，去去常如归。习险轻涛澜，逐利无锱铢。"①从以上各类文献典籍的记载可知，海南地处南海航向交通要道，在明代蕃舶往来已是十分频繁的了。

明代张瀚的《松窗梦语》中说："粤以东，广州一都会也。北负雄、韶，兵饷传邮，仰其权利。东肩潮、惠，内寇外夷，为患孔棘。高、廉、雷、琼，滨海诸夷，往来其间，志在贸易，非盗边也。"②这里描绘出琼州与南海诸藩的往来。海南的物产极为丰富，"兼华夷之所产，备南、北之所有。木乃生水，树或出酐；面苞于椰，豆荚于柳。竹或肖人之面，果或像人之手。蟹出波兮凝石，鰍横港兮填皋。小凤集而色五，并鲨游而数偶。修虾而龙须，文鱼而鹦。鳞登陆兮，或变火鸠；树垂根兮，乃攒金狗。胜缘树杪而飞，马乘果下而走。鱼之皮可以容刀，蚌之壳用以盛酒。波底之砂，行如郭索；海滋之贝，大如玉斗。花梨靡刻而文，乌构不涅而黝。椰一物而十用其宜，椰三合而四德可取。木之精液，艺之可通神明；鸟之麣毛，制之可饰容首。有自然之器具，有粲然之文绣"。③在这历来被视为穷荒僻壤之地，竟有如此奇物，这些珍奇土产，多为商人运载出海交易物品，如琼山人陈宗昱，家有海艘，取渔网得番货，悉令输之官，人服其识。海南商人自备船只出海贸易，已有史记录。

至明朝，我国与南太平洋诸岛屿之间的交往尤为频繁。"如吕宋、噶罗巴诸岛，闽广流寓，殆不下数十万人，则南洋者，亦七鲲、珠崖之余壤。"④彼时，海南岛与南洋群岛间构建起紧密的商业纽带——埠头，百货流通，商贸往来已至亲密无间之境。

回溯至明初洪武七年三月癸巳之日，暹罗斛国使臣沙里拔携贡品觐见，自述其受国王之命，与奈思俚伫剌识悉替等同行，意在进献方物。然去年八月，一行人于乌猪洋遭遇风暴，船只损毁，幸得漂流至海南，得当地官府救助，并献上风暴后残余的苏木、降香、兜罗绵等珍贵物品。此事上奏朝廷

---

① （清）张岳崧.筠心堂文集（卷十）[M].海口：海南出版社，2006：319-320，30.

② （明）张瀚.松窗梦语（卷四）[M].海口：海南出版社，2006：134.

③ （明）丘濬.琼台诗文会稿（卷二二）[M].海口：海南出版社，2006：4460.

④ （清）徐继畬.瀛环志略（卷二）[M].北京：文物出版社，2007：27.

后，皇上讶于其无正式表文，且质疑既言舟覆，何以贡品尚存，遂疑其为伪装之番商。

实际上，彼时番商为规避税收，常不循常规路径直抵广州之市舶司，而是选择海南各州县港口作为中转站，秘密交易细软货物，偷逃税款，此举使得海南与沿海各省一样，私人海上贸易活动异常蓬勃。海南岛不仅成为本土物资输出的重要门户，亦是南洋各地货物汇聚的繁华之地，双方贸易往来频繁，互通有无，展现了中国南海之上贸易盛景。

海上贸易的繁荣势必催生和加速了海港的发展。明代海南的海港也比历代增加，主要有如下港口：[①]

琼山县：海口港、神应港、小英港、东营港、博茂港、烈楼港。

澄迈县：东水港、石馒港、泉凿港、麻颜港。

临高县：博铺港、黄龙港、石碑港、博顿港、新安港、博白港、吕湾港、乌石港。

文昌县：清澜港、抱凌港、陈村港、赤水港、长岐港、郭婆港、抱虎港、铺前港、石栏港

会同县：调懒港、欧村港、冯家港。

儋州：莪漫港、顿栅港、禾田港、黄沙港、田头港、乾冲港、浦滩港、大村港、大员港、小员港、新长港。

昌化县：乌泥港、沙洲港、英潮港、南港。

万州：港门港、南港、小渡港。

陵水县：水口港、桐栖港。

崖州：新地港、大蛋港、望楼港、罗马港、田尾港、毕潭港、高沙港、临川港、抱岁港、番坊港、龙栖港。

感恩县：小南港、大南港、北黎港。

这些港口，自古以来便是商贾云集的繁华之地，见证了无数商舶的往来盛况。万州的港门港，有记载提及："上有小庙，一石船三番神，商舟往来，祷之灵应。"陵水县的桐栖港，"县南十五里，外有南山，商船蓄舶泊于此。"崖州的新地港，"通海船"。大蛋港注云："客商泊船处"。大蛋港，"客商泊

① 周伟民，唐玲玲.海南通史（明代卷）[M].北京：人民出版社，2017：111-112.

船处"。望楼港与毕潭港，"番国贡船泊此"，"占城贡船泊此"。①这些港口，番船频繁停泊，见证了当时贸易的繁荣。

尤为值得一提的是万州的独州岭，海舟云集，成为南国诸番朝贡之路的重要节点，州治亦因此而面向大海，显其独特的地理位置与重要价值。明代学者丘濬在《学士庄记》中，以细腻的笔触描绘了学士庄四周的繁荣景象："学士庄四周，距半舍许，舟沿溯其中，往来樯帆，其末越林表而出，可数也。吾郡以海为疆界，自此北至海，道仅十里，所谓神应港，海口是为港门，帆樯之聚，森如立竹，汪洋浩渺之间，山微微如一线，舟杳杳如寸苇。"②

然而，在明代，由于海南岛并未被确立为主要的通商口岸，加之地理与政策因素的双重影响，西方商贾在探索与中国贸易的航路时，往往选择绕开海南，直接东行，前往东南沿海更为繁华的商埠。这一历史性的选择，无形中延缓了海南岛与西方世界的直接交流，使得其在文化交流与商贸互动的进程中，相较于其他地区而言，起步稍显滞后。

### 朝贡中转站

大明王朝在对外贸易领域实施了以朝贡制度为核心的策略，这一转变标志着贸易重心从纯粹的经济利益驱动转向了更为复杂的政治与外交考量。此举虽在一定程度上削弱了海上丝绸之路传统上基于经济繁荣的基石，但作为官方主导的朝贡贸易体系，确保航道的安全与畅通成为不可或缺的先决条件，由此，海南岛的战略地位非但未减，反而愈发凸显。

海南岛，在明代成为连接亚洲大陆与大洋洲的关键海上中继站，它不仅是亚洲东北部港口通往东南亚、非洲、西亚乃至欧洲等广阔海域的必经航线上的重要节点，更是我国与菲律宾、印度尼西亚、马来西亚、新加坡等海上诸国间友好往来的重要桥梁与纽带。

明代黄省曾所写的《西洋朝贡典录》中关于占城国的记录写道："其国在

---

① （明）戴熺，（明）欧阳灿.万历琼州府志（卷三）[M].海口：海南出版社，2003：57—91.

② （明）丘濬.琼台诗文会稿（卷十九）[M].海口：海南出版社，2006：4361.

广州之南可二千里。南际真腊，西接交趾，东北临大海。福州长乐五虎门张十二帆大舶，西南善风十昼夜程。由福州而往，针位：取官塘之山。又五更取东沙之山，过东甲之屿。又五更平南澳。又四十更平独猪之山。又十更见通草之屿，取外罗之山。又七更收羊屿（海行之法，六十里为一更），以托避礁浅，以针位取海道。"①这其中四十更经过的独猪之山，即海南岛万宁县东南海上的大洲岛。又同书关于暹罗国的记录："其国在占城西可一千五百里。由漳州而往，针位：见南澳，取东董之山，山之状如唐冠。又取铜鼓之山。又经独猪之山。又取外罗之山……"这里所说的铜鼓之山即今海南省文昌市东北海岸之铜鼓角。独猪之山即海南岛万宁县三大洲岛，又名独珠山。从这二则记录看，可知海南岛是通往东南亚丝绸之路的必经岛屿。清代陈伦炯的《海国闻见录》载："琼之大洲头过七洲洋，取广南外之咕哗啰山而至广南，计水程七十二更，交趾由七洲西绕而进厦门至交趾，水程七十四更，七洲洋在琼岛万州之东南，几往南洋者必经之所。"

明朝的朝贡贸易体系，作为官方主导下的对外贸易机制，其独特魅力在于构建了一个双向互动的经济文化交流平台。在这一体系中，海上诸国不仅向明朝进献珍贵贡品，还享有特权，能够携带本国特产与中国进行物物交换，极大地促进了双方的贸易和交流。为了有序管理与推动这一贸易模式的发展，明朝政府专门设立了市舶司这一机构，并委以提举官重任，确保贸易活动的顺利进行。

在洪武年间，明朝政府，于宁波、泉州、广州三地重兵布防，设立了市舶司，尤以广州最为瞩目。广州，不仅是连接占城、暹罗（今泰国）及更广阔西洋世界的门户。在这条繁忙的贸易航线上，海南岛作为朝贡船只重要的中转枢纽，更是其重要窗口。

《明实录》中生动记载了洪武七年（1374年）三月癸巳日的一幕：暹罗斛国使臣沙里拔，携带着本国的礼物，不远万里前来朝贡。途中，虽遭遇乌诸洋上的狂风巨浪，船只受损，却幸得漂流至海南岛，得到了当地官府的及时救助。沙里拔不仅安然无恙，还献上了风暴后残余的苏木、降香、儿罗绵等珍贵物品。

---

① （明）黄省曾.西洋朝贡典录（卷上）[M].北京：中华书局，2000：1-3.

天顺四年（1460年）七月丁丑日，占城国的副使究村则等人"蒙本国王差委，同王孙进贡。至崖州，与象奴先来。今王孙及正使人等在广东未至，闻三司官留与方物同行，诚恐迟误。"①面对可能的延误，他们紧急上奏，表达了对三司官留与方物同行可能导致的迟误的担忧。皇帝闻讯后，即刻下令礼部派遣专人，携带金叶表文，迅速前往广东，与三司官员协调，优先护送王孙及贡品进京，以彰显朝廷对朝贡制度的重视与尊重。这一幕，再次印证了明朝朝贡贸易体系的严密与高效，以及海南岛在其中的重要角色。

成化二十二年（1486年）深冬，癸丑之日，巡按广东之监察御史徐同爱等上疏朝廷，言及占城国中发生之重大变故："占城国王子古来攻杀交趾所置伪王提婆苔，交趾怒，举兵压其境，必欲得生提婆苔。古来惧，率其王妃王孙及部落千余人，载方物至广东崖州。"此奏章转至礼部，经诸臣复议，上览后，慈悲为怀，曰："古来以残败余息，间关万里，提携眷属投附中国，情可矜悯。其令总兵、镇守、巡抚等官加意抚恤，量与廪饩，从宜安置，毋致冻馁。仍严密关防之。"

次年，成化二十三年（1487年）新春之际，辛酉之日，朝廷特命南京右都御史屠滽为使，前往广东，旨在安抚并传达朝廷之意于占城国王古来。彼时，总督两广军务之右都御史宋旻亦上奏："古来在崖州，坚欲入朝赴诉交趾侵虐之害，且言其所还州县皆荒僻凋敝之区。"言及古来在崖州之境遇，其意坚决，欲亲赴京师，面陈交趾侵凌之实，并述其所辖州县皆因战乱而荒芜凋敝。此事再经兵部复议，察觉古来之辞与安南国先前所陈颇有出入，遂召集众臣，集思广益，共商对策。

时至弘治八年（1495年）秋九月，戊子之日，又生异事：暹罗国夷人挨凡等六人，因海难所迫，乘舟随风漂流至琼州府境。广东按察司闻讯，速报朝廷。圣上闻之，即命赐以口粮，并指示待有进贡之夷使返回时，顺道将其护送至其本国，以显我大明之仁德与宽厚。

弘治十年（1497年）九月乙巳日，江西南城县民万轨，昔日为商贾，远赴琼州经营，不料遭遇风浪，命运转折，流落至暹罗国，凭借才智与勤勉，担任通事之职，屡次代表暹罗，携贡品远渡重洋，抵达京师，贡献于朝廷，展现其卓越才能与忠诚之心。时至此刻，万轨心怀故土，思乡情切，遂上表恳请恩准其回归原籍，落叶归根。同时，他亦表达了欲在京城继续效力，补充为暹罗通事，以便更直接地服务于两国交流，促进和平友好之愿景。

万历《琼州府志》载：凡番贡，多经琼州，必遣官辅护。暹罗国洪武三十年（1397年）、正统十年（1445年）、天顺三年（1459年）继贡象、方物。占城国宣德四年（1429年）贡方物，正统二年（1437年）又贡，十二年（1447年）贡象，十四年（1449年）贡方物，天顺七年（1463年）贡白、黑象，成化七年（1471年）贡象、虎，十六年（1480年）又贡虎，弘治十七年（1504年）贡象，正德十三年（1518年）又贡满剌加，弘治十八年（1505年）贡五色鹦鹉。各遣指挥、千百户、镇抚护送至京。[①]

明朝的朝贡贸易制度，在政治层面上巧妙地融入了怀柔策略，其目的不仅局限于推动海上贸易的繁荣与财政收入的增加，更在于构建与海上国家的和谐关系。此制度虽原则上限定为官方间的交往，但实际操作中，"贡船"与"商船"的界限往往模糊不清，呈现出"朝贡"与"贸易"并重的特征。在这一复杂的海上贸易网络中，海南岛凭借其得天独厚的地理位置，其重要性不言而喻。

尤为值得一提的是，明朝时期不乏海南籍官员积极参与海上丝绸之路的朝贡活动，他们不仅是国家外交政策的执行者，更是文化交流的使者。其中，海南的杰出人物丘濬便是一个典型代表。在成化二十一年（1485年），丘濬为即将出使满剌加国（今马来西亚马六甲）的同乡林荣撰写了《送林黄门使满剌加国序》，字里行间流露出他对满剌加国情的深刻洞察与细致了解。他不仅详尽地为林荣规划了出使路线，还殷切期望林荣能深入当地，广泛交流，带回"瑰奇之见，诡异之闻"[②]，以丰富中原对世界的认知。然而，遗憾的是，如同当时许多使者一样，林荣在出使过程中因携带过多物资，不慎遭遇海难，于交趾之占壁啰触礁溺亡。

---

① （明）戴熺，（明）欧阳灿.万历琼州府志（卷八）[M].海口：海南出版社，2003：408.

② （明）丘濬.琼台诗文会稿（卷十一）[M].海口：海南出版社，2006：4089.

# 二、南海，中华家园

秦汉以来，随着岭南地方建置的发展，南海广大海区及其岛屿先后归入中国版图。南海，作为古代中国对外贸易和交流的重要海上通道，是中原王朝陆权的延伸。南海，中华儿女的母亲海，中国文化就是从这里走向世界，并被世界所认知和接受。

## （一）映入画卷

关于南海的最初文字记载可追溯至辉煌的汉代，彼时人们依据潮汐涨落的自然现象，赋予南海及其周边岛屿以"涨海"与"涨海崎头"之名，充满了对自然现象的敬畏与诗意描绘。东汉杨孚所著《异物志》中，生动记载了"涨海崎头"的奇异景象："涨海崎头，水浅而多磁石。徼外大舟锢以铁叶，值之多拔。"①此处"磁石"之说，实为形象地描绘了暗礁对船只的吸附之力，使得航行其间时，危机四伏。同时，《异物志》亦提及南海诸岛孕育着丰富的海洋生物，如海龟与玳瑁，展现了这片海域的生态多样性。

随着时代的进步与经济技术的飞跃，人类的探索足迹逐渐延伸至更远的海域。公元226至231年间，康泰受东吴孙权之命，与朱应携手踏上出使扶南（今柬埔寨）等国的征途，他们的航程足迹踏遍南海诸岛。归来后，康泰所著《扶南传》成为珍贵的历史文献，其中详尽阐述了南海诸岛的地形地貌及珊瑚礁的形成机制："涨海中，到珊瑚洲，洲底有盘石，珊瑚生其上也。②"此论述不仅确认了珊瑚礁的基底存在，更领先达尔文珊瑚礁理论至少15个世纪，堪称世界科学史上对珊瑚岛成因的首次系统阐述，也是我国古代对南海诸岛地理认知的重要里程碑。

---

① （清）曾钊.异物志（卷二）[M].广州：广东人民出版社，1982：38.
② （北宋）李昉，等.太平御览（卷六九）[M].北京：中华书局，1960：327.

晋代裴渊于《广州记》中亦有所提及："珊瑚洲，在（东莞）县南五百里。昔有人于海中捕鱼得珊瑚。"[①]此珊瑚洲，大抵为今日东沙群岛所在，进一步印证了古人对南海诸岛的探索与认知。

及至隋代，南海不仅是中国与东南亚各国交往的海上桥梁，更成为连接亚洲大陆至西亚、欧洲的关键水道。隋炀帝时期，云骑尉李昱率船队跨越南海，穿越马六甲海峡，远赴波斯，开启了海上丝绸之路的新纪元。随后，波斯使节伴李昱东归，商贸往来频繁，促进了东西方文化的深度交流。同时，隋朝亦积极向印度等南亚地区派遣使节，展示了其海上势力的广泛影响。据阿拉伯古籍《古行记》所载："中国的商船从公元3世纪中叶开始向西，从广州到达槟榔屿，4世纪到达锡兰，5世纪到达亚丁，终于在波斯及美索不达米亚独占商权。"[②]此航道的开辟，无疑为隋代海上贸易的繁荣奠定了坚实的基础。

随着唐朝一统天下与社会经济的空前繁荣，海上诸国怀揣着对贸易的憧憬，纷至沓来，共襄盛举，促使南海航路及长江以南的沿海港口焕发出勃勃生机，渐成繁华之地。在7世纪，中国南海之上，除了庞大的中华船队与偶见的罗马（欧洲）商帆外，印度与波斯的商船更是络绎不绝，共同构成了海上丝绸之路的壮丽景象。波斯商船自波斯湾的港口扬帆起航，沿途历经印度、锡兰、马来半岛的葱郁、苏门答腊的富饶，再穿越海南岛的碧波万顷，最终抵达中国沿海那些繁忙港口——交州（今日越南）之古韵犹存、广州之繁华、明州之雅致、扬州之烟柳以及密州港之壮阔，其中尤以岭南的交州与广州，以及长江流域的扬州最为鼎盛，外国商船云集，泊岸数量蔚为壮观。

从地理视角审视，唐代中国沿海港口布局精妙，自北而南，星罗棋布，恰似一颗颗明珠镶嵌于海岸线上，精准地满足了海上贸易对商品集散地的迫切需求。正是这份得天独厚的地理优势与蓬勃发展的贸易需求相辅相成，铸就了交州、广州、扬州三大港口在当时的无上荣光，更是唐代中国对外开放与经济繁荣的生动写照。

---

① （北宋）乐史，等.太平寰宇记（卷一五六）[M].北京：中华书局，2007：3019.
② 张炜，方堃.中国海疆通史[M].北京：中国古籍出版社，2002：135-136.

## （二）千里长沙，万里石塘

宋代的社会经济与文化之繁荣达到了前所未有的高度，社会生产力以前所未有的迅猛之势奔腾向前，科学技术更是独步一时，遥遥领先于同时代的西方。在这一灿烂时期，船舶制造业与航海技术实现了历史性的飞跃，指南针在海洋探索中的广泛应用，不仅极大地拓宽了人类的航海边界，让未知的海域成为可征服的疆域，更为中国在南海的深远管辖与勇敢探索铺设了坚实的技术基石。

在这一时代背景下，中国对南海诸岛的管辖与影响力显著加深，在历史的长卷中留下了更加详尽、丰富的篇章，记录着中华民族对这片蓝色疆域的深情厚谊与坚定主权。西安碑林中珍藏的《华夷图》刻石，便是这一辉煌时代的生动缩影，其上细腻地勾勒出了海南岛以南的辽阔南海海域，以不容置疑的姿态将其纳入中国版图之中。此外，宋代精心绘制的《舆地图》，同样见证了中华民族对海洋的无尽向往。该图自占城起始，笔触所及，南至南海诸岛，广阔无垠的海域跃然纸上，彰显了中国古人对南海这片浩瀚蓝海的深刻认知与不可动摇的主权宣示。

这些珍贵的史籍资料，不仅是宋代航海事业辉煌成就的见证，更是中华民族悠久海洋文明与广阔海洋意识的集中绽放，它们跨越时空的界限，向世界诉说着一个古老民族对海洋的无限憧憬与勇敢探索。

在宋代周去非的《岭外代答》记叙之前，晋代张华的《博物志》载："南北尾闾之间，三江流入南海。"[1]周去非在此基础上联系到海南岛作出分析："海南四郡之西南，其大海曰交趾洋。中有三合流。波头喷涌而分流为三：其一南流，通道于诸蕃国之海也。其一北流，广东、福建、江浙之海也。其一东流，入于无际，所谓东大洋海也。南舶往来，必冲三流之中，得风一息，可济。苟入险无风，舟不可出，必瓦解于三流之中。传闻东大洋海，有长砂、石塘数万里，尾闾所泄，沦入九幽。昔尝有舶舟，为大西风所引，至

---

[1]（西晋）张华.博物志（卷一）[M].南京：凤凰出版社，2018：2.

于东大海，尾闾之声，震汹无地。俄得大东风以免。"[1]在这里，已见"长砂、石塘"之名。宋代《琼管志》云："东则千里长沙，万里石塘。"[2]这是用"千里长沙，万里石塘"泛称南海诸岛之始。顾祖禹《读史方舆纪要》"崖州条"记："宋天禧二年（1018年），占城使言国人诣广州，或风漂船至石塘即累岁不达石塘，在崖州海面七百里。"[3]

宋代曾公亮、丁度等人编纂《武经总要》一书，提出对南海岛礁的命名一事。即"广州南海郡，古百粤也，皆蛮蜑所居，自汉以后入为郡县，唐为清（靖）海军节度。本朝平刘鋹，复建方镇，为一都会，提举十六州兵甲盗贼，控外海诸国，有市舶之利。蕃汉杂处，命王师出戍，置巡海水师。营垒在海东西二口，阔二局八十丈，至屯门山二百里，治舠鱼入海战舰。其地东南至大海四十里，东至惠州四百二十里，西至端州二百四十里，南至恩州七百五十里，北至韶州二百五十里。东南海路四百里，至屯门山，二十里皆水浅，日可行五十里，计二百里。从屯门山，用东风西南行，七日至九乳螺州，又三日至不劳山（在环州国界），又南三日至陵山东（有甜水）。西南至大食、佛师、天竺诸国，不可计程。太平兴国中，遣三将兵伐交州，由此州水路进师。置广南东路兵马钤辖，以州为治所，今之广州府是也。"显然，在一千年前的宋朝就以"九乳螺州"命名西沙群岛。以"石塘"命名的南沙群岛，并以国家的名义设置巡海水师，并建营垒，对西沙群岛、南沙群岛进行管辖和行使主权。据《宋会要》记载，占城（今越南南部）和真理富（今泰国境内）使臣叙述其乘华航程时，都用了"石塘"和"万里石塘"来称呼南沙群岛。

显然，宋朝对南海岛礁的命名不仅为外国人广泛采纳，亦成为全球地图绘制者普遍认知与应用的典范。在公元14至15世纪之交，波斯著名地理学家喀尚尼所绘制的蓝白相间的《国家分布图》中，首次以波斯文标注并首次将中国海称为"中国海湾"，这一珍贵古地图现珍藏于伊朗国家图书馆。该地图以其宏大的视野，将世界巧妙划分为印度、阿拉伯、埃及、波斯、君士

---

[1]（南宋）周去非，杨武泉，校注.岭外代答校注（卷一）[M].北京：中华书局，1999：36.

[2]（南宋）王象之.舆地纪胜（卷一）[M].北京：中华书局，1992.

[3]（清）顾祖禹.读史方舆纪要（卷一〇五）[M].北京：中华书局，2005：4783.

坦丁堡（今土耳其所在区域）及中国六大区域，展现了当时世界地理认知的卓越成就。尤为引人注目的是，在地图的东端下方，紧邻浩瀚的印度海（今印度洋）的广袤海域，被明确且自豪地标注为"中国海"，这一细节不仅精准地反映了宋朝时期中国在南海地区的活跃身影，更是中国历史上对南海主权与活动获得国际社会广泛认可的重要历史见证。这一发现，无疑为中国悠久的海洋历史与坚定的海洋权益主张增添了又一有力论据。

宋代郓山参政楼钥赋就《送万耕道帅琼管》一诗赠予即将赴任琼管要职的万耕道，此诗意境深远，内容宏富。诗中，楼钥不仅深情追溯了海南岛悠久而辉煌的历史脉络，更以生动的笔触描绘了宋代时期南海之上"舶交海上俱朝宗"的空前盛景，海舶如鲫，商贾云集，尽显海上丝绸之路与香料之路的繁荣与辉煌。

彼时，南海诸国的蕃舶，满载着珍奇与诚意，纷纷驶向中国，而海南岛作为这条海上贸易与文化交流的重要枢纽，自然成为它们必经的休憩之地，"势须至此少休息"，一语道破了海南岛在中转贸易中的不可或缺地位。

楼钥于诗中寄予厚望于即将赴任琼管要职的万耕道，期许他能在海南弘扬王朝之教化，以和煦之气安抚民心，促进地方和谐与发展。此诗不仅是宋代上层社会对海南及琼管官员的深切关怀与期许，更是一部生动记录，真实再现了宋代南海诸岛间船舶往来不绝的繁荣景象，以及国家对这片海域及其岛屿行使管辖治权的坚定立场与实际行动。

到了南宋，蕃商来南海的更多。明代徐松的《宋会要辑稿》详细地记录了宋朝在南海这条航线上已通行各国，其中天禧二年（1018年）占城国派使者向中国朝贡地方土产，使者说："或风漂船至石堂，则累年不达矣！"又载：嘉定九年（1216年）七月二十日，真里富国……欲至中国者，自其国放洋，五日抵波斯兰，次昆仑洋，经真腊国。数日至宾达椰国，数日至占城界，十日过洋，傍东南有石塘，名曰万里，其洋或深或浅，水急礁多，舟覆溺者十七八，绝无山岸，方抵交趾界。五日至钦廉州，皆计顺风为则。[①]这里首次出现"石塘（堂）"之名，并指明"石塘"的地理位置在占城（越南中部）的东南，说明这时南沙群岛地名已开始被中国命名。南宋时赵汝适于宋理宗

---

① （清）徐松.宋会要辑稿（第一九七册）[M].北京：中华书局，1957：7763.

宝庆元年（1225年）以朝散大夫提举福建路市舶兼权泉州市舶时，撰写《诸蕃志》一书，书中序言说："汝适被命此来，暇日阅诸蕃图，有所谓石床、长沙之险，交洋、竺屿之限，问其志则无有焉。"①《诸藩志》也详细写及千里长沙、万里石塘的海道。在"海南"条中写道："海南，汉朱崖、儋耳也。武帝平南粤，遣使自徐闻（今雷州徐闻县）渡海略地，置朱崖、儋耳二郡。昭帝省儋耳并为朱崖郡。元帝从贾捐之议，罢朱崖。至梁、隋复置。唐贞观元年（627年），析为崖、儋、振三州，隶岭南道。五年分崖之琼山置郡，升万安县为州，今万安军是也，儋、振则今之吉阳、昌化军是也。贞元五年以琼为督府，今因之。徐闻有递角场，与琼对峙，相去约三百六十余里，顺风半日可济，中流号三合溜，涉此无风涛，则舟人举手相贺。至吉阳，乃海之极，亡复陆涂。外有洲曰乌里、曰苏密、曰吉浪，南对占城，西望真腊，东则千里长沙、万里石床，渺茫无际，天水一色，舟舶来往，唯以指南针为则，昼夜守视唯谨，毫厘之差，生死系焉。四郡凡十一县，悉隶广南西路。"长沙、石塘分别指西沙群岛和南沙群岛。首次分指两个群岛，即以沙岛为主的"长沙"（西沙）和以环礁为主的"石塘"（南沙）。

## （三）铁证如山

中国南海的"丝绸之路"，自古便是一条连接东西方的海上金桥，它自碧波荡漾的南海扬帆起航，悠然穿梭于今日的越南、泰国、马来西亚与缅甸的蔚蓝海岸，继而远赴黄支国（今印度之康契普拉姆），再巧妙借道斯里兰卡，满载而归。至明代，这条海上丝绸之路更是焕发出前所未有的活力与辉煌：郑和率领的庞大船队，七度扬帆远航，不仅在传统南海至印度洋的航道上留下了深刻的足迹，更将中国的商品与文明远播至东南亚的每一个角落、印度半岛的广袤土地、波斯湾的璀璨岸边、阿拉伯半岛的沙漠绿洲，乃至遥远的东非诸国，开启了一场场经济与文化交流的盛宴，其影响之深远，至今仍回响在历史的长河之中。

无论是浩瀚史籍中详尽的记载，还是静静躺在南海诸岛之上、历经风雨

---

① （南宋）赵汝适，著.杨博文，校释.诸蕃志校释[M].北京：中华书局，2000：1.

洗礼的历代文物与遗迹，都如铁证般无可置疑地昭示着：南海及其星罗棋布的岛屿，自古以来便是中国不可分割的领海与领土，承载着中华民族悠久的记忆与梦想，见证着中国与世界的交融与共生。

## 宋代

近一个多世纪以来，随着南海和海南岛文物发掘工作的持续推进，我们不仅能够窥见宋代南海商船繁忙往来、盛况空前的历史画面，更有力地证明了中国对南海诸岛及其周边海域拥有无可争辩的主权。这些出土的珍贵文物，如同历史的见证者，向我们还原了中国先民在南海的活动历程，默默倾诉着中国海洋文化的深厚底蕴与悠久历史。同时，这也进一步坚定了我们保护海洋文化遗产、维护国家海洋权益的决心与信念。

（1）金银岛礁盘，陶瓷器出土地，（永乐群岛金银岛西北礁盘边缘）有宋元时期的越窑瓷碗。

（2）北礁礁盘，陶瓷器、铜钱出土地（永乐群岛北礁北部礁盘东北角），北礁地称"干豆"，位于西沙群岛北端，是广州到东南亚海上交通的必经之地。有宋代的石砚，龙泉窑青釉碗、盆、罐、盂盒、壶等。[①]

（3）全富岛礁盘，瓷器山土地（永乐群岛全富岛西北30米），有宋代青白釉花瓣印纹碗。

（4）晋卿岛，铜钱出土点（永乐群岛吾卿岛西南海岸30米），晋卿岛在甘泉岛东南100海里处，在距海深约一米的珊瑚沙中，出土宋徽宗建中靖国元年（1101年）铸造的行书，"圣宋元宝"小平钱。

（5）南岛遗址（宣德群岛南岛），南岛在永兴岛北20海里，南距南沙洲500米，遗址在岛的中南部，东西长约100米，南北宽约30米采集有宋代青釉划花瓷碗、青釉划花梳齿纹筒形杯残片等。

（6）北礁沉船遗址（永乐群岛北礁环礁内），南距北礁南环礁盘约2公里，距水面深5～15米，东西宽约500米，南北宽约400米，文化堆积厚约5米，小船也有18米，出土遗物数十万件，主要有瓷器、陶器石器、铜器和铜钱。采集有宋代耀州窑大碗，龙泉窑花口大盘、暗花水注，影青套钵、碗、瓜棱

---

[①] 广东文物考古资料选辑（第二辑）[C].广东省博物馆，1989：327.

形粉盒。

（7）广金岛遗址（永乐群岛广金岛），广金岛又称小脚峙、小三脚峙，东南是永兴岛，落潮时东南与琛航岛相连。东西长约40米，南北宽30米，采集有宋代釉陶罐。

在西沙群岛的考古探索中，考古人员发掘出大批宋代文物，这一重大发现确凿无疑地证实了西沙群岛在宋代便已成为海上丝绸之路上的繁忙航道，是海南渔民世代生活的乐土。

其中，甘泉岛的唐宋遗址及其出土文物尤为引人关注。甘泉岛，坐落于永乐群岛的西部，渔民亲切地称之为"圆峙"，因岛上井泉水质甘美而得名。这座长约700余米的岛屿，宛如一颗镶嵌在碧波中的翠绿宝石，呈南北向的椭圆形静卧于海平面上。岛上地势中间低平，四周被细软的沙丘温柔环抱，恰似一道天然的堤防，守护着这片热带绿洲。岛上热带植被繁茂，麻枫桐与羊角树竞相生长，展现出勃勃生机。近100件唐宋时期的文物在这里重见天日，它们未经海水侵蚀，显然是由古代居民直接携带至岛上，多为日常生活所用之器皿，透露出当年登岛者所带来的浓厚生活气息。

这一系列考古发现，与中国古籍文献的记载相互印证，不仅深化了我们对宋代南海诸岛及其周边海域的认知，亦反映了中国先民对这片海域的深入探索与开发利用。

（1）楼钥的诗词佳句与浩瀚典籍交相辉映，共同勾勒出一幅宋代南海船舶往来不息、商贸繁荣的壮丽图景。彼时，史籍中对海南岛屿的称谓已渐趋统一，标志着人们对这片海域认知的深化与细化。回溯至宋前，"涨海"一词常作为南海诸岛的泛称，意境辽阔而模糊。然而，步入宋代，随着地理知识的积累与航海技术的精进，典籍中如周去非的笔下，开始频繁出现"千里长沙（砂）入万里石塘（床）"的精准描述，不仅生动描绘了南海的广袤与复杂地貌，更将西沙群岛雅称为"九乳螺州"，南沙群岛则被誉为石塘，这些细腻的命名，无疑是对南海诸岛独特风貌的深刻洞察与赞美。

（2）自古以来，中国沿海渔民便以南海为家，他们的足迹遍布这片蔚蓝海域。随着世代相传的捕捞经验积累，渔民们对南海海域的每一处暗礁、每一片渔场都了如指掌，对那里出产的各类水产品更是如数家珍。南海，这片古老而富饶的水域，早已成为中国渔民赖以生存与发展的重要基地，他们在这里辛勤劳作，不仅收获了丰富的海产，更与这片海域结下了不解之缘。

海南的渔民们，顺应季节的更迭与风向的流转，在秋末冬初之时，搭乘着东北风南下。他们首先抵达西沙群岛，在那里，补充了淡水与日常生活所需，随后，他们继续向着更为遥远的南沙群岛进发，在这片浩瀚无垠的蓝色疆域上投身于鱼虾捕捞之中。次年夏初，西南风悄然吹起，海南的渔民们，满载着大海的馈赠，再次借助自然的力量，向北而返。比如关于南海的贝类，南宋《岭外代答》一书记载说："南海有大贝，圆背而紫斑，平面深缝，缝之两旁，有横细缕，陷生缝中，《本草》谓之紫贝。亦有小者，大如指面，其背微青，大理国以为甲胄之饰。且古以贝子为通货，又以为宝器，陈之庙朝，今南方视之，与蚌蛤等。"对另一种生活在热带海洋中的贝类砗磲，北宋人沈括在《梦溪笔谈》中记载说："海物有车渠，蛤属也。大者如箕，背有渠垄，如蚶壳，故以为器，致如白玉。"

（3）宋代对西沙群岛实施了有效的管辖，并派遣精锐海军定期巡逻，以彰显主权并维护海域安宁。这一举措，在北宋曾公亮编纂的《武经总要》中得到了明确记载。书中详尽叙述了宋代政府"命王师出戍，置巡海水师营垒"的战略部署，以及"治舠鱼入海战舰"的举措，展现了宋代海军力量的强大。更令人瞩目的是，书中提及的"从屯门山用东风西南行，七日至九乳螺州"的航行记录，经后世学者考证，此"九乳螺州"无疑即今日之西沙群岛，而"乳螺"这一生动的称呼，正是古人对西沙群岛独特地形的形象描绘。

（4）甘泉岛上丰富的唐宋文物遗存，如同一部部无字的史书，静静地诉说着过往的故事，它们不仅见证了中华民族悠久的历史与文化，更以无可辩驳的事实证明，中国人民，尤其是勤劳勇敢的海南渔民，早在唐宋时期乃至更早以前，他们在这片蔚蓝的海域上繁衍生息，以海为家，与风浪共舞，与鱼群为伴，成为这片土地无可争议的主人。

### 郑和航海图

明永乐年间，郑和率领的浩大船队扬帆远航，不仅是中国历史上一次壮丽的航海奇迹，更是明王朝对广袤南海的一次深远而庄重的巡视与主权宣示。此番壮举，始于江苏太仓的碧波之畔，船队沿东南海岸线破浪前行，穿越海南岛的翠绿屏障，驶入浩瀚的南海深处。

提及此段历史，不得不提的是那份珍贵的航海图籍，初名《自宝船厂开船从龙江关出水直抵外国诸番图》，后成为研究郑和航海不可多得的瑰宝。此图约成书于洪熙元年（1425年）至宣德五年（1430年）之间，原以自右向左缓缓展开的手卷形式呈现，后经茅元仪精心整理，收录于《武备志》卷二百四十之中，转变为便于翻阅的书本式，共计二十四页，其中序言一页，航海图二十页，辅以《过洋牵星图》四幅，分列两页，余一页留白，尽显其古朴而详尽的编纂风格。

《郑和航海图》作为世界上现存最古老的航海图集之一，其历史价值与文化意义非凡，是深入探索郑和七下西洋壮举不可或缺的第一手资料。图中清晰勾勒出郑和船队穿越海南琼州府海域的壮阔轨迹，特别是在万州外海独猪山岛附近，详尽标注了如"独猪山丹艮针五更，船用艮寅针十更平大星"等航海指南，紧接着是"外罗山癸丑及单癸针二十一更平独猪山"的精准导航信息，这些文字见证了明代中国航海技术的卓越成就。

郑和的船队必然经过海南岛。永乐三年（1405年）六月，明成祖命郑和及王景弘"将士卒二万七千八百余人，多赍金币。造大舶，修四十四丈，广十八丈者六十二。自苏州刘家河泛海至福建，复自福建五虎门扬帆"[1]出海，经广东南海依次历遍南洋诸国，这次航线从江苏刘家河出发，沿海岸边经福州、泉州、加禾千户所（厦门），经广东省南澳山（今南澳岛）入大星尖（今广东省惠东县东南小星山岛对面突出之海角处）、独猪山（即独州山，今海南省万宁市东南三大洲岛）到七洲洋（海南七洲列岛），然后到达占城、爪哇、苏门答腊、锡兰山（锡兰）、古里（今印度喀拉拉邦北岸的卡利库特Caliant）、旧港（今巨港Palembang）等国家和地区。永乐五年（1407年）七月，返回南京向明成祖复命。除了第二次在广东启航出发外，其他各次下西洋都经过南海，也就是说，从江苏出发，到福建五虎门放洋后，均是经广东的南澳岛、大星尖、独猪山（现海南大洲岛）、七洲洋（现海南七洲列岛）而到达南洋各国，这说明海南岛海域与郑和下西洋的关系极为密切。南海海域有关郑和下西洋的地名有：[2]

---

① （清）张廷玉.明史（卷三四）[M].北京：中华书局，1974：7766.
② 南海诸岛地名资料汇编[E].广东省地名委员会，1987：296-300.

郑和群礁，位于北纬10°09'—10°25'，东经114°13'—114°44'。这是南沙群岛最重要的群礁之一。

永乐群岛，在北纬15°46'—17°07'，东经111°11'—112°06'内。明永乐至宣德年间，郑和七下西洋，因此以永乐命名。

晋卿岛，位于北纬16°28'，东经111°44'。明永乐五年（1407年）施晋卿（一名施进卿）在三佛齐协助郑和擒海盗有功，被封为宣慰使，故以其名为岛名。

宣德群岛，位于北纬15°43'—17°00'，东经112°10'—112°54'范围内。宣德原是明宣宗朱瞻基的年号（1426—1435年）。明宣宗时经营西洋甚力，郑和第七次下西洋就是在明宣德年间。

景宏岛，位于北纬9°53'，东经114°20'。王景宏（亦作王景弘）是明朝宦官，随郑和下西洋，任副使（郑和第二次、第三次、第七次下西洋时都同行）。

马欢岛，位于北纬10°44'，东经115°48'。马欢，回族，郑和七次下西洋，他参与第四次、第六次和第七次航海，至南亚沿海诸国，任通译，著有《瀛涯胜览》，记载航海见闻。

费信岛，位于北纬10°49，东经115°50'。明永乐、宣德年间，费信作为三保太监郑和的随行人员通使西洋，多次航经南海诸岛。他前后四次出使西洋，历览海上诸国人物、风土、出产，以所见所闻撰成《星槎胜览》，共二集，前集记亲历诸国，后集采辑所成，逐国分叙咏以诗篇。据序文所言，成书时当在正统元年（1436年），是研究南海诸岛以及中西方海上交通的重要参考资料。近人冯承钧曾根据现存版本整理校注。《星槎胜览》一书记载有："俗云，上怕七洲，下怕昆仑，针迷舵失，人船莫存。"当是穿越南海诸岛的经验之谈。

尹庆群礁，在北纬8°48'—8°55'，东经112°12'—112°53'范围内。尹庆出使爪哇、满剌加、柯枝、古里等国，较郑和为早，且与以后郑和下西洋相配合。

南海诸岛的命名最终确立，一部分是晚清时期留存的，一部分是民国时期确定的，这充分证明，海南所辖的南海诸岛是郑和下西洋的必经航线。

# 三、《更路簿》——海不扬波

在缺少航海图、导航技术尚未成熟的时代，海南岛的渔民们以其与大海搏斗的胆识，独创了《南海更路簿》——这一航海领域的智慧结晶，简称《更路簿》。这本珍贵的文献犹如一盏明灯，照亮了他们探索深海、捕捞作业的征途，成为海洋捕捞活动中不可或缺的实战宝典，其重要性无可替代。

在航海图绘制技艺飞跃进步与卫星导航系统在全球范围内普及应用的今天，《更路簿》作为传统导航工具的载体，虽已从日常航海工具的前台退隐至历史的长廊，但其蕴含的文化含义与历史深度却如同陈年佳酿，愈发醇厚。作为中国南海海域的文化遗产，它不仅铭记了海南渔民世代与海洋相依为命的故事，更在捍卫国家对南海主权与海洋权益的事业中，以独特的形式默默贡献着力量，时刻提醒着世人这片蔚蓝疆域所沉淀着的深厚历史根基与文化血脉。

《更路簿》不仅是航海技术的结晶，更是海南人民勇敢探索、智慧创造精神的象征，它跨越时空的界限，连接着过去与未来，让每一位接触它的人都能深刻感受到那份对海洋的敬畏之心与传承之责。

## （一）《更路簿》

《更路簿》的产生，是时代洪流中历史演进与海洋文明交织的必然产物，是勤劳勇敢的海南岛先民在开拓中国古代海上丝绸之路、开发南海过程中的艰辛付出和智慧结晶。

作为一个拥有悠久海洋传统的国家，中国自古以来便与南海紧密相连。早在遥远的新石器时代，中华民族的足迹便已踏足南海之滨，肩石斧与有段石锛等文物的广泛分布，从广东、广西至台湾、海南岛，乃至远播东南亚，无声地诉说着古代中国先民们航海探索的豪迈华章。

自汉代起，一条横贯南海，经中南半岛通往印度洋，直至地中海沿岸的海上丝绸之路应运而生，它不仅是一条贸易的动脉，更是东西方文明交流的桥梁。最早见于《汉书·地理志》的详尽记载，见证了这一黄金水道在汉代之前，已由无数沿海先民以生命为代价，历经无数次生死考验，方才摸索出最为高效的航行路线，彼时，与东南亚、南亚、大洋洲、非洲乃至欧洲的贸易往来已蔚然成风。

及至唐代，地理学家兼宰相贾耽，以其深厚的学识与对海上贸易的重视，在《新唐书·地理志》附录中详尽记录了南海通往各国的海路，为后世留下了宝贵的航海指南。这些记录不仅是对前人探索成果的总结，更是对南海航道精确性与安全性的高度认可。

南海，这片被誉为黄金海道的海域，其水下地形的复杂多变，自古便有"千里长沙""万里石塘"之称，暗藏着无数航行挑战。从东汉杨孚《异物志》中对磁石、浅滩的描绘[①]，到后世典籍如《南州异物志》《诸蕃志》等对海道险阻的详细记载[②③]，无不反映了古人对南海环境的深刻认知与不懈探索。

而在这漫长的探索历程中，《更路簿》以其独特的地位脱颖而出，它不仅是对南海岛礁沙洲的系统命名，更是渔民、航海家乃至海盗们在航海实践中积累的宝贵智慧结晶。这些名称，无论是"崎头""磁石"，还是"石床""长沙"，既是对南海自然地理特征的精准描述，也蕴含着珊瑚虫活动所塑造的岛屿生态变迁的奥秘。它们或泛指整个南海诸岛，或专指特定群岛，其指代范围随时代与文献而异，共同构成了南海水道复杂而丰富的地理图谱。

《更路簿》的形成，不仅是海洋探索精神的集中体现，更是时代发展与海洋文明深度融合的必然产物，它以其独特的价值，指明了南海航行的道路，为后世留下了宝贵的航海遗产。

在1987年之前，共发现了十二种珍贵的《更路簿》，此外，还发现一幅极具《更路簿》特色的历史遗存——1935年由资深渔民符宏光精心绘制的《西南沙地理位置略图》，它对在南海的航海指南具有极深远的意义。至于历史上《更路簿》的确切种类数量，至今仍是一个难以精确统计的谜团。

在这些历经岁月洗礼、被历史铭记着的十二部珍贵《更路簿》中，有九

---

① （明）唐胄.正德琼台志（卷九）[M].海口：海南出版社，2004：197-198.

② （北宋）李昉，等.太平御览（卷七九○）[M].北京：中华书局，1960：3501.

③ （南宋）赵汝适，著.杨博文，校释.诸蕃志校释[M].北京：中华书局，2000：1.

部源自琼海市的潭门镇，而其余三部则来自文昌市东郊镇、铺前镇及清澜镇，它们如同文化的使者，跨越地域界限，编织出一幅幅生动的航海文化交流与传承的壮丽画卷。值得注意的是，这两地间的《更路簿》传承非但不是孤立的存在，反而交织着错综复杂、相互渗透的紧密联系。

其中，1921年苏德柳（潭门镇）所编纂的版本，尤为引人注目。其扉页上"抄自文昌"的清晰标注，犹如一把钥匙，悄然开启了《更路簿》传播路径的另一扇神秘之门，揭示了这些航海宝典如何在不同地域间流转、融合与升华。尤为值得一提的是，苏德柳本开篇即明确宣示"立东海更路"，不仅详尽勾勒了"自大潭过东海"的壮阔航程，更以"大潭"这一特定地标作为航程的起点。这里的大潭，实为潭门镇外那片由合水水库出海口缓缓铺展，直至南海珊瑚礁盘的独特水域，这一细节无疑为"苏本"作为琼海渔民智慧与勇气集中体现的原创性提供了无可辩驳的证据。①

进一步推想，琼海潭门渔民不仅是"苏本"的原创者，其航海知识与技艺还跨越地域界限，被文昌渔民所吸纳并传抄，而后在潭门本地却似乎出现了某种程度的断代。有趣的是，这一文化断层并未彻底阻断传承，如苏德柳之父便又从文昌将这份宝贵的航海资料带回潭门，实现了《更路簿》在两地间的循环与再生。

无论历史上《更路簿》的种类何其繁多，其传抄路径如何错综复杂，一个不争的事实是：琼海市的潭门渔民与文昌市东郊镇、铺前镇、清澜镇的渔民共同携手，以非凡的智慧与勇气，创造了这一份份指引我国古代南海航向、记录南海海洋的宝贵遗产——《更路簿》。

## （二）命名及其特点

为南海的岛屿、礁石、绵软沙滩及神秘沙洲赋予专属名称，不仅是航海中不可或缺的指南针，更是海南渔民世代传承的生产劳作中至关重要的身份标识体系。海南渔民通过《更路簿》这一智慧结晶，细腻勾勒出他们在南海广袤疆域的航海图景，更深刻表明他们对这片海域内主要岛礁的独到见解与

---

① 周伟民，唐玲玲.海南通史（明代卷）[M].北京：人民出版社，2017：125.

深情命名。

　　这些名字，是海南渔民世代航海智慧的结晶与生活经验的积淀，他们以纯朴而富有生命力的本土俚语，为南海上的每一处岛屿、礁石及沙洲披上了鲜活的外衣。这些蕴含浓厚乡土气息的别称，不仅是海南方言艺术的生动展现，更是南海诸岛独一无二的"乡土"印记，承载了渔民们对这片蓝色疆域的无限眷恋与深刻理解。

　　经过无数代渔民在南海诸岛间不懈的探索与辛勤的耕耘，这些名称逐渐演化为广泛接受并频繁使用的惯例，它们见证了渔民与每一岛屿、每一礁石之间不可分割的亲密关系，是人与自然和谐共生的真实写照。据专业研究者的细致考察与整理，在剔除同一岛礁可能存在的多个别称（如永兴岛便以六种不同称谓闻名遐迩，展现了"一名多写"的文化现象）后，共确认并记录了136个独立且富有特色的地名。其中，东沙群岛以1个独特称谓点缀其间，西沙群岛则以38个名字彰显其丰富多样性，南沙群岛更是以97个名称，展现了其广袤无垠与复杂多变的自然风貌。而中沙群岛，则因其水域深邃莫测、捕捞环境挑战重重，至今仍保持着神秘而原始的面貌，尚未被渔民赋予俗称。

　　1973年，海南行政区水产局组织国营南海水产公司及海南水产研究所等部门成立专项联合考察队，深入琼海潭门镇腹地，对当地资深渔民进行了深入细致的访谈，广泛搜集了丰富的地名资料，随后踏上了西沙群岛进行实地勘探。考察队精心编纂了《西、南、中沙群岛渔业生产与水产资源调查报告》。该报告不仅详尽地记录了多达65处海域的民间俗称，如"猫驻岛"（即著名的永兴岛）、"猫兴岛"（东岛之雅称）、"七连岛"（七连屿的生动描绘）、"船暗尾"（西沙洲的别名）、"长峙"（北岛的别称）、"石峙"与"三峙"（分别对应中岛与南岛的昵称）、"红草一、二、三"（依次指代南沙洲、中沙洲与北沙洲的乡土叫法）、"园峙"（甘泉岛的温馨称谓）、"大三脚岛"（琼航岛的豪迈之称）、"三脚峙仔"（广金岛的亲切昵称）以及"干豆"（北礁的质朴别名）等，其地名之丰富多样，几乎可与历史悠久、闻名遐迩的《更路簿》相媲美，展现了南海诸岛深厚的历史文化底蕴与渔民们世代相传的智慧结晶。

　　这些蕴含渔民智慧的岛礁俗名，在新中国成立前的诸多权威出版物中均有所记载。如陈天锡先生编纂的《西沙岛、东沙岛成案汇编》及《调查西沙群岛》等著作中，便引用了琼东县李德光等人呈递的"承领经营吧注岛及吧兴岛种植、渔业计划书"，并随书附有一幅珍贵的西沙群岛地图，其上以"琼人俗名"细腻标注了双帆、长岛、吧注、吧兴等共计18处地名，每一处名称都镌刻着渔民对这片蔚蓝海域的深切情感与独到见解。①

这些岛礁的命名艺术，宛如一幅绚丽多彩的画卷，展现了自然界的奇妙造化与渔民生活的斑斓色彩。有的名称源自岛屿的自然形态，如眼镜铲、双帆、长峙、三角、三脚峙、裤裆、锅盖、乌串等，形象生动，令人过目难忘；有的则根据气候特征命名，如东海、北海，巧妙利用季风规律，寓意深远；水文特性亦成为命名的灵感源泉，如劳牛劳，谐音"流不流"，富含地方特色；更有以岛上植被命名的，如红草一、红草峙、老粗峙，绿意盎然，生机勃勃；海产资源亦不遑多让，墨瓜线、赤瓜线、巴兴、咸且（咸健的谐音）等名称，透露出渔获的丰饶与渔民生活的富足。

此外，位置、数字、顺序、颜色乃至民间传说，均成为命名的重要元素，如东头乙辛、西头乙辛依据方位，半路峙、尾峙暗含路径指引；双门、六门、双峙、五风则以数字构建秩序之美；更有以色彩鲜明命名的地名，以及源自古老传说的地名，它们共同构成了一个丰富多彩、特色鲜明的地名体系。

这些地名的诞生与认可，历经数百年时光的洗礼，是渔民世代相传、共同约定的智慧结晶。它们不仅是对自然环境的直观反映，更是渔民文化与情感的深刻烙印，承载着一段段关于勇气、智慧与希望的不朽传说。

这些俗名的形成与认可，历经数百年的传承与沉淀，是海南渔民世代智慧与汗水的结晶。它们不仅为南海的岛礁沙洲赋予了独特的身份标识，极大地方便了航海作业，更从侧面印证了《更路簿》作为海南渔民南海航行与渔捞活动宝贵经验总结的非凡价值。海南渔民以无畏的勇气和卓越的创造力，在浩瀚的南海上书写了一部关于探索、生存与智慧的壮丽史诗。

《更路簿》所载述的南海诸岛名称，折射出独特的琼岛人文风俗。

首要之点，在于其命名所展现的极致具体性与鲜明指向性。在这部珍贵的航海宝典中，除却少数如"东海""北海"此类概括性海域名称，分别泛指包含西沙群岛在内的浩瀚海域与南沙群岛及其邻近水域外，绝大多数地名均精细至岛屿、沙洲、礁石、沙滩等具体地理实体，展现出无与伦比的精确

---

① 刘南威.南海诸岛琼人俗名[M].北京：科学出版社，1996：39.

性。例如，"干豆"精准无误地标识出西沙群岛中的北礁，而"巴注"、"猫注"系列与"园峙""大筐"等，则分别精准锁定了永兴岛的雄姿、甘泉岛的温婉、华光礁的峻峭以及渚碧礁的秀美，乃至"黄山马"即为"太平岛"的别名，"铁峙"直指"中山岛"，每一处命名都透露出匠心独运的精准与细腻。

其次，这些地名所承载的地理位置信息，既明确又精准，堪称航海导航宝典。《更路簿》以其详尽的针位（即航行方向）与更数（航行距离）记录，精准地勾勒出各岛礁间错综复杂的相对位置关系，为航海者铺设了一条条安全高效的航道，确保了每一次航行的顺利与平安。

再者，这些地名的命名艺术，形象生动，令人叹为观止。它们源自渔民先辈对岛礁特征的深刻洞察与独特情感，以生动的语言赋予岛屿以灵魂与故事。环礁被巧妙地比喻为"筐"，南威岛被亲切地唤作"岛仔峙"，司令礁则因其形状酷似眼镜铲而得名，安达礁宛如一枚闪亮的"银饼"，仙宾礁则如同波光粼粼的"鱼鳞"，每一处地名都跃动着鲜活的画面，激发着无限的遐想。

最后，这些地名的生命力跨越了时空的界限，历久弥新，沿用至今。它们源自渔民之间的自然"约定俗成"，无须任何官方认证，却能在民间口耳相传，生生不息。西沙群岛与永乐群岛自古便享有"石塘"的美誉，这一称呼与古籍记载交相辉映，不仅见证了这些地名深厚的文化底蕴，更彰显了其跨越历史长河、传承至今的不朽生命力。

《更路簿》中的琼人俗称不仅是古代劳动人民智慧与创造力的结晶，更是古代南海地名体系中不可或缺的宝贵财富。它们以口耳相传或手抄记录的方式流传至今，见证了海南渔民世代在南海的辛勤耕耘与不懈探索，同时也默默诉说着古代中国渔民对于南海渔权与治权的自觉维护与实践。

## （三）历史意义和价值

海南渔民世代相传的《更路簿》中，所珍藏的南海地名俗称，不仅是海南文化脉络中不可磨灭的印记，更在中国南海地名学史上占据着举足轻重的地位，其价值深远而广泛。

第一，这些蕴含渔民智慧与经验的南海海域俗称，为我国政府于1983年官方颁布的287个标准地名奠定了坚实的民间基石与创意源泉。渔民们凭借对海域的深刻了解与独特情感，创造了数量庞大、分布广泛的俗称体系，仅《更路簿》这一珍贵文献中，就详尽记录了多达136个生动形象的俗称，它们如灿烂星辰，遍布于南海诸岛的每一个角落。

尤为值得注意的是，在官方正式公布的241个东、西、南沙群岛标准地名之中，有近半数的名称（即136个）与这些源自渔民的俗称不谋而合，这一惊人的契合度，不仅体现了渔民智慧与国家标准的和谐共生，更彰显了渔民俗称在构建国家南海标准地名体系时不可或缺的参考价值与深厚的民众基础。特别是在南沙群岛的184个标准地名中，超过一半（即97个）与渔民俗称紧密相连，[①]这一数据更是直观地反映了渔民对南海海域的深刻认知与情感寄托，以及他们在国家地名标准化进程中的重要贡献。

第二，渔民俗称的广泛流传，是我国渔民对南海诸岛悠久开发历史的鲜活见证与颂歌。这些俗称，是渔民们在南海广袤海域中辛勤耕耘与不懈探索的结晶，它们随着每一次渔网的撒开与收获的喜悦，悄然生根发芽，并逐渐在渔业活动的广阔舞台上绽放光彩。其传播范围的日益扩大，正是渔民们世代接力、前赴后继、勇于开拓精神的生动体现。

如今，在浩瀚无垠的南海海域，渔民俗称犹如一颗颗明珠，不仅点缀着这片蔚蓝的水域，更串联起我国渔民开发南海的辉煌篇章与壮丽史诗。它们不仅是渔民们智慧与汗水的结晶，更是他们在这片充满挑战与机遇的海域上，用勤劳与坚韧书写的坚实证明，见证着我国渔民对南海的深情厚谊与不朽贡献。

第三，渔民俗称深刻蕴含着古代南海航运史与生产生活史的丰厚价值，它们不仅是地理坐标的简单标记，更是中国古代南海航海智慧的结晶。渔民们在创造这些俗称之初，或许仅仅是为了便捷地记录方位、促进彼此间的交流，但历经岁月的洗礼，它们却在航海史上绽放出独特而耀眼的光芒。

回溯至风帆时代，当精确的航海图与先进的导航技术尚未普及之时，渔民们正是凭借着这些口口相传的俗称，如同手握无形的罗盘，精准地确定航向，巧妙地识别岛礁，确保了一次次航海的安全与成功。这些俗称，成为那个时代航海者不可或缺的"活地图"，见证了人类智慧与自然挑战的勇敢对话。

同时，这些俗称也是渔民在南海生产、生活中实际需求与智慧的生动体

---

① 周伟民，唐玲玲.海南通史（明代卷）[M].北京：人民出版社，2017：145.

现。如"鱼鳞"（仙宾礁）、"牛车英"（牛车轮礁）等形象生动的俗称，不仅帮助渔民迅速辨别岛礁、确定航行位置，更蕴含着他们对海洋环境的深刻洞察与适应；"半路线"（半路礁）等则如同天然的航标，指引着航船穿梭于岛礁之间，确保了航行的顺畅与高效。而"无乜线"（无乜礁）、"咸舍"（咸舍屿）等俗称，更是渔民们根据长期的生产生活经验总结出的宝贵信息，直接指导着渔业生产的布局与生活决策的制定。

第四，《更路簿》，作为海南南海交通史与海上贸易史中的宝贵篇章，其非凡价值不言而喻。它不仅是南海渔民在我国南海海疆上辛勤耕耘西、南沙群岛的历史丰碑，更是海南渔民以独特的海南方言字为墨，融合文字与地图的非凡创意，精心绘制出的一幅幅自海南岛蜿蜒伸展至西沙、南沙等岛礁的专属航海画卷。这份举世无双的航海宝典，不仅见证了海南渔民对西沙、南沙群岛勇敢开拓与精心经营的辉煌历程，更是中华民族悠久海洋文明中的灿烂篇章，闪耀着智慧与勇气的光芒，为后世留下了宝贵的文化遗产与精神财富。

第五，《更路簿》，这座屹立于渔民心海中的导航灯塔，同时也是海南华人跨越重洋、追寻新的生活的历史桥梁，其深远意义超越了单纯的航行指引。海南华人出洋这一独特的社会历史洪流，不仅映射出不同历史时期国内外政治经济版图的深刻变迁，还细腻勾勒出海南岛内部社会动态画卷。据史学研究揭示，海南华人远渡重洋的壮丽征程，历经了四次波澜壮阔的高潮，每一次都紧密伴随着历史的重大节点——从鸦片战争后《南京条约》签订所开启的国门初启，到第二次鸦片战争结束后的时代剧变，再到国内革命战争风起云涌的动荡时期，直至20世纪二三十年代新加坡作为远东海空军基地的崛起，[1]海南华人以不屈不挠的精神，跨越时空的界限，书写着属于他们的传奇。

海南岛得天独厚的四面环海地理位置，如同自然赋予的金色航道，让出洋之路四通八达，探索方式多元而富有创意。从海口、广州等官方港口的正式启航，到渔船联帮间非传统路径的勇敢尝试，每一条航线都描画出海南人探索南海的坚定足迹。尤为值得称道的是，渔船在这一过程中扮演了至关重要的角色，它们不仅是货物与希望的运输者，更成为许多华人心中临时的"诺亚方

①（新加坡）韩山元.海南人出洋及新加坡海南社团特点的研究[M].海口：海南出版社，2002：42.

舟"，在出洋与归途间承载着生存的智慧、同乡的温情与对家的深切眷恋。

第六，《更路簿》的非凡价值，尤为体现在其作为中华民族历史拼图中的关键一环，与其他丰富多元的历史资料交相辉映，共同构筑起一座坚实且多维度的历史证据大厦。它不仅与中国古代典籍中的深邃智慧相衔接，与南海考古挖掘出的实物证据相呼应，还紧密融合了老船长们口述历史的生动记忆，这四者宛如历史长河中的不灭星辰，交相辉映，共同勾勒出一幅南海诸岛及其周边海域被中国人民早期发现、命名、持续开发经营并长久以来实施有效管辖的清晰历史画卷。这一综合性证据体系，不仅极大地丰富和深化了我们对这一地区历史演变的理解，更为我国在维护国家海洋权益的征程中，提供了无可辩驳的历史依据与坚实的法理支撑。

# 四、造船与市舶

## （一）造船业

中国古代水运工具的制造技艺高超且具有独创性。浮水葫芦的巧妙利用、扎制筏排的精湛工艺，以及烧刨独木舟的非凡技术，每一项都蕴含着令人叹为观止的匠心独运。尤为值得一提的是，宋代海南所创的缝合船技艺，已被《中国船谱》永载史册，苏轼的"番人舟不用铁钉，止以桄榔须缚之，以橄榄糖泥之，泥干甚坚，入水如漆"[①]之句，更是生动描绘了当时造船技艺的高超与独特。

东汉时期，伏波将军马援率领的庞大楼船舰队，多达200余艘，横渡南海，展现了汉代造船业雄厚的实力与非凡的创造力。《汉书·地理志》中的记载，更是揭示了古代中国船舶在远达异域时，与当地商船携手共促贸易繁荣的盛况，中国航海家与使者的足迹也因此遍布南海诸岛，引领着东南沿海渔

---

① 海南地方志办公室.海南省志·交通志[M].海口：海南出版社，2010：2.

民相继而至，开发居住，世代传承。

海南，得益于其得天独厚的地理位置与历史机遇，本土造船业自然而然地蓬勃发展，尤以"广船"船型为主，成为海上丝绸之路上的重要力量。姚燧在《家公家世庙碑》中写道："计征占城，诏使给粮仗，造舟海南，取得其宜，黎儋之民，劝趋之。"《元史》载：至元二十四年（1287年）九月己亥，湖广省臣言："海南琼州路安抚使陈仲达，南宁军总管谢有奎，延栏总管符庇成，以其私船百二十艘，黎兵千七百余人，助征交趾。"[1]这120艘私人建造的船只，从元代的建船工业发展情况来说是颇为可观的。又程文海在《海北海南道宣慰使马府君神道碑》中也说："寻拜……海南道宣慰使……又出新意，造大舰数十，号海哨马部。"这些记述，无不彰显着海南造船业在元代的兴盛景象，私人船只数量之多、规模之大，令人瞩目，更有大舰数十艘的壮举，被赋予了"海哨马部"的威名。

及至明代，海南造船业依旧保持着强劲的发展势头。崇祯十五年（1642年），海述祖在海口造的出海商船，"治一大船，三年乃成。首尾约二十八丈，桅高二十五丈"[2]，海口所造之出海商船，其规模之宏大、工艺之精湛，足见当时造船技术之高超。而白沙寨作为明代战船制造的重要基地，其严密的制度、充足的资源，以及严格的监督体系，确保了战船的坚固耐用与战守之利，为海防安全提供了坚实的保障。《琼州府志》有载："万历丁巳（1617年），道府会同参将详议，奉院批允，以后年例打造兵船，于白沙寨立厂，取材于本处地方，或转运于附近吴川等地方，以专其责。府为监督，而委官分理，至于价值，又不必妄希节省，拘执成例。估计大小船号通融增补，务在足敷材料、工匠诸费，期于造作坚厚，可为兵家战守之利而已。盖监视在府，则官无浮克，工无隋窳，打造于近地，则人免跋涉，船免驾回，而查点之规，胶舟之虞，自不至于贻戾也。"[3]

海南古代造船业不仅承载着丰富的历史文化内涵，更是中国古代航海文明与科技进步的生动写照。

---

[1]（明）宋濂，等.元史（卷十四）[M].北京：中华书局，1976：300.

[2]（清）纽秀.觚剩续编（卷二）[M].上海：上海古籍出版社，1991.

[3]（清）明谊，修.（清）张岳崧，纂.琼州府志（卷十七）[M].海口：海南出版社，2006：755.

## （二）市舶制度

海南在宋元之后，在推动海上交通与贸易方面具有独特地位，主要体现在官府对其船税征收与关口设置的机制方面。

宋代虽未正式在海南设立博易提举司，但过往船只已需缴纳税费，预示着海南作为海上丝绸之路重要枢纽的初步形成。进入元代，这一领域的制度建设得到了前所未有的重视。元世祖三十年（1293年）九月己丑，"立海北、海南博易提举司，税依市舶司例"①。海北、海南博易提举司的设立，标志着船税管理迈入新阶段，其税收标准参照市舶司执行，有效强化了船舶管理的规范性与效率。至大四年（1311年），海北、海南市舶提举司暂被废止，并实施了禁止下番船只的措施，反映出朝廷对海上贸易活动的阶段性调控。但仅隔数年，延祐元年（1314年），这一禁令便得到放宽，同时进行了重大改革，将管理职能整合至泉州、广东、庆元三地的市舶提举司之中，每司配备各级官员，形成了更为系统、高效的管理体系。此举虽将海南的海上交通与贸易管理权归于广东统辖，却也确保了海南作为关键节点的战略地位，其资源得以充分利用。

至于海北、海南市舶提举司的几度废立，其背后原因复杂而深远。《元史·成宗纪》所记：至元三十一年（1294年）十一月甲子，以湖南道宣慰使何伟为中书参知政事。罢海北、海南市舶提举司。壬申，立覆实司。而在《新元史·百官志》中也载及此事："至元二十二年（1285年）立市舶都转运司。二十五年，改海南博易市舶提举司。三十一年罢，后复置。至大四年（1311年），又罢。延祐三年（1316年），改立泉州、广东、庆元三所市舶提举司。"覆实司的设立，正是针对海南作为印度、阿拉伯、安南、占城等国与中国贸易往来的重要寄港地，旨在通过加强税收监管，有效遏制走私行为，确保税收的公平与有效征收。这一举措，不仅体现了元代政府对海上贸易的深入洞察与精细管理，也显示海南在促进中外经济文化交流中的核心作用与不可替代性。

---

① （明）宋濂，等.元史（卷十七）[M].北京：中华书局，1976：374.，

# 第七章

# 逐浪而去——南海与南洋

昔日辉煌之时，装饰着丝绸之绚烂、瓷器之精美、香药之芬芳的中国巨舶，悠然穿梭于繁华喧嚣的"海上丝绸之路"，满载着中国人无尽的憧憬与辉煌愿景。尽管浩瀚的大海潜藏着未知的恐惧与死亡的阴影，却未能阻挡统治者对财富累积与权力巅峰的渴望所带来的无尽满足与沉醉。

然而，世事如棋，局局皆新。正当东方古老文明沉浸于自我编织的帝国美梦中时，西方世界的"海上探险者"已悄然崛起，他们以坚船利炮为笔墨，对世界格局重新进行绘制，整个世界为之震颤，包括古老的东方国度。从昔日满载自信与"天朝"荣耀的"海上丝绸之路"贸易盛景，到后来迫于生计、漂泊海上的艰辛求生之路，海岛与南海，以它们千万年不变的椰影婆娑与波涛汹涌，默默记录着这段历程中的汗水、泪水与不屈。这是一场跨越时空的见证，诉说着文明碰撞下的坚韧与变迁。

## 一、帝国没落与南洋兴起

自古以来，中国民众跨越重洋，前往被明清时期称为"南洋"的广阔地域——这一称谓源自中国视角，涵盖了东南亚的诸多岛屿与半岛，如马来群岛、菲律宾群岛、印度尼西亚群岛，以及中南半岛沿海与马来半岛等地，展开了一幕幕波澜壮阔的迁徙与探索图景，史称"下南洋"或"走南洋"。

在伟大的航海家郑和七下西洋（其中前期航行实质为深入南洋地区，而西洋则泛指印度洋）的壮举之前，官员与百姓的南洋之旅尚属零星散落的个体或小范围行动。然而，自鸦片战争后，随着欧洲列强纷纷在南洋地区建立殖民统治，并积极招募华人参与开发，加之中国国内频发的动荡与变革，一场前所未有的海上移民浪潮即将来临。

尤其是明末以后，历经清朝至民国，中国民众出于务工谋生、经商求富乃至永久定居的多元动机，大规模涌向东南亚，其规模之宏大，不仅深刻改变了中国与东南亚的社会经济结构，更在更广泛的全球范围内产生了深远的影响，促进了文化的交融、经济的繁荣与人口的再分布。这一历史进程，不仅是中国人海上拓殖的血与泪的壮歌，也是世界移民史上的重要组成部分。

## （一）涨海，帝国新的家园

海南人南下南洋的悠久历史，其渊源可追溯至极为久远的时代，远早于汉唐盛世。早在这些辉煌朝代的曙光初现之前，便已有勇敢的航海者驾驶着简陋的船只，穿梭于东南亚的碧波万顷之间，进行着原始的以物易物的贸易交流。然而，那时的迁徙与定居并未形成显著规模，多数旅人仅是短暂停留，进行商贸交换后便返回故土，除非遭遇特殊情况，如身负罪责逃避法网，或是被当地异域风情与女子深情所羁绊，方有可能长久居留。

这一状况，实则映射了当时东南亚地区在经济、文化层面的相对落后，与中国大陆的繁荣昌盛形成了鲜明对比。直至唐代前后，随着航海技术的精进与海上丝绸之路的日益繁荣，海南与东南亚之间的往来才逐渐呈现出有组织、成规模的贸易态势，开启了双方经济文化交流的新篇章。

据《琼海县志》记载："邑人出洋，始于唐代。其时，从福建漳州、泉州、莆田和广东等地移居于邑境的一部分商人和渔民，因受不起天灾兵祸之苦，再次乘舟划楫，远渡重洋，移居于南洋群岛，为本县最早的出国华侨之一。"①唐代海南岛已经是南海中西航线之要冲。宋代海南是海上香料之路，茶叶、陶瓷之路的通道。元朝派黎兵去征讨安南，正德《琼台志》早有记载："至元二十四年（1287年）正月，讨安南，诏发江淮、江西、湖广、云南兵及海上四州黎兵万五千。"②这些出征的黎兵，应有人在当地留下。总而言之，明清之前，无论是商务或战争，出洋人数毕竟是少之又少，而且也不是家庭或个人行为。

自明代以后，草塘埠一带的渔民便频繁航行至西沙、南沙群岛，满载着鲜美海产与斑斓贝壳，远赴南洋寻求商机，部分渔民更随船流散于东南亚各地，以勤劳双手开辟新天地，出海定居之势渐成气候。

及至明末清初，风云变幻，农民军余部与抗清志士因不愿归顺清政府，纷纷踏上逃亡之路，东南亚成为他们避难的港湾，他们掀起了一股移民东南亚的浪潮。尤为值得一提的是，高、雷、廉三州将领陈上川、陈安平等人，率领麾下将士及眷属三千余人，驾战船五十余艘，抵达越南南部的湄公河三角洲，那里因此被亲切地称为"明乡"，用以铭记这段历史。而永历帝流亡缅甸期间，其随行官兵眷属亦散落四方，部分流落至暹罗（今泰国）及缅甸边陲，繁衍至今，成为桂家与敏家的先祖。

然而，东南亚真正成为华人移民热土的转折点，在于其沦为西方殖民地之后。随着殖民者的深入开发，矿产挖掘、橡胶种植等产业蓬勃发展，带动了经济全面繁荣，对劳动力的需求激增。在此背景下，南洋各国为吸引华工，推出诸多诱人政策，包括免费土地、临时居所、交通接驳乃至食物供给等，吸引了无数来自福建、广东、海南等中国南方省份的民众，他们或举家迁徙，或只身赴险，怀揣着对未来的无限憧憬与渴望，踏上了去往南洋的征途。

彼时，中国南方地区亦正面临人口爆炸与土地资源紧张的严峻挑战，尤其是海南岛北部的文昌、琼山、乐会等地，人多地少的矛盾尤为突出，人均耕地面积有限，加之自然灾害频发，生计维艰。在此背景下，那些曾

---

① 琼海市地方志编纂委员会.琼海县志（卷二三）[M].广州：广东科技出版社，1995：696.

② （明）唐胄.正德琼台志（卷二一）[M].海口：海南出版社，2004：474.

经被视为蛮荒之地的东南亚，却意外地成为许多中国人寻求生存与发展的新希望之地，历史的车轮悄然间完成了这一戏剧性的翻转。

## （二）南海与南洋

清王朝一统中华大地后，历经百余载的精心治理与经济重构，农业根基得以稳固，手工业技艺更加精湛，商业贸易亦渐趋繁盛。康熙、雍正、乾隆三朝，更被誉为清代封建社会的鼎盛时期，不仅国内政局稳定，且开创了前所未有的大一统多民族国家新纪元，成就了历史上赫赫有名的"康乾盛世"。这一时期，国家人口激增，蔚为壮观，却也悄然间催生了农村劳动力相对过剩的社会现象。

然而，与此同时，中国社会内部的资本主义萌芽却如同被巨石压制的幼苗，生长缓慢而艰难。这背后，既有封建地主阶级为维护既得利益而施加的沉重压迫，也有清政府实施的闭关锁国政策，极大地限制了与西方世界——正值资产阶级革命风起云涌之时——的交流与贸易往来，导致先进思想与技术输入的渠道被严重阻塞。此外，清初为巩固统治，特别是针对民间反清复明势力及台湾郑成功集团的顽强抵抗，清政府推行了严苛的"禁海"政策，进一步加剧了中国与世界发展潮流的脱节，使国家错失了与西方同步发展的宝贵机遇。

自顺治初年开始，清朝廷便颁布了一系列诏令，构筑起一道森严的海上长城，除特许持有官方执照者外，皆被严禁涉足海上贸易，以此锁闭了通往外界的海上通道。顺治十二年（1655年）六月，宁南靖寇大将军陈泰之谏言获朝廷批准，随之颁布的"严禁沿海省份，无许片帆入海，违者置重典"之铁令[①]，海禁与迁界之令的赫然施行，使沿海地区的商贸活动戛然而止，沿海地区陷入了前所未有的沉寂与萧条。

顺治十三年（1656年）六月十六日，清政府再度发力，重申并加固了海禁的铜墙铁壁："严禁商民船只，私自出海，有将粮物与逆贼贸易者，不

---

① （清）蒋亮骐.东华录（卷七）[M].济南：齐鲁书社，2005：109.

论官民，奏闻正法，货物入官。"①此令一出，犹如寒冰封海，彻底切断了商民私自出海的所有念想。严禁任何形式与"逆贼"之间的物资交流，任何触犯此律者，均将面临法律的严酷制裁，货物则悉数充公，这一系列举措，无疑将海禁政策推向了一个更为残酷的阶段。

清代的海禁政策，历经数十载的执行，不仅将台湾与海上诸国的民间商贸活动全面隔绝，连海南岛亦未能幸免。康熙元年（1662年），历史记载中更见沿海居民被迫向内陆迁徙五十里之遥的悲壮场景，而对于那些因故无法迁徙的贫苦百姓，朝廷虽给予了必要的赈济与援助，但这足以摧毁东南沿海的经济。

康熙二十二年（1683年）盛夏六月，水师提督施琅挥师东进，一举平定台湾，郑氏政权顺应时势，归降清政府，台湾自此重归中华版图，实现了国家的再度统一。

施琅深知开放海禁对于国家昌盛、海疆安宁的重要意义，因此在稳固台湾局势之后，他上疏朝廷，力陈开放海禁、促进通商以惠及国家之利。此议一出，立即得到了朝廷的高度认可。同时，随着西洋各国商人的纷纷请愿，开放海禁的呼声日益高涨。康熙二十三年（1684年），清政府顺应时势，颁布了一道具有历史意义的诏令，正式宣布解除长达数十年的海禁政策，这标志着中国与世界海上贸易的重新连接。

据《国朝柔远记》载："时沿海居民虽复业，尚禁商舶出洋互市，施琅等屡以为言。又荷兰以曾助剿郑氏，首请通市，许之。而大西洋诸国因荷兰得请，于是凡明以前未通中国，勤贸易而操海舶为生涯者，皆争趋，疆臣因请开海禁，设粤海、闽海、浙海、江海榷关四，于广州之澳门，福建之漳州，浙江之宁波府，江南之云台山，署吏以莅之。"开放海禁之后，雍正七年（1729年）又大开洋禁，凡康熙时设置而未解除的限制均予开放。《国朝柔远记》载："先是康熙中虽设海关，与大西洋互市尚严，南洋诸国商贩之禁，自安南外并禁止内地人民往贩。比因粤、闽、浙各疆臣以弛禁奏请，是年遂大开洋禁。"

在严厉海禁的重重枷锁之下，民间贸易仅能在承载贡品远航归来的异

---

① 章开沅.清通鉴（1）[M].长沙：岳麓书社，2000：355.

国商船间进行有限交流。随着海禁的枷锁轰然断裂，一场波澜壮阔的经济变革悄然席卷而来，任何符合官方认可并恪守律法框架的个人与团体，均被赋予了自由航行的贸易权利，这一历史性的转折点，标志着中华大地的门户向世界商贾豁然洞开，引来外洋商船如织，他们竞相驶向这片古老而又焕发新生的热土。

乾隆三年（1738年），中国的海岸线已迎来了前所未有的繁华景象，多达23艘的外国商船乘风破浪而至，它们来自葡萄牙、西班牙、法国、荷兰、瑞典、丹麦以及英国。其中，英国东印度公司更是凭借其雄厚的资本与高超的贸易策略，独领风骚，享有贸易特权。

"开海贸易"的次年，即康熙二十四年（1685年），清政府赋予了广东、福建、浙江、江苏四省沿海区域通商口岸的新身份，广州、漳州、宁波、上海等城市相继设立海关，而后历史的洪流逐渐汇聚到广东广州港。乾隆二十四年（1759年）始，直至鸦片战争前夕，广州港以其不可撼动的地位，见证了中外贸易的鼎盛时期，它不仅是商品的集散地，更是东西方经济文化交流与融合的桥梁，连接着过去与未来，东方与西方。

在广东辽阔的海疆内，粤海关设立了总口制度，在海南设立了海口总口及其分口。海口总口及其分口，不仅调控着海南商人与南洋地区的贸易往来，还肩负起海南与广东乃至大陆沿海各地贸易货物进出口的监管重任。这一时期，海口内外贸易活动空前活跃，来自浙江、江苏、福建、广西、广东等地的商人不断涌入，他们与海南本土商人共同经营着繁荣的商业网络。

为了更有效地捍卫自身权益并促进商业互动的深化，岛内外的商贾精英们纷纷携手，创立了诸如五邑会馆、潮州会馆、高州会馆、福建会馆、兴潮会馆及漳泉会馆等一系列商会组织，这些商会的涌现，成为那个时代商贸繁荣的见证。其中，漳泉会馆与兴潮会馆在海口的商业版图上尤为耀眼，它们精心布局，统辖着近四百家店铺，其规模与影响力之巨，令人瞩目。这些商会馆的崛起，极大地增强了商人间的凝聚力与合作精神。

清道光年间（1821—1850年），海口的商业图景更是发生了翻天覆地的变化，店铺数量相较于明代时期激增了十倍之多，仿佛一夜之间绽放的繁花。城区的街道也随之扩张，多达二十五条，纵横交错，热闹非凡。市井之中，商贾往来不绝，人声鼎沸，烟火气息浓厚至极，呈现出一幅"商贾络绎如织，市井烟火稠密"的繁荣景象。

海口港，这一重要的交通枢纽，更是成为海南进出口贸易的重要商埠。其进出口货物种类繁多，一派"商贾络绎，烟火稠密"的盛况；从"往省高雷廉货"到"进出口省货"，从"往江坪（门）榔青货"到"海北来豆子"①，无不显示出海口进出贸易的兴旺与发达。

清代，海口每年吸引着来自浙江、福建等地的商贾巨轮，满载着中华大地的丰富物产，破浪前行至日本及更远的海上诸国。与此同时，海口本土的对外贸易亦是如火如荼，市集繁华，商贾纷至沓来。从海口出发驶向暹罗（今泰国）的民船络绎不绝，年度统计逾40艘；通往交趾支那南部（即今越南南部）的航路亦是繁忙，年均25艘商船穿梭其间；而通往东京（现越南北部）及交趾北部的航线更是热闹非凡，船只数量高达50艘，其中不乏大吨位商舶，载重量可达159吨之巨。

尽管从现代视角审视，这些船只所承载的国际贸易规模或显有限，但在当时，其庞大的数量无疑是对海口对外贸易活跃度与频繁度的生动注解，证明了这座海边商埠在国际贸易舞台上的重要地位。

道光年间编纂的《琼州府志》，详细记载了康熙五十六年（1717年）的一次重大政策转向："康熙五十六年（1717年），申严洋禁，商船不许私往南洋贸易；有偷往潜留外国之人，督抚大吏行知外国，令解回正法。再奉旨五十六年以前出洋之人，准其载回原籍。"②这段记载，不仅深刻反映了当时政府对海上贸易的严密管控与审慎态度，也微妙地透露出朝廷对于海上华侨的复杂情感及政策上的微妙调整，既有维护国家安全的坚定决心，也不乏对海上游子的关怀与考量。

然而，当历史的笔触轻转至道光四年（1824年），《琼州府志》中却勾勒出一幅截然不同的凄凉画卷："道光四年（1824年）四月，星入月宫，郡属旱、虫、大饥。自道光三年（1823年）九月至道光四年（1824年）八月，

---

① 海口市地方史志编纂委员会.海口市志（上册）[M].北京：方志出版社，2004：9.
② （清）明谊，修.（清）张岳崧，纂.琼州府志（卷四二）[M].海口：海南出版社，2006：1897.

郡属久遭旱灾，蝗虫漫天遍野，所过禾麦一空，饿殍载道，鬻男女渡海者以万计。"此番记载，深刻揭露了清朝中后期海南地区在自然力量面前的脆弱不堪，以及民众在生存边缘挣扎的辛酸与无奈。

综观全局，西方商船的频繁往来于广东与海南之间，无疑为东南亚地区的贸易繁荣与文化交融铺设了宽广的桥梁，为海南乃至整个南方地区带来了前所未有的发展机遇。然而，这一繁荣的背后，也暗藏着隐忧——南方人口的急剧膨胀，悄然间为自然灾害的应对能力埋下了隐患，使得每一次天灾人祸都如同巨石投入静水，激起层层波澜，加剧了社会的动荡与不安。人口的外溢现象，在风雨飘摇中更显悲壮，它不仅是生存压力的直观体现，也仿佛是时代巨轮转动前的一声沉重叹息，预示着即将席卷而来的深刻社会变革与转型。

# 二、南海，南洋

从清代海禁政策的逐步松绑，直至西方列强铁蹄无情地践踏中华大地，中国广袤的海疆实则已处于一种半开放、防御薄弱的即将崩溃的境地，犹如一扇未加锁扣的门户，任由外界风雨肆意侵袭。在此期间，西方殖民势力在明目张胆的武力征服之前，已悄然以"殖民贸易"为幌子，对清朝展开了试探性的渗透与侵袭，其贪婪的触角首先伸向了广东沿海及海南岛等战略重地。

海南岛，自然而然地成为列强竞相争夺的焦点。其北部重镇琼州（今海口市），依托南渡江的天然优势，成为区域贸易的枢纽与心脏；而南部的崖州（今三亚市），则以另一番繁华景象，吸引着四方商贾纷至沓来，港口热闹非凡。海南岛不仅与交趾（今越南）、暹罗（今泰国）等地维持着紧密无间的商贸往来，更凭借其得天独厚的地理位置，每年一月，数十艘帆船借助季风之力，自海南扬帆起航，直抵曼谷，搭建起连接中南亚海上贸易的坚固桥梁。

自18世纪海禁政策放宽以来，海南岛迅速崛起为中南亚海域贸易的中转站与集散地。海船穿梭其间，无不将海南视为理想的避风良港与物资补给地，其战略地位与经济价值之重要，不言而喻。因此，海南岛不可避免地成为列强觊觎中国、企图瓜分领土、掠夺资源的必争之地，其命运与国家的兴衰荣辱紧密相连。

## （一）口岸开放与海上移民

1840年，随着第一次鸦片战争的硝烟逐渐消散，清政府被迫在英帝国的炮火下屈服，签订了《南京条约》，这一历史悲剧标志着中国近代史上的屈辱岁月的开端。1858年，第二次鸦片战争的风暴再次席卷而来，清政府再次遭受重创，随后与英国、法国签订了《天津条约》，海口成为新辟的十大对外通商口岸之一。

咸丰十年（1860年），英法联军攻陷北京，清政府再度陷入绝境，不仅与英、法两国签订了《北京条约》，更正式确认了《中英天津条约》与《中法天津条约》的法律效力，进一步拓宽了列强在华的贸易特权与影响力，琼州亦未能幸免。

《中英天津条约》开篇即明确指出："广州、福州、厦门、宁波、上海五处，已有《江宁条约》旧准通商外，即在牛庄、登州、台湾、潮州、琼州等府城口，嗣后皆准英商办可任意与无论何人买卖，船货随时往来。至于听便居住、赁房、买屋，租地起造礼拜堂、医院、坟茔等事，并另有取益防损诸节，悉照已通商五口无异。"此条款无疑为列强深入中国内地打开了方便之门，使之加深了对中国经济的渗透与控制。

至同治十年（1871年）岁末，俄国与英国相继提出将琼州开辟为商埠的请求，均获清政府批准，这标志着琼州正式向国际社会敞开了更广阔的大门。自光绪元年（1875年）起，包括英国在内的十国纷至沓来，在琼州设立领事馆。外国领事的入驻，不仅是海口作为国际通商口岸地位的官方确认，更是外国势力在海南岛日益渗透与扩张的明证，预示着这片土地即将经历更为复杂多变的历史变迁。

光绪年间，琼州口岸成为海防防御部署的焦点所在。面对列强贪婪的目光与日益加剧的觊觎之心，清政府虽已痛定思痛，加强了该地区的防务体系，诸如增设水雷防线以增强海域安全，广募英勇之士以壮军威，然而，这些努力在列强坚船利炮的威胁下，仍旧显得力不从心，难以彻底遏制强盗们贪婪无度的扩张野心。光绪十年（1884年）四月，办理广东防务兵部尚书彭玉麟等奏，琼州孤悬巨浸，为彼族所垂涎。已多备水雷，添募壮勇。[1]光绪十二年（1886年）十月，议琼州口岸。[2]光绪十五年（1889年），法船驶进琼州所属崖州东百里之榆林港测探水道，上岸钉桩插标，阻之。[3]光绪二十三年（1897年），"法要求琼州不割让租借于他国，许之"。同治十年（1871年）十二月，"美请援例开琼州商埠"。

回顾此段历史，自鸦片战争以来，海南岛便成为俄罗斯、英国、美国、法国等列强竞相窥伺的宝地。然而，随着列强领事的相继入驻，海南岛虽历经经济社会的深刻蜕变，却并未全然落入殖民统治的既定框架，展现出顽强的生命力与不屈的韧性。在历史的洪流中，矛盾与冲突非但没有成为发展的桎梏，反而化作了推动变革的强劲动力。海口市的商业活动虽饱受冲击，却意外地成为海南人向东南亚迁徙的启航站，他们怀揣梦想，跨越重洋，书写了一部充满挑战与机遇的海上奋斗史。

鸦片战争之后，坚船利炮的轰鸣不仅打破了中国的宁静，也迫使古老帝国的大门向外界敞开。咸丰十年（1860年），《中英北京条约》的签订，标志着清政府政策的一次重大转向，正式赋予了民众自由出洋的权利，这是中国海上移民史上一个具有里程碑意义的时刻，预示着新的海上移民时代的到来。随后，同治五年（1866年），恭亲王奕訢与英法两国驻京公使签订《沿海各省招工章程二十二款》，其核心条款——"中国政府，允许华工自由出洋"的颁布，催生了沿海地区民众纷纷踏上异国他乡的淘金之旅，形成了一股前所未有的海上移民浪潮。

《中英北京条约》的签订，标志着自康熙朝以来严苛的"海禁"与"迁界"政策被彻底颠覆，长久以来漂泊海上的华人终于挣脱了"解回立斩"的沉重枷锁，迎来了自由迁徙的时期。福建、广东及海南，尤其是海南岛，这

① （清）世续，监修.（清）陈宝琛，（清）朱汝珍，等编纂.王钟翰，等点校.德宗景皇帝实录（卷一〇六）[M].北京：中华书局，1987：917.
② 赵尔巽.清史稿（卷一五四）[M].北京：中华书局，1986：4535.
③ 赵尔巽.清史稿（卷一五五）[M].北京：中华书局，1986：4570.

一曾经的移民避风港，转身成为国家对外开放的最前沿，昔日的流放之地蜕变为人口流动与文化传播的重要枢纽。

海口，作为新兴的通商口岸，其门户的豁然洞开不仅促进了贸易的空前繁荣，更在东南亚劳动力市场的迫切需求下，为无数海南儿女打开了一条通往海上的谋生和求富之路。这股移民浪潮势不可挡，席卷海南全岛，从繁华市井到偏远乡野，无一不感受到这股时代洪流的强烈脉动。据新加坡1881年的人口统计，琼州籍移民多达8300余人，尤以文昌、会同、乐会等地为众，而暹罗、安南、马六甲、槟城等南洋各地，也处处可见海南移民勤劳的身影。

此时，众多出洋者背负着生活的重压，怀揣着对故土的深情与对未知世界的向往，背井离乡。他们乘坐简陋的帆船，穿越东京湾的惊涛骇浪，沿着印度支那漫长的海岸线，历经数十日乃至月余的艰难航行，最终抵达新加坡、马六甲等南洋乐土。然而，这条通往梦想的航路布满荆棘，无数人在恶劣的天气中遭遇不测，葬身鱼腹。

咸丰八年（1858年），琼海琼剧班的艺术足迹跨越重洋，首次到达东南亚，名旦李凤兰，作为首位女性艺术家远赴异国演出，不仅将家乡的戏曲献给当地华人社会，更勇敢地开启了女性海上移民的新纪元，激励了无数后来者。①自此，女性的身影愈发频繁地出现在海上移民的行列中。

同年五月，《天津条约》的签订，标志着海口正式成为清政府对外开放的通商口岸，恰逢东南亚地区英、荷、法等殖民地的经济蓬勃发展，锡矿业、橡胶业等新兴产业如雨后春笋般涌现，对廉价劳动力的需求急剧增加。从垦荒拓土到筑路开矿，从城市建设到工厂运营，每一个角落都流淌着劳动者的血汗与泪水。商业的繁荣更是为赴南洋谋生的华人提供了广阔舞台，他们不再为生计发愁，工作机会与商业机遇并存。

《文昌县志》载："1858年5月，清政府与英、法分别签订《天津条约》，海口辟为对外通商口岸。其时东南亚英、荷、法殖民者正大搞开发，锡矿业和橡胶业急剧发展，垦荒、筑路、开矿、掘河，建城市、设工厂，都需

---

① 琼海市地方志编纂委员会.琼海县志（卷二三）[M].广州：广东科技出版社，1995：696.

要大量廉价劳动力。商业也随之发达，去南洋者不愁无工做、无业就。在这样的背景下，大批贫苦的文昌人到南洋谋生，并通过同乡宗亲关系，互相携带，人数逐年增加。据有关资料统计，从1876年至1898年的23年间，仅通过客运出洋的琼侨人数就达24.47万人左右，平均每年1万人有余，最多的年份竟达2万余人，其中文昌人占半数以上，几乎都是青壮年劳动力。他们多从清澜、铺前乘三桅帆船于冬至前后启程，趁北风之势，随波漂流一个月左右，方抵越、泰、马、星等地。两港每年对开十余艘，每艘乘客百数十人。"①

清朝末年，时局风雨飘摇，政局深陷动荡漩涡，战祸连绵不绝，加之天灾频发，民生凋敝，百姓生活陷入前所未有的困境之中。在此背景下，海南岛上的青壮年男性纷纷踏上远洋之路，寻求生计，这股迁徙浪潮非但未减，反而愈演愈烈。

光绪年间所纂的《临高县志》也深刻地记载了壬寅（1902年）、癸卯（1903年）这两年间令人心碎的惨象。②彼时，无情的大旱如恶魔般连续两年肆虐临高大地。田间地头，无论是高处的山田，还是低洼的水田，禾苗皆在烈日的炙烤下日渐枯萎，最终竟无一粒粮食能够收获。在南方的多文、龙波、和舍等市镇区域，情况稍好，尚有稻谷勉强维持生计。然而，最为凄惨的，当属从城厢向东西北方向延伸出去，各四五十里范围内的乡村。饥馑如同汹涌的潮水，一波又一波地袭来。百姓们食不果腹，连一日两餐都成了奢望。为了生存，有人忍痛卖妻鬻子，背井离乡，踏上艰难的谋生之路。他们有的前往别的县城，期望能寻得一线生机；有的远渡重洋，奔赴番邦，只为了一口吃食。曾经热闹的村落，变得冷冷清清，放眼望去，尽是荒烟蔓草。整个临高境内，这般衰败的景象映入眼帘，无不令人痛心疾首，眼眶湿润。

以新加坡为例，自1902年至1911年这十年间，琼海关的统计数据揭示了海南人出洋的空前高涨，年均出洋人数轻松跨越万人大关，而在这一时

① 文昌市地方志编纂委员会.文昌县志（第十七编）[M].北京：方志出版社，2000：491.

② （清）聂缉庆，（清）张延，主修.（清）桂文炽，（清）汪瑔，纂修.光绪临高县志（卷三）[M].海口：海南出版社，2004：82.

期的尾声，更是迎来了移民潮的巅峰，最后两年更是分别跃升至惊人的2.8万与3.24万人次，显现了海上移民热情的空前高涨。

与此同时，泰国与越南亦步亦趋，展现出与新加坡相似的移民趋势，彰显了整个东南亚地区对海南移民的强大吸引力。作为关键的交通枢纽，海口在此间发挥了不可估量的作用，它与曼谷、新加坡等南洋商贸重镇建立了直接的洋轮航线，尤其是春夏两季，航线繁忙，每月往返多达两三次，无论是搭载千余人的巨轮，还是容纳三四百乃至五六百人的中小型船只，载客几为饱和，其乘客多以文昌籍为主，他们怀揣梦想，乘风破浪，奔赴南洋。

纵观清代历史，海南人民向东南亚乃至全球的迁徙浪潮，无疑是资本主义在全球迅猛发展的缩影。整个清代，全球正处于西方工业化与现代化进程的快速通道上，对劳动力的迫切需求如同磁石般吸引着远方的劳动力资源，海南的海上移民潮在此背景下顺势而起，成为历史变迁的生动注脚。

此次人口迁徙的驱动力，源自人口激增与资源枯竭的双重挤压。历代内陆人口的持续涌入，尤其是文昌、琼海等沿海地带的人口密集化，使得这片土地不堪重负，土地资源变得既稀缺又贫瘠，生存空间日益逼仄。张之洞在其电牍中疾呼："文昌地隘人稠，每年出洋趁工者甚多。"[1]他进一步指出："文昌田少，出洋者众，若果官为劝谕，不出乡而得恒产，民何惮而不为？"陈铭枢则在《海南岛志》中深刻剖析了文昌的困境：地势平坦却土地贫瘠，加之黎族已迁，内陆移民蜂拥而至，加剧了资源分配的不均衡，迫使民众踏上异乡求生的征途。

其次，海南移民潮的涌动，更是苛政重税与自然灾害双重压迫下的悲壮抉择。民众在生存危机面前，展现出惊人的毅力与勇气，自愿选择背井离乡，以血肉之躯换取异国的温饱，这一过程中蕴含着对命运的不屈抗争与对生存的顽强追求。

再者，海南岛得天独厚的地理位置，成为连接中国与东南亚的黄金水道，其海上交通的便利性，不仅促进了商贸的繁荣，也为人员流动提供了极大的便捷。尤其是海口作为通商口岸的开辟，更是加速了这一进程，使

---

[1]（清）张之洞.张文襄公全集（卷一二九）[M].北京：中国书店，1990：292.

之成为海南华工走向世界的重要门户。然而，这也为殖民势力的渗透与剥削提供了可乘之机，如"昌利"号事件〔光绪三十三年（1907年）正月十一日，一艘名为"昌利"号的船，载250余名华工，由文昌县缝头村偷运出去，其中有幼童16名〕所揭示的，部分华工在生存压力下甚至遭受非法贩运的苦难。

最后，移民网络与社会关系的强大推力。自明清以来，福建、广东沿海地区的移民潮已构筑起一张庞大的海上网络，海南人在此基础上，借助亲缘、地缘的紧密联结，形成了强大的海上支持体系。这种基于深厚情感与共同利益的纽带，不仅为先行者提供了庇护与指引，也激励着后来者勇往直前，踏上南洋的寻梦之旅。因此，海南沿海的移民潮，实则是一部由个人命运、社会力量与历史契机交织而成的时代悲壮史诗。

基于上述特征，鸦片战争至辛亥年间的海南，不幸成为"苦力贸易"悲剧的核心舞台，这一进程实则是劳动力被无情压榨与贩卖的控诉。在此期间，两种极具代表性的"契约"机制悄然浮现，其本质是对人性尊严的极大践踏：其一，由外资企业操纵的招工模式，迫使中国民众在信息不对称与权利不对等的背景下，签订冰冷的契约，其中明文规定了招募细节、工作性质、服务年限、薪资额度乃至预付工资的数额，实则是对劳工自由与权益的彻底剥夺；其二，则是以"赊单工"之名行剥削之实的船票借贷制度，看似合理的借贷安排，实则是将劳工推向了更为深重的债务陷阱。①

这些契约，表面上是双方"自愿"的产物，实则如同精致的谎言，掩盖着非自愿与压迫的真相。契约的订立与执行之间，横亘着一条难以逾越的鸿沟，无数劳工的梦想与希望被无情地扭曲，契约本身也成为变相的强制手段，揭露了"苦力贸易"背后赤裸裸的劳动力贩卖与剥削本质。

在这场悲怆的迁徙洪流中，海南的契约华工如同被贩卖的商品，远渡重洋，散落至东南亚的每一个角落。作为先驱者，他们在异国他乡默默承受着繁重的劳作，不少人在无尽的艰辛中黯然离世，但亦有幸运者，凭借不屈不挠的精神与非凡的努力，在海上闯出了一片天地，成为华侨中的佼佼者。这些长期旅居海上的移民，不仅为自己赢得了尊重与地位，更以跨

---

① 葛剑雄.中国移民史（第六卷）[M].福州：福建人民出版社，1997：521.

越重洋的汇款，为海南岛的家乡带去了宝贵的经济支援，他们的每一分贡献，都如同涓涓细流，汇聚成推动海南岛发展建设的磅礴力量，为家乡的未来作出他们的贡献。

琼州口岸自其初启之始，并未曾设立专事客运的客轮，那些不幸卷入"苦力贸易"漩涡的华工，不得不依附于货船之腹，穿梭于国境之间。自鸦片战争硝烟散尽至清王朝风雨飘摇的末年，海南海域的客运需求随着海上移民潮的汹涌澎湃而急剧增长，客运量如同潮水般不断攀升。

1882年，海口迎来了历史性的转折，两座由外国商行开办的航运机构在此落户生根，正式揭开了海口港与新加坡、曼谷之间客运服务的业务。次年，海口与新加坡之间的航线正式开通，两地间旅客往来日益频繁。至1887年，随着暹罗（今泰国）对劳动力的需求日趋高涨，海南至曼谷的航线成为新的增长点。旅客数量从最初的寥寥千余，到1894年已激增至六千之众，展现了惊人的增长态势。与此同时，前往新加坡的劳工队伍也蔚为壮观，达到了7531人的规模。尤为值得关注的是，1902年至1911年间，海南岛遭遇了前所未有的粮食短缺等严峻挑战，这迫使无数民众将目光投向了遥远的海上，踏上了寻觅生机的路途。在这动荡不安的十年里，海南至新加坡的出境旅客数量竟高达171 004人，而前往曼谷的旅客亦达到了76 487人之多。[①]

深入分析琼州口岸的进出境旅客统计数据，可以清晰地捕捉到光绪年间（1875—1908）这一历史阶段内，口岸出入境人数所展现出的持续且显著的增长趋势。在这股浪潮中，海南籍移民的身影尤为醒目，他们怀揣着对未来的憧憬与梦想，踏上了前往南洋的未知之路。

琼州海关1904年发布的报告中指出，1876年至1902年间海口至南洋等地区旅客运输量呈现暴涨态势。该报告还指出，自光绪二年（1876年）口岸初启之时起，旅客流动量便逐年攀升。开埠首年，在短短的九个月内，搭乘洋船出入境的华人尚不足三千之数。然而，仅仅数载之后，便发生了翻天覆地的变化。光绪八年（1882年），出入境华人数量已激增至近一万一千之众，呈现高速增长态势。此后，这一趋势非但没有减缓，反而

---

① 周伟民，唐玲玲.海南通史（清代卷）[M].北京：人民出版社，2017：416.

愈发强烈，光绪十一年（1885年）更是轻松跨越两万四千人大关，光绪十四年（1888年）则进一步跃升至三万一千人左右。此后十年间人数节节攀升，至光绪二十三年（1897年）已达三万五千余人的新高度。及至光绪二十八年（1902年），这一数字更是达到惊人的四万五千人。这一现象的背后，是载客轮船技术的日益成熟与服务的不断提升，为旅客提供了更为便捷舒适的远航体验；同时，相对合理的票价，也吸引了更多人选择乘船远行。①

然而，这些记录与报告所揭示的远不止此。它们还深刻地反映了西方殖民者对东南亚地区的疯狂开发与掠夺所引发的劳工需求激增的现实；同时，也映射出晚清政府腐败无能、民不聊生的时代背景下，民众为求生计而被迫背井离乡、远赴海上的辛酸与无奈。

## （二）国弱民自强

自光绪末年起，众多远涉重洋的移民，凭借不懈的拼搏与坚韧不拔之志，已从昔日艰辛的劳工阶层成为坐拥丰厚资产的商界翘楚。这些散布于世界各地的华商，虽远离故土万里之遥，却心怀桑梓，鼎力支持家乡的建设与发展，更有众多志士仁人踏上归途，携资归国，兴办实业，为风雨飘摇的祖国经济发展贡献个人绵薄之力。此等义举，对于当时正处于内忧外患之中的清朝政府而言，无异于荒漠中的甘霖，极大地纾解了国家财政之困与社会发展之压。

鉴于此情此景，朝中一批具有远见卓识的朝臣与士人，纷纷向朝廷进言，强烈主张将过往对海上移民的种种束缚与禁令，转变为积极鼓励与保护的政策。他们深刻意识到，这不仅是对海上华人拳拳爱国之心的真诚回应，更是顺应历史潮流，促进国内外经济互动，增强国力的重要举措。这一倡议的提出，标志着晚晴政府在对待海上移民及华商群体问题上实现了历史性的观念转变。

光绪十二年（1886年），张之洞携手张荫桓，向德宗皇帝（爱新觉

---

① 苏云峰.海南历史论文集[M].海口：海南出版社，2002：198.

罗·载滢）上奏折，恳请于海上设立领事馆，以切实维护侨商之权益。奏章中深情阐述："中华人民散处外洋各埠，略分工、商两途，百年以来生聚日盛，虽侨居异域而频年捐赈、捐饷，不忘本源，深堪嘉尚。特以谋食他方，漫无统属，不免为他族欺虐。大约海上各国之待华人情形，虽不一致而意存畛域，则一有官申理则共庆来苏，无所控告则苛虐殊甚。"张之洞等深谙海上华人对我中华之裨益，力陈设立保护机构之必要性，并细算一笔经济账："综计诸洋华民数逾百万，除世居海上及孤身出洋者约十之八，有家属通音问者约十之二，尚有二十万人，每年寄家少者数十，多者千百，酌中牵算，人以百元为率，亦有二千万元，为银一千数百万两。果能保护无虞，其获利回华者，复能谕禁乡邻吏胥不得讹诈，从此声息常通，不忘归计，日推日旺，实为中国无形之益。若化外视之，则沿海各省华民生机日蹙，甚非中国之利也。"鉴于此，他们郑重建议："南洋各岛，特派使臣遴员分驻……请特派使臣，办事仍由使臣遴择妥员为领事官分驻各岛，益昭慎重"。①

随着清政府的正式批准，各国领事馆及其使臣肩负起了保护侨民权益的重任，将这一重大决策迅速付诸实践。于是，从英属新加坡港口的贸易繁忙到旧金山淘金潮的狂热涌动，再到日本长崎商贸往来的络绎不绝，乃至英属香港作为国际枢纽的显赫地位，领事馆如雨后春笋般遍布世界各地，它们尽力执行护侨政策，为远离故土的华侨们构建起生命与财产安全的屏障。

与此同时，南洋诸国锡矿与橡胶产业的蓬勃兴起，如同巨大的磁场，强烈吸引着无数寻求新生活的华人，为他们开辟了一条通往海上、追逐梦想的生存与谋富之道。这股浪潮极大地激发了海南岛沿海民众的勇气与决心，他们纷纷扬帆起航，踏上了一段既充满希望又满是挑战的南洋之旅。至光绪末年，琼州口岸的出境人数已激增至45 831人。

在这场跨越重洋的迁徙中，海南人民不仅展现了对生命极限的勇敢跨越，更在内心深处默默承受着对故土深情的无奈割舍。在南海之惊涛骇浪上，他们除了将希望寄托于信仰中的天后娘娘外，更在抵达新家园后，自

---

① （清）张之洞.张文襄公全集（卷十五）[M].北京：中国书店，1990：316-317.

发组织起海南会馆，这些会馆如暗夜中明亮的星，为漂泊异乡的海南人提供了坚实的依靠和家的温情，让后来者能够少走弯路，更快地在这片陌生的土地上生根发芽。

以马来西亚及新加坡（1965年前为马来西亚联邦的一部分）的海南会馆为例，它们不仅是海南文化在海上传承与发扬的重要阵地，更是海南移民团结一心、共渡难关的精神家园。这些会馆见证了海南人民在海上奋斗的艰辛历程与辉煌成就，成为连接故土与异乡、过去与未来的桥梁。

在马来西亚建立的海南会馆：[①]

（1）马六甲海南会馆，创立于清同治八年（1869年），发起人是黄仕进。

（2）太平琼州会馆，雏形自同治八年（1869年），至光绪七年（1881年），由潘光精、邢尚义、陈道山、邢凤仙、林天胜、苏家昌、陈继炳、陈振昌、林树杰、陈振祥、卢奂若、高士达等发起，建会所于敏律。

（3）槟城海南会馆的创立年份，因年代遥远，殊乏史籍以为考据。馆中现存"莫不尊亲"额为最古，乃为同治九年（1870年）之遗物。

（4）古晋海南公会，创立于光绪十一年（1885年），先是天后庙，后为琼侨公所，最后为琼州公会。

（5）麻坡海南会馆，创立于1882年5月21日，由陈文义倡组。

（6）新山琼州会馆，创立于光绪九年（1883年），继后由黄德仁、谢士轩等发起劝募捐款购置馆址。

（7）雪兰莪琼州会馆，创立于光绪十五年（1889年），由叶勇（又名叶荣）联合同乡创立。初称琼府会馆，至1918年始正名为琼州会馆，1991年更名为雪隆海南会馆。

（8）巴生海南会馆，创立于1894年，由陈德万、陈文秀、龙道仁等倡组。

（9）吉玻海南会馆，创立于光绪年间，迄今已逾百年之久，由曾桂、云大裕等发起创设，初称吉礁琼州会馆，至1972年始改称吉玻琼州会馆。

（10）安顺琼州会馆，创立于光绪二十一年（1895年），前身为隆邦馆，由李其仁、苏志东、云逢创诸先贤出钱购置馆所。

---

① 吴华.马新海南族群史料汇编.马来西亚海南会馆联合会，1999：40-42.

（11）永平海南会馆，创立于光绪二十六年（1900年）左右，由陈书汉等发起。

（12）东甲海南会馆，创立年代及倡建人已无可考。据老人口述，也在光绪二十六年（1900年）左右。

（13）淡边柔河琼州会馆，创立于光绪二十八年（1902年），创立人为郭巨川、林义甫等。

（14）关丹海南会馆，创设已百年之久，由潘昌桂提供馆址，王三职、史锦璋、史贝璋等负责捐款兴建。

（15）甘马仕琼州会馆，创立于光绪三十二年（1906年），由符朝炳发起创立。

（16）吉兰丹海南会馆，创立年份及倡建人均无记载，但据徐道玖老先生口述，光绪三十二年（1906年），已由符和泰、龙有源、张廷兰等在道北海边椰园创设琼州会馆。

（17）峇株海南会馆，创立于宣统二年（1910年），由龙逢时、龙其昌等筹建。

（18）林明琼州会馆，创立于宣统二年（1910年），由王三积、吴称珍等筹建。

（19）北加琼州会馆，创立人及倡建者已无可考，据黄邦栋老先生口述，宣统二年（1910年）由黄宗星、尤劭能等创建。

（20）浮罗交怡琼州会馆，创立经过已无可考，但据唐书悦老先生口述，1915年时会馆已存在，据他估计，会馆创立大约在1910年前后。

（21）丰盛港海南会馆，创立于宣统三年（1911年），由韩居丰发起建立。

新加坡，1965年从马来西亚独立出来，而其建埠，则可远至嘉庆二十四年（1819年），彼时新加坡初启商埠之门，便如同磁石般吸引着世界各地的逐富之人。其中，华人群体尤为显著，他们源源不断地从广东与福建漳泉等地迁徙而来，成为这片土地上最早的开拓者。值得关注的是，琼州群体虽稍晚于道光三十年（1850年），后方形成较大规模的迁徙潮，但他们的到来无疑也成为新加坡多元文化的重要组成部分。

道光四年（1824年），新加坡首次进行了系统性的户口记录统计，当时全埠总人口已达10 683人，而在这其中，华人便占据了3 317席，且以粤籍与闽籍人士为两大主流。至光绪七年（1881年），新加坡开始详细区分并记录各籍贯华人的数量。此时，琼籍华人正式进入官方统计之中，其人数为8 319名。此后的数十年间，直至宣统三年（1911年），琼籍华人的数量增长至10 504人。尽管琼籍人士在新加坡人口数量上占有一席之地，但在经济领域，相较于福、潮、粤、客等其他族群，他们往往显得更为朴实与坚韧，面临着更多的挑战与机遇。

依据韩槐准考证所载，道光十年（1830年）之春，帆船已自海南岛扬帆起航，穿越碧波万顷，驶向槟城，开启了商贸交流。而林崇仁先生，作为首位有明确史料记载抵达新加坡的海南籍先驱，于1841年踏上了这片充满机遇与挑战的土地，其足迹成为琼籍社群在新加坡发展历程中的标志。岁月流转，琼籍社群在新加坡的根系日益深厚。光绪十三年（1887年），符氏社在韩亚二与王志德的共同努力下成立，标志着琼籍社群组织化、团结化的新起点。随后，光绪二十六年（1900年），韩氏祠落成，成为琼人缅怀先祖、凝聚乡情的精神家园。宣统二年（1910年），琼崖黄氏公会正式成立，同年，在王绍经等琼籍贤达的倡导下，育英中学（初名育英学堂）开办，它不仅照亮了琼籍子弟的求知之路，更为新加坡乃至东南亚的华人教育事业奠定了坚实的基础。此外，琼籍社群在医疗慈善与社区建设方面亦贡献卓著。光绪二十八年（1902年），乐善居医院应运而生。而早在同治元年（1862年），琼州人购置了老义山，作为同乡互助与安息之所；光绪十七年（1891年），新义山的添置展现出琼籍社群对故土情怀的坚守与传承。咸丰七年（1857年）建立的琼州天后宫，不仅是妈祖信仰的圣地，更是琼籍社群团结互助、共谋发展的象征。天后宫积极筹措资金，购置坟地，以解乡亲百年归宁之忧。

在这些早期移民的浪潮中，男性无疑占据了主导地位，而直至1904年后，女性移民的足迹才缓缓出现，这深刻映射了当时社会结构的复杂性与迁徙模式的独特烙印。

马来西亚知名学者吴华的研究揭示，在清代尽管官方层面并未明文禁止女性出洋，但根深蒂固的文化习俗却构筑了一道无形的屏障，将她们隔绝于波澜壮阔的海上探险之外。这一现象的根源，错综复杂，交织着多重社会与文化的深层因素：

首先，琼州深受儒家思想浸润，传统家庭伦理观念根深蒂固。丈夫远赴他乡以求生计，被视为家族荣耀与责任的担当，而妻子则被赋予了守护家园、侍奉尊长、维系家庭和谐的神圣使命。这种深刻的性别角色定位，如同一道心理枷锁，束缚了女性随夫迁徙的脚步。

其次，当时赴南洋的众多新客，怀揣着临时务工、积蓄财富以图归乡的朴素梦想，海上生活对他们而言，更多的是一段充满变数的旅程，而非永恒的归宿。因此，在追求轻装上路的实用主义考量下，他们往往选择独自前行，以免家眷成为前行的累赘与牵挂。

再者，受限于职业身份的卑微与经济条件的拮据，多数新客只能以劳工之姿踏上异国他乡，微薄的收入尚需定期寄回，以维持家中生计。在如此艰难的环境下，为妻子在异国他乡构建一个稳定的生活空间，无疑成为遥不可及的奢望，迫使他们不得不忍痛将爱妻留在故土，守望相思。

最后，社会上弥漫的偏见与误解，如同阴霾般笼罩在琼州女性的心头。将移居新加坡的女性片面地标签化为"不良女性"，这种无端的污名化不仅扭曲了事实真相，更加剧了她们对海上生活的恐惧与排斥心理，使得她们在追求自由与梦想的道路上步履维艰。

海南现今珍藏的族谱资料，无疑是探索移民历史深处最为坚实且鲜活的史料宝库。这些珍稀的谱牒，犹如一幅幅精心雕琢的历史长卷，生动再现了移民先辈们的鲜活形象，他们不仅是过往岁月的忠实记录者，更是那个时代波澜壮阔变革的亲历者与塑造者。

在这些海南谱牒中频繁跃动的，是那批在19世纪二三十年代出生的先辈身影，他们不约而同地在五六十年代踏上了通往海上的征途，共同汇集成海南历史上首次波澜壮阔的移民浪潮。这一现象背后，深埋着复杂的政治变迁脉络：自1842年《南京条约》签订，海禁枷锁渐次松脱，为海南人远赴重洋开辟了前所未有的通道；而1858年《天津条约》的签订，更是将海口正式纳入通商口岸之列，这一系列历史性的转折，极大地加速了海南儿女渡海下南洋的步伐。海南谱牒中的点滴记载，正是这一历史巨澜中最为生动而具体的注脚。

此外，海南谱牒还以细腻的笔触，揭示了先辈们移民海上背后多元而复杂的动因。这些动因超越了单一的历史必然性，深深植根于个人的抉择、命运的交织以及时代背景的深刻影响之中。"国家贫弱，难以立足，遂成人后远赴湄南以求生路"；"科举无望，转而经商，扬帆南洋以展宏图"；"受乡人之邀，心动神往，毅然决然投身商海"；"家境贫寒，放弃仕途，赴南洋以谋生计"；"不甘平庸，弱冠之年即赴暹罗，依托亲缘以求发展"；"婚后为家计，毅然出洋，以双肩撑起家庭未来"……这些理由，无一不深深折射出先辈们为改善生活、追求更好未来的强烈愿望与坚定决心。他们的迁徙，不仅是个人命运的转折，更是家族乃至民族生存智慧的体现。

## （三）民国时期

在民国之前，海南民众流向南洋的洪流中，不仅有那些以己之力筹措资财、怀揣梦想，远涉重洋寻求商机与生计的勇者，更有无数不幸的灵魂，被笼罩在"客头"与洋行交织的阴影之下。这些无助的旅者，在被迫签署下以未来汗水与辛劳为代价的契约后，便被"客头"与洋行残忍地塞入简陋至极、价值低廉的航船之中，犹如被无情贩卖的"猪仔"，历经重重苦难，最终被转卖至异国他乡的雇主之手。这段历程，弥漫着欺骗、欺诈乃至暴力的重重阴霾。德国"森宝洋行"、法国"哩哩洋行"与"几利么洋行"等列强商号，在海口设立的"招工馆"，成为这一人间惨剧的罪魁祸首，而海南全岛的各个港口，则遍布着"客头"们贪婪无度的身影。①

直至1912年，中华民国临时政府颁布禁令，明确禁止"猪仔"贸易，并强化对华侨权益的捍卫与保障，这场历史性的苦力贸易才得以被取缔，逐渐退出历史的长河。然而，其造成的伤痛与遗憾，却如同深刻的烙印，永远烙在了海南侨民的心里，成为他们永远的痛。

依据1930年海南区善后公署的调查统计资料，当时海南岛人口总数达到约二百一十九万五千六百四十五之众，而南洋移民的数量竟已逼近这一庞大基数的五分之一，其规模之宏大，令人震惊。及至抗日战争硝烟散尽，

---

① 唐若玲.海南人下南洋的历史考察[J].南海学刊，2015（1）：3.

这股"下南洋"的浪潮非但未平息，反而在无数青年男女心中激荡起更为强烈的涟漪，他们怀揣着对南洋的无限憧憬与对美好生活的深切渴望，踏上了这条既充满希望又布满荆棘的路途。

　　然而，在这股移民浪潮中，功成名就、衣锦荣归者，实属凤毛麟角。更多的，则是那些命运多舛、客死异乡的孤魂，他们的名字与传奇，终究未能逃脱岁月的侵蚀，被历史的尘埃深深掩埋，成为鲜为人知的过往。一首源自19世纪初的悲怆歌谣，穿越时空，至今仍能触动每一个聆听者的心弦："十岁离开爹和娘，苦仔下海漂远洋。金山银山难挣到，白发苍苍回文昌。只求落叶能归根，只求尸骨葬故乡"①这不仅仅是对那一代侨民辛酸历程的深情吟唱，更是对他们不屈不挠、追求梦想精神的颂扬。

　　民国时期，海南岛人口总数高达 2 562 703 人，其中汉族人口总数约为 2 160 203 人。然而，当这庞大的人口基数与海南岛广袤无垠的土地——约 101 141 平方公里相对照时，人口密度却显得尤为稀疏，每平方公里仅承载 21 人左右，尽显其地广人稀之态。②

　　尽管如此，人口的分布却极为不均，主要集中在北部那片肥沃丰饶的平原以及蜿蜒曲折的海岸线周边，诸如琼山、文昌、琼东、乐会等区域，因着历史的迁徙与人口的汇聚，显得格外生机勃勃而又略显拥挤。随着时光的推移，人口的持续膨胀如同潮水般汹涌而来，有限的土地资源在日益增长的生活需求面前显得愈发捉襟见肘。加之政治风云的变幻莫测与官府苛政的重重压迫，无数海南儿女被迫踏上了背井离乡、远赴南洋的艰辛旅程，这一历史性的迁徙潮流自明朝便已开始，历经数百年风雨，至民国时期依旧未曾停歇。

　　值得关注的是，民国时期的海南对外移民潮，其主要源于东北部的沿海之地，如琼山、文昌等县，那里的人地矛盾尤为尖锐，生存的压力更为突出。面对如此困境，海南人凭借着深植于心的乡土情怀与不屈不挠的坚韧精神，将这份情感转化为一种强大的力量，他们以家族或村落为单位，紧密相连，携手并肩，共同踏上了迁徙南洋之路。这种"以族授族，以戚

---

① 孔见.海南岛传：一座岛屿的前世今生[M].北京：新星出版社，2020：383.
② 周伟民，唐玲玲.海南通史（民国卷）[M].北京：人民出版社，2017：274.

授戚，进而以乡引乡的自然结果"①的移民模式，不仅展现了海南人团结互助的优良传统，也深刻影响了南洋乃至世界各地的华人社会。

海南华侨，这一群体自古便以拳拳爱国心与浓浓思乡情著称于世。文昌籍的杰出代表宋嘉树（本名韩教准，字耀如），其女宋庆龄不仅与国父孙中山先生缔结连理，更在辛亥革命的风云际会中，坚定不移地站在孙中山先生领导的民主革命阵营，全力助推国家民主进程。另一位海南华侨杰出代表——林文英，则是抗日民族统一战线中的英勇斗士，他的牺牲虽悲壮，却激励着无数后人，成为海南华侨爱国精神的永恒丰碑。

抗战烽火连天之际，琼侨回乡服务团数百壮士，跨越重洋，回到故土，投身于救国救亡的伟大斗争中，他们的身影成为抗日力量中的坚实脊梁，彰显了海南华侨与祖国同呼吸、共命运的深厚情怀。

步入民国时期，海南侨民更是展现出前所未有的新态势与复杂性：一方面，大批民众怀揣梦想与希望，远赴重洋寻求发展；另一方面，面对海上的风雨飘摇，不少侨民又在困境中选择回归祖国，出国与返乡的人流交织成一幅幅生动的社会画卷，微妙地平衡着，映射出侨民生活状态的多样与变迁。自1927年起，海上失业的阴霾迫使部分海南华侨踏上归途；而1931年，尽管前往曼谷的侨民人数众多，达八千之众，但同年内返回海南的侨民数量却更为惊人，超过了一万一千六百人，这一现象不仅深刻影响了海南的社会经济结构，也直接导致了侨批（海上华侨寄回家乡的汇款及书信）数量的显著下滑，见证了那个时代背景下侨民命运的迭宕起伏。

# 三、"下南洋"

南洋，这一广袤的地域概念，不仅指向东南亚的心脏地带（除却越南北部以北的疆域），更将诸如斯里兰卡等印度洋海岛纳入其范畴，其西界清晰地勾勒于阿拉伯海的湛蓝之滨，自然地将中东与东非区分于西洋世界

---

① 何启拔.琼崖华侨与琼崖社会[J].边政公论，1945（1）.

的版图之外。在近现代史的浩瀚长卷中，中华民族儿女踏上了前往这片遥远而神秘的土地的征途，无论是肩负国家使命的公派使者、穿梭于商海的贸易先驱、勤勉耕耘的务工者，还是因生活重压而踏上迁徙之路的百姓，他们的足迹共同织就了一幅名为"下南洋"或"走南洋"的壮丽史诗。

这不仅仅是一场地理空间的宏大跨越，更是一次心灵深处对未知与希望的勇敢探索。与往昔郑和七下西洋，以浩浩荡荡之势彰显中国威仪的辉煌壮举不同，此时的"下南洋"更多地承载了底层百姓对生存的深切渴望与不懈抗争。他们心中怀揣着对故土的深深眷恋，却也坚决地踏上了背井离乡的遥远路途，心中交织着离愁别绪与对未来的追寻。

在这片异国他乡，他们不仅挥洒了艰辛的汗水甚至付出了生命，但也在异国土地上播撒了源自东方的坚韧不拔与文化之光。

然而，这段波澜壮阔的移民浪潮，亦是晚清帝国风雨飘摇、民不聊生时代的深刻写照。当国家荣光渐逝，民众生活陷入困境，无数中华儿女不得不将目光投向遥远的南洋，寄希望于那片未知的土地能给予他们的一线生机。这既是一场自救的远征，也是中华儿女面对命运挑战时，展现出的不屈不挠、勇往直前的民族精神。在这场跨越山海的征途中，他们以实际行动诠释了生命的顽强与尊严。

## （一）下南洋，东西易位

"下南洋"，这一浩大的历史洪流，实则是一场由贫瘠大陆向希望之岸自发涌动的迁徙狂澜。它虽未必能全然实现每位移民者初时的梦想，却无疑在绝望的深渊中为他们点亮了一盏生命的灯塔，深刻体现了"生存大于天"的朴素生存哲学。这不仅是个人命运浮沉的生动写照，更是近代东西方政治经济版图剧烈变动、东方与西方力量对比微妙变迁的鲜活例证。

回溯至郑和七下西洋的辉煌时代，其早期的航迹亦已深深刻画在南洋的蔚蓝之上，但那时的南洋之旅多为官方使节与少数探险者的零星足迹。然而，随着欧洲列强铁蹄的纷至沓来，在南洋地区疯狂扩张其殖民版图，对华人劳动力的迫切需求吸引着无数寻求生路的灵魂。加之中国本土接连不断的动荡与苦难，一场前所未有的移民狂潮被无情地推向了高潮，化作一股不可阻挡的力量，涌向遥远的东南亚。

自明末以后，直至清朝乃至民国，无数中华儿女怀揣着对生存的渴求和对未来美好生活的向往，勇敢地跨越烟波浩渺的南海，前往那片既陌生又充满机遇的土地。他们不仅重启了古老的海上丝绸之路，让古老的贸易传统焕发出新的生机，更在异国他乡用勤劳与智慧书写了一部部华人移民的壮阔史诗。尤其是荷兰殖民印尼时期，对华南地区的大规模招工，更是如同一股强劲的东风，极大地加速了中国人向东南亚迁徙的步伐，甚至在某些岛屿如纳土纳群岛，华人凭借自己的双手，建立了属于自己的温馨家园，让这片异国的土地上绽放出中华文明之花。

在这场史无前例的海上移民大潮中，福建与广东两地的民众，凭借其得天独厚的地理优势与源远流长的海洋文化，自然而然地成为迁徙大军中的主力军，其比例高达九成五以上，具有无可替代的主体地位。两省那蜿蜒曲折、波澜壮阔的海岸线，如同母亲般孕育了一代又一代与海共舞、以海为生的百姓。相较于遥远而未知的拉美等地，南洋的邻近优势不仅大幅缩减了旅途的艰辛与耗资，更让这片土地显得近在咫尺，触手可及，成为无数人心目中的理想彼岸与生存希望。

"下南洋"这一深远的历史现象，实则是一个多元且深邃的复合体，它超越了简单的迁徙范畴，蕴含了四大核心维度：其一，是官方出于外交或治理需要而派遣的公务人员，他们肩负着国家的使命与荣耀；其二，是跨越古老海上丝绸之路的商贸交流，这一历史悠久的经济活动，以其宏大的规模与深远的影响，始终贯穿于下南洋的全程，见证了东西方贸易的繁荣与共生；其三，是无数普通民众为谋求生计而踏上的打工之旅，其背后交织着复杂的历史动因，尤其是荷兰殖民者在印尼的统治策略，因对当地人口的不信任，转而大量招募华南劳工，这些劳工不仅成为殖民统治下的重要劳动力，还形成了独特的周期性返乡现象，其社会意义不容忽视；最后，则是向东南亚的永久性迁徙浪潮，其中尤以经商与定居为显著标志，其规模之宏大、影响之深远，堪称历史之绝响，深刻地改变了东南亚乃至世界的华人格局。

在福建与广东的民间，人们亲切地将这一行为称为"过番"，这是闽粤方言中独有的温情词汇。这一历史现象的背后，深藏着三大主要动因：

其一，自明朝至民国风云变幻的漫长岁月里，中国国内战乱不息，民生日益艰难，尤以福建、广东两省为苦难之重地。土地贫瘠不堪，人口密集如织，百姓生活被绝望的阴影笼罩。为挣脱命运的枷锁，寻觅一线生机，无数闽粤儿女决然告别故土，踏上前往南洋的艰辛旅程。据1935年中国太平洋学会调查之数据显示，因经济重压而被迫远渡重洋者，其比例竟高达惊人的69.95%，他们之中，既有怀揣着梦想、渴望展翅高飞的追梦者，也不乏在家乡绝望深渊中苦苦挣扎、寻求出路的绝望人。

其二，历史的洪流奔腾不息，封建王朝的兴衰更迭，如同四季更迭般不可避免。每当王朝步入黄昏，战乱与纷争便如影随形，社会动荡不安，民不聊生。在此乱世之中，无论是饱受战火摧残的黎民百姓，还是失去往日荣耀的前朝贵族，皆不约而同地将目光投向了相对安宁的东南亚，那里仿佛是一片未被战火侵扰的净土，是他们心中避难的港湾与新生活的起点。

其三，随着英国、荷兰等西方列强在南洋地区的殖民势力迅速扩张，这些地区迎来了前所未有的发展机遇，正处于经济与社会快速发展的黄金时期。对劳动力的迫切需求如同干涸之地渴望甘霖，南洋各国政府为吸引华工，纷纷推出了一系列极具吸引力的优惠政策。以砂拉越州为例，在特定时期，政府提供了包括土地分配、住房安置、粮食供应乃至安全保障在内的全方位支持，这些政策深深吸引着国内那些流离失所、生计无着的民众。他们或拖家带口，或孤身一人，勇敢地踏上了这条充满未知与挑战，却也承载着希望与梦想的南洋之路。

## （二）历史影响

当潮水般的华人涌入东南亚这片亟待开发的土地时，他们不仅为这片异域注入了前所未有的勃勃生机，更在生产、生活及经济建设的各个领域深刻镌刻下了不可磨灭的印记。一方面，凭借敏锐的经商能力和管理才华，众多华人侨民在异国他乡构建起了一座座横跨中国与世界的商贸桥梁，成为海上贸易领域的佼佼者。他们不仅促进了当地特色产品的远销海上，也加速了外国商品涌入中国的步伐，织就了一张覆盖全球、错综复杂的经济网络。暹罗王室那句"若无华侨，宫廷商贸难以为继"的赞誉，正是对华人群体巨大经济贡献的高度肯定。

另一方面，华人的足迹遍布手工业、农业、园艺及渔业等多个行业，他们以精湛的手艺和辛勤的劳作，成为东南亚社会经济中的中坚力量。从烘焙坊中飘出的诱人面包香，到裁缝铺里针线穿梭的细致入微；从金银细工上闪烁的熠熠光辉，到田园间、渔舟上回荡的悠扬歌声，华人以多样化的劳动形式，极大地丰富了东南亚的日常生活，充分展现了中华民族勤劳智慧、勇于创新的传统美德。

在东南亚工矿业的发展中，华人更是扮演了举足轻重的角色。在印尼加里曼丹的金矿开采中，华人矿工以其庞大的队伍和高效独占鳌头。而在马来西亚的锡矿开发中，华侨们更是以坚忍不拔的意志和辛勤的汗水，挖掘出了"锡湖"的辉煌成就，使得马来半岛的锡产量长期稳居世界之巅，赢得了包括英国海峡殖民地总督瑞天咸在内的广泛赞誉。他感慨道："马来半岛之繁荣，实乃华侨之杰作。""马来诸邦之维持，专赖锡矿之税入……锡矿之工作者，首推华侨。彼等努力之结果，世界用锡之半额，皆由半岛供给。彼等之才能与劳力，造就今日之马来半岛。""马来政府及其人民，对于如此勤奋耐劳守法之华侨之谢意，非言语所可表达。"这些话语，不仅是对华人贡献的颂扬，更是对中华民族不屈不挠、勇于开拓精神的崇高礼赞。

"下南洋"的悲壮征程，不仅触发了东南亚经济的飞跃式发展，更为无数华人及其家族开启了命运新的历程。在这片遥远的异域土地上，一批批百万乃至千万富翁如雨后春笋般涌现，他们心怀故土，将海上累积的财富与宝贵经验化作涓涓细流，灌溉着家乡的土地，孕育出了一种独树一帜的华侨文化——这是东西方文化交织缠绵、和谐共生的优秀文化，既深深刻印着中华文化的精神烙印，又巧妙融合了异域的斑斓色彩与独特风情。

19至20世纪，是东西方文化在广袤太平洋上激情碰撞、复杂交融的时代。东洋的古典雅致与南洋的热带风情，在蔚蓝海域的见证下相遇，如同双星交辉，激荡出亚文化领域中一道亮丽的风景线。南洋文化，这朵融合了东南亚旖旎自然风光与深厚人文积淀的奇葩，以其独有的热带魅力与雨季的柔情蜜意，展现了一种难以抗拒的韵味与深远意境，让人沉醉不已。

与此同时，东南亚华人群体在政治领域的崭露头角，成为这一时期最为耀眼的亮点之一。从菲律宾总统阿罗约与其华裔伴侣共谱的佳话，到泰国前总理他信作为华人后裔所创造的卓越政绩，再到泰国议会中华裔议员占据的绝对多数席位，以及马来西亚华人普遍从政成功的典范，无一不显示着华人在东南亚地区政治上日益壮大的影响力与举足轻重的地位。这些不仅是个人荣耀的加冕，更是华人群体智慧与勤劳在全球范围内闪耀光芒的生动注脚。

"下南洋"的移民大潮，不仅深刻重塑了迁入地的社会结构与经济版图，其涟漪效应亦深远地波及了迁出地，对缓解"经济重压"、促进社会稳定具有不可估量的正面作用。正如葛剑雄等在《简明中国移民史》中深刻指出的，自1840年至1930年间，闽粤两省年均移民输出量逾十万之众，这一数字不仅有效遏制了当地人口的自然膨胀，更在一定程度上消解了人口过剩可能引发的社会张力，为流出地的和谐发展提供了宝贵的缓冲与契机。

在这片异域的土地上，华工们以不屈不挠的精神和辛勤的耕耘，开辟出一片崭新的天地，积累了巨额财富。他们不仅将这笔财富反哺于国内的近代工商业，更在潜移默化中加速了中国社会的现代化进程。如陈启沅所创建的继昌隆缫丝厂，作为中国首座机器缫丝厂的诞生，标志着中国纺织业向现代化迈出的坚实步伐；卫省轩的巧明火柴厂，则引领了中国火柴制造业的兴起。据统计，自1862年至1949年间，华侨在广东、福建、上海等地的投资企业数量高达25 510家，这一数字背后，凝聚着无数华工的智慧与汗水，见证了他们对国家现代化转型的卓越贡献，也深刻烙印着他们对故乡的深情厚谊与责任担当。

迈入21世纪，尽管"下南洋"这一历史壮举的传统驱动力已悄然蜕变，但中华民族探索未知、拥抱世界的步伐却从未有过丝毫停歇。今日，中国人的足迹已如繁星般点缀在全球的每一个角落，其中，东南亚华人群体不仅构成了海上华人社会的重要组成部分，其庞大的规模和深远的影响力更是举世瞩目。

追溯往昔，这些华人的先辈们，正是那批在数百年前，以无畏之姿穿越风雨、在南洋热土上披荆斩棘、勇于开拓的先驱者。他们的勇气与智慧，如同不灭的灯塔，照亮了后来者前行的道路。如今，在印尼、马来西亚、泰国及新加坡等东南亚国家，华人已成为重要的社会力量，其人口比例之显著，不仅表明华人族群在当地社会的深厚根基，更展现了他们在推动区域发展、促进文化交流方面将扮演更加重要的角色。

这些东南亚华人，不仅是当地社会的精英与支柱，更是连接中国与世界的坚固桥梁与紧密纽带。他们以其独特的身份与视角，在促进两国乃至多国间的经贸合作、文化交流、教育互鉴等方面发挥着不可替代的作用，为构建人类命运共同体贡献着自己的力量与智慧。

# 第八章

# 劫波渡尽——白袍端合破天荒

## 一、一个海岛的新生

这是一场历史性的对决，一场标志着新旧时代更迭的决战，它在旧中国饱受帝制、官僚与封建三座大山沉重压迫的阴霾下酝酿已久，其爆发已是大势所趋，无可回避。随着人民解放军在中华大地上以秋风扫落叶之势，将国民党军队逐一击溃，解放海南岛，这一"劫波渡尽"的终章之战，悄然拉开序幕，预示着全中国解放的全面胜利已触手可及。

然而，横亘在前的琼州海峡，自古以来便是阻隔海岛与内陆的天堑，其渡越之难，考验着人民解放军的智慧与勇气。这场战役，不仅是军事上的较量，更是对人民军队能否克服自然障碍、开创历史新篇的严峻考验。海岛的未来与重生，系于此一役。

解放海南岛的渡海作战，在中国人民解放军的辉煌战史上，占据了举足轻重的地位，它是一次前所未有的大规模渡海登陆壮举。在这场史诗级的战役中，尽管新生的人民海军与空军尚显稚嫩，未能直接参战，但英勇的陆军将士们，硬是凭借着简陋的渡海工具，以无畏的胆识和坚定的决心，生生地撕开并粉碎了国民党军队精心构筑的"伯陵防线"——这一所谓的海陆空立体防御体系。

## （一）解放海南岛

1949年10月1日，中华人民共和国庄严宣告成立，这一历史性的时刻标志着中华民族翻开了崭新的一页，步入了一个前所未有的纪元。然而，在庆典的辉煌与喜悦之中，国家仍面临着包括海南岛在内的广大领土亟待解放的艰巨任务。人民解放军的英勇之师，如滚滚洪流，正将人民解放战争推向全面胜利。

同年深秋，随着广东战役的胜利，人民解放军的三大主力部队乘胜追击，犹如三把利剑直指广西，发起了一场规模宏大的广西战役。至12月中旬，国民党白崇禧集团的十余万大军被彻底击溃，广西宣告全面解放。

然而，胜利的脚步并未就此停歇。英勇的人民解放军随即踏上了更为艰巨的征程——肃清国民党残余势力，解放东南沿海的岛屿群。这不仅是解放战争的最后决战，更是国家实现完全统一与长治久安的必由之路。早在广东战役激战之时，毛泽东主席便以深邃的战略眼光，于10月17日向第四野战军发出重要电令，明确指出陈赓兵团应把握战机，乘胜追击，占领关键战略要地，为15兵团攻取海南岛、彻底清除广东之敌奠定坚实基础。

此时，针对海南岛的作战计划，在党中央和中央军委的指导下，已逐渐成型。第15兵团作为解放海南岛的主力部队，原辖第43、44、48军，但鉴于战略需要，48军被调往江西剿匪，44军则承担起广州的防务重任。因此，第43军被赋予了解放海南岛的神圣使命。然而，金门战役的失利如同一记沉重的警钟，让全军上下深刻认识到无海空军支援下渡海作战的极端困难，促使他们重新审视作战策略。

广西战役尘埃落定，海南岛解放战役便被旋即提上议事日程。面对这一艰巨任务，四野指挥部果断决策，增派第12兵团之第40军参战，并预留第41军部分兵力作为机动力量，以应对可能出现的各种复杂情况。最终，一支由第40军、第43军以及炮兵团、高炮团、工兵团等精锐部队组成的约十万大军，在司令员邓华、政委赖传珠及第一副司令员兼参谋长洪学智等领导下，整装待发，誓以雷霆万钧之势，跨越琼州海峡，解放海南岛。

毛泽东主席对海南岛渡海战役给予了前所未有的重视，于1949年12月

18日专门致电第四野战军，深刻阐明了此役的意义与错综复杂性，着重指出需精准预判潮汐涨落与风向变动，确保一次性高效输送充足兵力与补给，实施闪电般的敌前登陆，迅速构建起牢固的滩头防御体系，并倡导自主攻势，最大限度减少对后续支援的依赖。同时，他提醒前指，务必深刻汲取金门战役之教训，确保此次行动万无一失。

出于"兵贵神速"的考虑，初始作战规划曾设想在农历新年前夕，即1950年2月5日之前，发起渡江作战。然而，面对国民党军队对沿海航运的破坏、船只征集的艰巨挑战以及部队官兵对海洋环境适应性的考量，尤其是北方战士对海洋作战的生疏，毛主席和党中央决定采取更为审慎的策略，将行动时间调整至1950年春夏之交，以充足的时间准备，克服一切不利因素，确保在最佳时机以最佳状态，实现对海南岛的全面解放。

## 战前准备

1950年初春二月，春寒料峭之际，一场解决渡海作战瓶颈——渡海船只严重不足的专题研讨会在广州召开。会议聚焦于如何在国民党海空优势力量的严密封锁下，突破琼州海峡这一天然屏障，其重要性不言而喻。解放军在雷州半岛沿岸搜集的船只多为简陋木帆船，这些船只不仅依赖繁重的人力操作，易受风雨侵袭，更需在敌猛烈炮火下穿梭，其挑战之艰巨可见一斑。

在此背景下，会议确立了双管齐下的战略部署：其一，积极策划赴港澳采购现代化的登陆艇及动力装置，以期从根本上改善船只性能；其二，提出利用现有工业基础，对木帆船进行技术改造，升级为机帆船，显著提升其航行稳定性和作战能力。会议最终决定，将改装机帆船作为主力军，率先派遣小规模精锐部队实施秘密渡海行动，以实战磨砺，积累经验，待时机成熟，再与琼崖纵队内外呼应，实施大规模强渡。

然而，鉴于技术改造与部队训练的复杂性和耗时性，大规模渡海作战的日期不得不审慎调整至六月。然而，第12兵团副司令员兼第40军军长韩先楚提出了他的看法。他认为，尽管采购先进登陆艇是长远之计，但鉴于当前紧迫形势，需立足现实，深挖木帆船的潜力。他坚信，只要精确把握气象条件、巧妙利用风向、风力，解放军完全有能力以现有装备突破琼州海峡的天堑。同时，他力促加速机帆船改装步伐，确保部分船只迅速转化为指挥与护航力量，为作战增添更多灵活性与胜算。

在探讨作战时机的关键议题上，韩先楚深刻分析了将行动推迟至六月可能带来的士气消磨与战机错失的严重后果，进而对整体战局构成的不利影响。基于此，他与政委袁生平果断决策，在40军内部迅速启动加速模式，秘密搜集风帆船资源，并依靠自力更生，大幅度加快机帆船的改装进度。同时，为保持战略隐蔽性，他们决定对采购登陆艇的进展及六月作战的正式计划暂不向外界透露，向全军上下发出紧急动员令，要求务必在三月之前圆满完成所有战前筹备工作。

面对接踵而至的重重挑战，尤其是北方籍战士对海洋环境的相对陌生以及国民党空袭的频繁威胁，解放军官兵展现出了超乎寻常的坚韧与智慧。他们巧妙利用夜色作为掩护，开展紧张而有序的渡海训练，同时虚心向当地经验丰富的老渔民求教，广泛搜集海峡航海的宝贵资料。在不懈努力下，战士们不仅迅速掌握了渡海作战的核心技能，更是在极短的时间内，实现了从陆地战士到海上战士的转变。

尤为值得一提的是，解放军官兵还展现出了超强的创新能力，他们将轻型火炮创造性地安装于机帆船上，成功打造出既简易又高效的"土炮艇"，为渡海部队提供了强有力的火力支援。而在风帆船上，勇士们同样不甘落后，他们通过不懈努力，不仅充分掌握了水上射击与乘船作战的要旨，更在实战中展现出了优秀的战斗力和协同作战能力。

在人民解放军将士们夜以继日、刻苦锤炼战斗技能的紧要关头，国民党军队的侵扰如同阴霾般笼罩，令将士们丝毫不敢放松警惕。1950年2月20日，43军382团副排长鲁湘云率队在海上开展水上训练，不料意外与主力队伍失去联系，只得静待有利风向，以待归队。

次日，当黎明的第一缕曙光初破天际，一艘国民党军舰如同幽灵般悄然逼近，原本平静的海面瞬间被紧张的氛围所笼罩。鲁湘云所乘之舟，仅为一艘简陋木船，载着八名战士，他们的武器不过是步兵班的轻便枪械，面对眼前这座钢铁庞然大物，战士们意识到这是一场力量对比悬殊至极的较量。

当国民党军舰发现我方小艇时，立即毫不留情地倾泻出密集的炮火，虽未直接命中要害，但每一声轰鸣都震撼着人心。随后，敌舰步步紧逼，高平两用机枪的咆哮声响彻云霄。当双方距离缩短至令人窒息的百余米时，敌军更是狂妄自大，竟放弃射击位置，叫嚣着要求我军投降。

然而，我方战士，皆是身经百战的铁血勇士，他们深知隐忍与等待的重要性。直至敌舰近至仅五十米之遥，鲁湘云一声令下，犹如惊雷划破长空，反击轰然拉开。特等射手叶英与机枪手刘琦精准锁定敌舰指挥台，给予其致命一击；战士王全秀则以四发枪榴弹连珠炮发，孟宪芝、万殿深等勇士则以冲锋枪织就一张密不透风的火网。

国民党军舰上的水兵被这突如其来的贴身暴击打得措手不及，伤亡惨重，只得在慌乱中撤退。敌舰虽不甘示弱，连续炮击二十余分钟，却如同隔靴搔痒，未能对我军造成任何实质性伤害。愤怒之下，敌舰竟企图以撞击摧毁这艘木船，却不料在擦肩而过的瞬间，遭到了我军手榴弹的迎头痛击，损失惨重。

再次拉开距离后，国民党军舰虽心有不甘地再次开火，但已无力回天，所有炮击均告落空。而此时的敌舰已遍体鳞伤，士气低落，再也不敢恋战，最终只能带着满身的伤痕与不甘，狼狈逃离战场。此役，一艘看似弱不禁风的木船竟以少胜多、以弱胜强，成功击退了强大的军舰，创造了战争史上的奇迹。这艘木船因此被誉为"英雄船"。

此次小规模的海上遭遇战，深刻诠释了充分准备与精妙战术的制胜之道：即便是在装备简陋的木帆船之上，英勇的人民军队也能凭借胆识与策略，力克装备精良的国民党铁甲战舰。这一胜利，不仅极大地振奋了全军上下的士气，更坚定了每一位将士的信念——在广袤的陆地上，我们是无坚不摧的东北虎；而在滔天的大海之上，我们亦能化身为翻江倒海、势不可挡的蛟龙。

正当解放军主力部队紧锣密鼓地磨砺剑锋、厉兵秣马之际，一支精锐小分队悄然踏上了偷渡上岛的征途，他们的行动如同暗夜中的利刃，精准而隐秘。与此同时，岛上的琼崖纵队，这支深植于琼崖的我党红色劲旅，与主力部队展开了一场场天衣无缝的接应行动。琼崖纵队，其历史可追溯至1927年全琼武装总暴动，始终红旗不倒，铸就了"二十三年红旗屹立不倒"的传奇，其中著名的红色娘子军就是该部队的一部分。

时至1950年，琼崖纵队已发展成为一支拥有主力军一万五千余人，连同地方武装总兵力超过两万人的地方武装，成为了解放军大军登陆海南岛作战中的坚实后盾与内应力量。在大军横渡琼海、直指海南岛的决战前夕，琼崖纵队早已派遣精锐力量先行一步，他们不仅携带了岛上至关重要的情报资料，更在实战中与大军并肩作战，克服重重艰难险阻，确保了渡海作战的顺利进行。岛上留守的部队同样英勇无畏，他们精心筹备物资，全力支持渡海主力，同时，抵抗住了薛岳部队的重重包围与猛烈攻势，客观上为渡海部队减轻了正面战场的巨大压力。

此刻，毛泽东主席以其深邃的战略眼光和卓越的指挥才能，对海南岛战役进行了周密的谋划与部署。他明确指出：海南岛与金门岛之局势截然不同，得益于冯白驹将军（琼崖纵队司令员兼政委）的坚定支持，加之敌军战斗力相对薄弱，我军只需成功运送两万大军并辅以军级指挥机构登陆海南岛，即可迅速稳固根基，为后续部队的增援与扩张奠定坚实的基础。这一战略决策不仅展现了毛主席的英明与果敢，更为海南岛战役的最终胜利奠定了坚实的理论基础与战略指导。

诚然，国民党军队的战斗力虽称不上强悍，但在海南岛上，他们坐拥十万之众，辅以51艘军舰、45架飞机的强大海空支援，加之琼州海峡这一天然屏障，使得敌我双方在兵力上达到了一比一的对峙态势。因此，夺取海南岛之战，无疑是一场考验智慧与勇气的艰巨挑战，其难度可想而知。

### 偷渡作战

在解放军面临登陆作战经验极度匮乏的严峻考验下，偷渡作战策略被前瞻性地确立为首要选择，它不仅是一条通往胜利的必要途径，更是积累宝贵实战经验、强化岛上作战能力的关键所在。

1950年3月6日，40军派遣一支由约800名勇士组成的加强营，在琼崖纵队无间的接应下，以虽有小规模伤亡却终获全胜的辉煌战果，迈出了具有决定性意义的一步。仅仅五日后，3月11日，第43军亦不甘示弱，集结超千人的加强营力量，在琼崖纵队的接应下，成功穿越风浪，尽管途中遭遇恶劣天气导致的船只失联挑战，但整体行动依然成功。

与此同时，40军119师356团在涠洲岛上演了一场以少胜多的精彩战役，虽然歼灭的敌军数量有限，但此役重要的是，缴获了包括300余艘木帆船在内的大量战略资源，并通过改装的"土炮艇"成功击伤、击退国民党军两艘炮艇，这不仅验证了木帆船改装的实战价值，更如同强心剂一般，极大地鼓舞了全军上下对于登陆作战的信心与斗志。此次战斗虽小，其战略意义却非比寻常，它不仅为后续渡海作战提供了宝贵的实战经验，还显著增强了40军的渡海作战能力，为最终的胜利奠定了坚实的基石。

随着加强营级部队偷渡任务的圆满收官，第15兵团果断决策，将作战规模提升至加强团级，并于3月26日发动了更为宏大的偷渡攻势。第40军精锐尽出，2900余名勇士搭乘由72艘木帆船与9艘机帆船组成的庞大舰队，向海岛发起了冲锋。然而，天公不作美，起航后突遇风停、大雾笼罩及潮水异常等自然障碍，导致部队不得不分散登陆于数十公里绵长的海岸线。面对这一突如其来的困境，加强团将士展现出了强大勇气，他们在没有直接接应的情况下，选择了"背水一战"，最终以伤亡600余人为代价，成功突破了敌军十个营构筑的重重防线，与琼崖纵队接应部队胜利会师，后者亦付出了200余人伤亡的代价。相比之下，第43军加强团则因天气原因被迫调整计划，其间虽有小规模尝试，却不幸遭遇海空联合袭击，损失颇为惨重，但这并未动摇全军上下对于胜利的坚定信念。

至4月1日，随着气象条件的变好，第43军加强团主力正式拉开了登陆作战的序幕。尽管途中遭遇了误登白沙门岛等突如其来的挑战，但全体将士以不屈不挠的战斗意志，化险为夷，尤其是护航舰队与国民党军舰之间展开的英勇缠斗，虽几乎全员壮烈牺牲，却成功击伤并逼退了敌舰，为登陆部队赢得了至关重要的时间与空间优势。至此，解放军登陆部队已然成军，规模逼近一个师，为后续的全面攻势铺设了坚实基础。这一系列偷渡作战行动，不仅是解放军战斗意志与战术智慧的充分展现，更是对登陆作战能力的一次次飞跃式提升。

然而，在这紧张而有序的备战阶段，一系列不利因素如同乌云蔽日，接踵而至。香港与澳门方面未能如愿购得急需的登陆艇，而国内改装机帆船的工作也遭遇了重重困难，进展迟缓，令人忧虑。尽管此前四次偷渡行动均取得了胜利，但令人痛心的是，大量船只与英勇的船工却未能平安归来，这一残酷现实让指挥层陷入了艰难的抉择之中：是继续沿用风险与机遇并存的团级偷渡策略，还是果断发起主力登陆作战，成为摆在面前亟待解决的决策问题。

第12兵团副司令员兼第40军军长韩先楚认为，鉴于我军多次成功实施的偷渡行动已使敌军防线紧绷至极限，若继续采取小规模渗透策略，非但不能加速胜利的步伐，反而可能使我军陷入更为被动的境地，面临更大的牺牲与损失。基于此，韩先楚将军力排众议，坚决主张在谷雨时节（即公历4月20日）前，发起一场大规模登陆作战，以免错失因天气变化及装备局限而致的稍纵即逝的宝贵战机。

自3月20日与31日两次提出作战建议后，韩先楚于4月6日深夜，亲自口述，由第40军作战科长尹灿贞笔录，向中央拍发了一封饱含决心与责任的长电文。这封电文于4月7日到达中央军委，字里行间不仅强烈呼吁立即启动海南岛战役，更展现出将军的非凡胆识与担当精神——他立下军令状，并提出若43军尚需时日准备，他愿亲自挂帅，率领第40军精锐之师，率先破浪渡海，誓将胜利旗帜插上海南岛的土地。

与此同时，第15兵团司令员邓华将军，在深入细致地考察了第40军的备战状况后，对韩先楚的提议给予了极高的评价与认同，认为立即发起登陆作战是刻不容缓的战略抉择。随着高层意见的快速统一，原定于6月间以小规模偷渡为主的作战计划被迅速调整，决定提前至4月中旬，以风帆船这一古老而又充满勇气的交通工具为主力，依托岛上部队的紧密配合，实施全面登陆作战。

首批登陆部队集结了八个团的兵力，其中，因准备更为周全、士气更为高昂，第40军承担起主力角色，派遣六个团作为先锋部队；而第43军亦不甘落后，派遣两个精锐团作为先遣队，紧随其后，其主力部队则蓄势待发，准备作为第二梯队，在关键时刻给予敌人致命一击。

### 解放海南岛

1950年4月16日，解放海南岛的渡海战役正式拉开序幕。韩先楚亲率第40军6个团，共计一万八千余名铁血战士，驾驭着由261艘帆船编成的舰队，其中22艘先进的机帆船与16艘"土炮艇"，乘风破浪，直抵琼岛。与此同时，第43军的登陆先锋，在副军长龙书金的指挥下，两个团七千官兵，搭乘着包括10艘机帆船与8艘"土炮艇"在内的96艘帆船，紧随其后。

此番渡海，规模宏大，气势磅礴，自是无法藏匿。国民党军舰艇闻风丧胆，仓促间试图以数量与装备优势对我军舰队实施围追堵截。然而，面对强敌，我军非但没有丝毫畏惧，反而以"土炮艇"为核心组建的护航劲旅，与敌舰展开了惊心动魄的较量。尽管这些"土炮艇"乃是仓促间改装而成，装备简陋，与敌之精良战舰相比，实乃蚍蜉撼树，但我军将士，即便身处茫茫大海，亦展现出猛虎下山般的无畏与坚韧。敌舰炮火虽烈，却因精度不足而难以伤及我军根本；而我军"土炮艇"一旦逼近，便以集火猛攻，令敌舰连连受创，数艘敌舰在重创之下，不得不仓皇逃窜，未能阻挡我军登陆的强大攻势。

至次日，即4月17日，经过一夜的艰难跋涉与殊死搏斗，我军将士终于成功踏上了海南岛。此时，岛上野战军兵力已增至三万余人，更有高级将领亲临一线指挥作战，士气一路高涨。尽管滩头阵地上的战斗依旧惊心动魄，部分区域更是硝烟弥漫，战斗惨烈，但海南岛战役的胜利天平，已如东升之日，光芒万丈，不可阻挡。

4月23日，海口城迎来了它的新生曙光，而随着5月1日的晨曦洒满海南岛，全岛宣告彻底解放，这一辉煌战役的胜利旗帜在蔚蓝的天幕下高高飘扬，标志着伟大胜利的全面实现。此役，我军共歼国民党军31 985人，其中毙伤敌军5 416名。然而，胜利的荣光背后，是烈士的牺牲与哀思——4 614名英勇的解放军战士，将青春与热血永远留在了这片热土之上，其中包括40军的1 385名勇士、43军的3 253名烈士，以及琼崖纵队那76名不屈的英灵。更有416名战士，在浩瀚大海中英勇搏斗，最终不幸牺牲，74位英雄则下落不明，他们的名字虽未镌刻于碑上，但他们的英勇与牺牲，早已化作不朽的丰碑，屹立于琼州海峡之上。

在海口金牛岭公园的宁静怀抱里，临高角细腻的海滩轻抚着过往的伤痕，文昌铜鼓岭的巍峨峰顶见证着不屈的斗志，澄迈风门岭的葱郁林间低语着英雄的赞歌。一处处庄严的烈士陵园，如同时间的守护者，静静地诉说着那段虽已远去却永远鲜活的战斗史诗。墓碑上那闪耀的五角红星，不仅是荣誉的象征，更是不灭的灯塔，照亮着后来者的道路，提醒着岛上的每一代子孙：在这片被先辈热血浸染的土地上，自由与和平的来之不易。是他们，用血肉之躯筑起了国家的脊梁，用无畏的牺牲换来了后世的安宁与幸福。这份记忆，将永远镌刻在民族的心田，激励着后人不断前行。

1950年6月5日，海口城沉浸在一片欢腾的海洋之中，锣鼓声震天动地，鞭炮齐放，犹如春雷滚滚，宣告着新时代的曙光已悄然降临。军民携手，游行队伍如潮水般涌动，从水巷口的欢声笑语到得胜沙的悠扬歌声，从博爱路的张灯结彩到港口码头的热烈欢聚，每一个角落都洋溢着解放的喜悦与对未来的无限憧憬。尽管前路尚存未知与挑战，但那份对美好生活的坚定信念与深切期盼，却前所未有地炽热，它本身就是对时代奇迹最生动的诠释。

海南岛战役的胜利，不仅在中国革命史上镌刻下了一座不朽的丰碑，更预示着长达半个世纪烽火连天的武装斗争即将在中国大地上画上圆满的句号，一个和平建设、繁荣发展的新纪元正缓缓拉开序幕。然而，构建新世界的征途，其复杂性与艰巨性远超乎想象，它要求着更为深邃的智慧、更加坚忍的意志与不懈的努力。"解放"二字，不仅仅是对自由、平等、正义理想的深情呼唤，更是中华民族不畏艰难、勇于探索、敢于胜利精神的集中展现。

## （二）边缘——前哨——前台

1950年的盛夏，海口城郭内外，五彩斑斓的旗帜在微风中轻舞飞扬，它们不仅编织成一片色彩的海洋，更显示出旧时代缓缓谢幕，新时代的曙光即将照耀这片土地。与此同时，在这座被椰林轻抚、海浪轻吟环抱的岛屿上，二百六十余万人民的生命之歌，依然在自然的和谐乐章中日出而作、日落而息。

然而，在吊罗山等热带雨林深处，尚有一万四千余名土匪如同秋风中摇曳的残影，藏匿于密林之间。但历史的车轮滚滚向前，仅仅两载春秋，这股潜藏的暗流终被彻底涤荡，海南岛重归宁静与祥和，仿佛大自然本身也在为这份来之不易的和平加冕。

历经两次革命洪流的洗礼，以及那场捍卫民族尊严的抗战，海南岛迎来了它历史性的转折，从往昔的动荡不安迈向了稳定与繁荣。人间烟火的气息愈发浓厚，万物在春风的吹拂下复苏，整个岛屿仿佛在晨曦的轻抚中缓缓苏醒，迎来了属于人民自己的辉煌黎明。这座昔日偏居一隅、被视为大陆边缘的岛屿，如今已华丽转身，屹立于新中国的前哨，以崭新的姿态开启了一段崭新的历史。

## 前哨

自那以后，海南岛的命运便与新中国波澜壮阔的发展历程同频共振，每一个历史节点都留下它不可磨灭的印记。从土地改革的深耕细作，到"三反""五反"运动的雷霆万钧；从农业合作化的稳健前行，到所有制结构的深刻重塑；从生产"大跃进"的壮志豪情，到人民公社制度的集体探索；乃至"文化大革命"的风云际会，海南岛始终紧跟时代脉搏，逐步构建起一个财产权与行政权紧密融合的计划经济体系。

在这一高度集中的体制框架下，海南岛展现出了前所未有的动员能力，特别是在基础设施建设领域取得了前所未有的成就。松涛水库巍峨耸立，成为海南省最大的水库、重点饮用水源保护区，海榆中线公路蜿蜒伸展，成为连接南北、造福万民的交通动脉，尤其是1954年竣工的海榆中线公路，作为海南岛首条高标准公路，其背后更是十万军民汗水与热血的凝聚，平均每1.34公里的征途便有一位建设者用生命铸就的丰碑，朱德元帅的题词纪念碑，永远铭记着这段可歌可泣的英雄史诗。

这是一个被激情与奉献点燃的时代，凯歌响彻云霄，献身精神成为时代最响亮的号角。在这片热土上，任何形式的自私与保守都显得格格不入，被历史的洪流所冲刷淘汰，唯有团结一心、勇往直前，方能在这片蔚蓝之岛上留下永恒的足迹。

在东西方"冷战"的阴霾之下，海南岛被赋予了国家神圣使命——屹立于南海之滨，成为守护那片波涛汹涌、风云变幻海疆的坚固屏障。1953年，毛泽东主席亲笔挥毫，题下"加强防卫，巩固海南"的寄语，一语千钧，为海南岛的历史使命赋予了深远而崇高的意义。海南岛的使命更加深远，按照"深挖洞、广积粮、备战备荒"的要求，将重心转向了国防建设的铜墙铁壁构建之上。

从繁华喧嚣的都市到偏远宁静的乡村，无论男女老少，皆积极响应国家号召，纷纷投身民兵队伍，全副武装，沿着蜿蜒曲折、绵延约两千公里的海岸线，日夜不息地巡逻守望。他们的心中，燃烧着对国家的无限忠诚与对和平的深切渴望，时刻准备着投身于反帝反霸的正义斗争中去。这股力量，如同一股不可阻挡的洪流，让海南岛的每一寸土地都弥漫着一种肃穆而激昂的气息，激励着每一位岛民内心的热血与斗志，铸就了坚不可摧的民族精神与不屈意志。

1974年1月，西沙海域风起云涌，一场突如其来的自卫反击战骤然爆发。面对敌我装备悬殊的严峻挑战，南海舰队与英勇无畏的海岛民兵并肩作战，他们凭借着过人的勇气、坚定的信念以及国家尊严的支撑，成功击退了南越侵略者的嚣张进攻。这场胜利，不仅捍卫了国家领土的完整与主权的神圣不可侵犯，更向全世界展示了海南岛这座南海前哨阵地坚如磐石、神圣不可亵渎的坚定立场。

海南岛，屹立于国家南疆，作为海防无比重要的前哨，其战略地位不言而喻。在新中国建设的特定历史时期，海南岛为国家作出的卓越贡献中，有两项壮举尤为值得永远铭记。

首先就是，天然橡胶的规模化种植。橡胶，这源自自然界的奇迹，被赋予了"流泪的树"之美誉，其胶液凝固后，化身为工业与军事领域的不可或缺的原材料，尤其在石油化工技术尚未成熟的年代，更是战略资源中的稀缺珍宝。抗美援朝烽火连天，国际局势动荡不安，西方势力的封锁让橡胶资源的重要性愈发凸显。国家审时度势，决定在本土培育天然橡胶林，而海南岛，凭借其得天独厚的热带雨林气候，与云南西双版纳并肩担当此重任。华南垦殖局海南分局应运而生，昔日的英雄部队——琼崖纵队战士与南下官兵，摇身一变成为绿林中的开拓者，于1952年组建人民解放军林业工程第一师，深入密林腹地，开启了橡胶种植的征程。随后，"知识青年上山下乡"的浪潮席卷而来，数十万广东青年怀揣梦想，跨越琼州海峡，将青春与汗水倾注于这片热土，共同建立了橡胶事业的丰功伟绩。海南岛，在广袤的山地与丘陵间，尤其是在中南部郁郁葱葱的热带雨林中，建设起了一个个橡胶农场，橡胶树如绿色长城般绵延不绝，形成了占地360万亩、年产干胶逾二十万吨的橡胶王国，圆满完成了国家赋予的使命。然而，这壮举背后也伴随着生态失衡的重大代价，这是时代赋予海南岛的一首复杂而雄伟的壮歌。

橡胶林的崛起，是人工植被对天然植被的一次深刻重塑。据国家林业总局1978年32号文件记载，海南岛内大片热带森林被划拨用于橡胶种植，面积达651万亩之巨，占原始森林总面积的半壁江山。其中，242万亩原始森林被砍伐，以腾出空间种植橡胶，同时营造了50万亩防护林，但仍有359万亩土地既未种植橡胶也未得到有效造林，逐渐荒废。这一转变，虽极大地增强了国家的战略物资储备，却也不可避免地导致了野生生物栖息地的缩减，物种多样性遭受了前所未有的冲击。昔日生态繁荣、猿啼鸟鸣的景象，如今仅能在少数保护区如霸王岭的黑冠长臂猿与南湾猴岛的猕猴群落中寻觅到踪迹，天空也因鸟类的减少而显得愈发空旷。海南岛，这座曾经的自然生态宝库，其面貌因橡胶林的兴起而发生了翻天覆地的变化。然而，在那个特定的历史时期，这一切牺牲都是为了国家更高层次的安全与利益，体现了海南岛及其人民在国家大义面前的无私奉献与伟大牺牲精神。

第二件里程碑式的事件，乃是南繁育种事业的兴起与蓬勃发展。在农业的精细耕耘中，种子，这承载着遗传奥秘的微小生命体，无疑是解锁作物高产高质之门的金钥匙。南繁育种，作为一项开创性的农业科研实践，巧妙地将我国各地夏季作物的精英种子，于秋收满载之后，迁移至温暖湿润、四季常青的亚热带与热带区域，充分利用其自然条件，进行加速繁殖与严苛筛选，旨在短时间内实现种子品质与产量的飞跃式提升。

这一极具战略意义的农业科研探索，其历史可追溯至20世纪50年代的初步尝试，当时育种事业已在广东、广西等地悄然布局，而海南岛，凭借其得天独厚的热带季风气候条件，犹如大自然精心挑选的育种乐园，自1958年起便迅速成为南繁育种的核心舞台，成为"中国农作物种子的摇篮"。至60年代中后期，海南的南繁育种事业更是得到蓬勃发展，吸引了来自全国29个省区市的700余家顶尖农业科研机构与数千名科研精英，汇聚于我国北纬18度线以南的热带宝地——崖县（今三亚市）、陵水、乐东等县，共同打造我国南繁育种的科研绿洲。

在这片神奇的土地上，作物种类繁多，从关乎国家粮食安全的水稻等粮食作物，到支撑纺织工业发展的棉花等重要原料；从提供丰富油脂资源的花生等油料作物，到具有显著经济价值的烟草等经济作物；再到装点民众餐桌的豇豆等蔬菜作物，它们在这里竞相绽放，沐浴着充足的阳光与甘霖，不仅见证了科研人员对农业丰收的深切期盼与不懈努力，更在南繁育种的推动下，加速了我国农作物品种的更新换代步伐，为国家的粮食安全战略筑起了坚实的基石。

1970年11月23日，一个看似平凡的日子，技术员冯克珊，在一块水塘之侧，偶遇了一片野生水稻，其中几株稻株，竟奇迹般地展现出了与水稻育种专家袁隆平多年寻觅未果的雄性不育株几近孪生的特征。此时，袁隆平正身在北京。冯克珊立刻唤来助手李必湖，二人并肩作战，以极致的耐心与细心，逐一甄别，最终成功锁定了三株雄性特征独特的野生稻穗。他们小心翼翼地将这些珍贵的稻穗连同根系的泥土一同移至试验田中，并即刻发出急电，请袁隆平亲临现场查验。

袁隆平接到消息，即刻踏上南下征程。抵达试验田的那一刻，他凭借多年的经验和职业敏感性，一眼便确认了这正是他梦寐以求的花粉败育野生稻雄性不育株。他激动地将其命名为"野败"，寓意其既野性难驯又具备非凡的败育特性，预示着这一发现将在科研领域掀起一场革命。以此为契机，通过一系列精心设计的杂交选育过程，他们成功培育出了野败型籼稻不育系，为中国杂交水稻的研究铺设了坚实的基石。短短三年间，杂交水稻"三系"配套体系横空出世，不仅实现了水稻产量的飞跃式提升，更将水稻育种技术推向了新的高度。

"野败"，这一源自海南的自然奇迹，最终化身为所有杂交稻的母体，其影响力跨越国界，成为全球水稻育种史上不可磨灭的里程碑，彻底颠覆了作物遗传改良的传统模式。袁隆平因此被世人尊称为"杂交水稻之父"、"当代神农"，他与其团队在杂交水稻领域的辉煌成就，不仅让中国站在了世界农业科技的巅峰，更为全球粮食安全与农业发展贡献了中国智慧。

时至今日，杂交水稻如同金色织锦，已在中国辽阔的大地上绵延铺展，累计推广面积高达约38亿亩之广，其增产的稻谷总量更是惊人地达到了3600亿公斤，这一壮举不仅从根本上缓解了中国这一庞大人口国家的温饱之虞，更为全球范围内消除饥饿贡献了不可磨灭的力量。

在这片充满活力与希望的沃土上，每一粒种子都仿佛被赋予了生命，它们贪婪地吮吸着海南独有的阳光与雨露，深深地扎根于这片丰饶的大地，汲取着自然的精华与力量。随后，这些满载希望的种子被播撒至祖国的四面八方，无论是繁华的都市还是偏远的乡村，它们都能顽强地生根发芽，绽放出绚烂的花朵，结出沉甸甸的稻穗，散发出沁人心脾的稻香，弥漫万里，滋养着每一片土地与每一个生命。

然而，在这背后，有一个鲜为人知却温馨动人的秘密——每一碗香气扑鼻的米饭，都承载着海南岛阳光与水的深情厚谊，它们是大自然与人类智慧交织而成的完美杰作，是生命与自然和谐共生的奇迹见证。在这片神奇的土地上，每一粒种子的成长与蜕变，都凝聚着科研人员的心血与汗水，更寄托着人类对美好生活的无限向往与追求。

尽管这项崇高而神圣的事业并未直接为海南岛带来显而易见的经济收益，但它所孕育的福祉却如同涓涓细流，汇聚成海，滋养着亿万民众的心田，其深远影响与伟大功德，难以尽数，更无法用金钱来衡量。

## 前台

1988年4月26日，一个历史性的时刻，海南岛——这片拥有638万人口的中国第二大岛，正式撤区建省，成为国家最大的经济特区。她，坐落于天涯海角的边缘，恰似两种文明交汇的产物，在国家历史跨越与民族复兴的宏伟征程中，被赋予了独一无二的身份与崇高使命，傲然挺立于改革开放的最前沿，犹如一艘扬帆起航的巨轮，勇敢地驶向充满希望的蔚蓝深海。

与此同时，一场声势浩大的迁徙悄然上演，数十万怀揣梦想的追梦人，如同追逐温暖的候鸟，跨越海峡的阻隔，从大陆的四面八方汇聚于这座热带岛屿，渴望在这片热土上施展才华，改写命运，寻找属于自己的故事。这一历史性的转身，不仅终结了海岛千万年的孤寂守望，更将其从默默无闻的后排席位推向了聚光灯下的舞台中央，绽放出夺目的光芒。

这座曾被视为流放之地、穷途末路的孤岛，如今已彻底蜕变，成为人们竞相追逐的热门目的地。它用自己的方式讲述着一段段关于重生、希望与梦想的传奇故事，向世界展示了一个既古老又年轻、既神秘又充满活力的海南岛。

迈入21世纪，海南岛被全球瞩目地赋予了"国际旅游岛"的崇高定位，这一非凡身份的基石，乃是大自然历经亿万年精心雕琢的绿色瑰宝。它不以人造奇观博人眼球，而是以最质朴无华的元素——明媚阳光、清冽净水与由此孕育的繁茂热带雨林，编织出一幅幅令人心旷神怡的自然画卷。碧海之上、蓝天之下，阳光如瀑布般倾泻，海水清澈如镜，倒映着天空的蔚蓝，空气中弥漫着纯净与清新，宛如自然界中最珍贵的灵丹妙药，赋予海南岛无与伦比的治愈与重生之力。在这里，心灵得以挣脱尘世烦恼的枷锁，回归本真，人性中的纯真、灵动与豁达得以自由翱翔。此情此景，定会让穿越时空而来的韦执谊、丘濬等历史先贤，感慨万千，难以释怀。

步入2020年，《海南自由贸易港建设总体方案》的隆重出台，标志着海南正式踏上了探索与建设中国特色自由贸易港的新征程。该方案立意深远，明确了分阶段、分步骤构建自由贸易港政策与制度体系的宏伟蓝图，海南岛由此再次被推向国家对外开放的最前沿，成为连接世界的桥梁与窗口。昔日的孤悬海岛，今朝正以开放的姿态，拥抱全球的浪潮，展现出前所未有的包容与活力。在这个日新月异的时代，海南不仅承载着历史的记忆，更引领着未来的方向，证明了当代社会生活是一场活生生的现在进行时，一切都在不断地生成、演变，未曾停歇，也未被过往的尘埃所掩埋。

# 二、粤海铁路，天堑变通途

自古以来，琼州海峡的浩瀚波涛犹如一道难以逾越的天堑，横亘在两岸人们之间，阻隔了无数往来的脚步与梦想。然而，当改革开放的浪潮如同海峡间翻涌不息的巨浪，以前所未有的力量席卷而来时，琼岛却因受限于单一的船舶运输方式，难以承载起两岸客货运输市场那如潮水般汹涌的增长需求，步伐显得沉重而迟缓。

正是在这片呼唤变革与市场迫切需求的热土上，粤海铁路应运而生，它如同一座雄伟的桥梁，横跨琼州海峡，连接起广东省湛江与海南省海口市，不仅跨越了自然的屏障，更打通了经济发展的脉络。该铁路线路自湛江海安启程，历经波澜壮阔的跨海轮渡之旅，抵达海口后，沿着叉河西环铁路蜿蜒前行，穿越澄迈县的翠绿田野、儋州市的悠久古韵，直至叉河车站，全长达345公里，最终与既有的叉河至三亚铁路完美接轨，成为中国铁路史上的里程碑——首条跨海铁路。

粤海铁路的建设，不仅是海南经济社会发展到一定阶段的必然产物，更是为这座热带岛屿插上了腾飞的翅膀，为其经济建设注入了全新的活力与希望。它如同一股强劲的东风，吹散了长久以来的发展阴霾，让海南岛在改革开放的浪潮中乘风破浪，驶向更加美好的未来。

## （一）粤海铁路

2004年12月，一个具有划时代意义的时刻，我国首条跨海铁路——粤海铁路通道正式拉开了客运的序幕，这一壮举不仅终结了海南岛与大陆间长达数世纪的铁路隔绝历史，更以坚实的铁轨为纽带，将这座曾经孤悬海上的珠岛与广袤的大陆紧密相连。

粤海铁路通道，作为"九五"期间全国铁路建设的重点项目，是我国第一条跨越海峡的铁路。它巧妙融合了湛海线的陆上驰骋、琼州海峡铁路轮渡的壮阔跨海以及海南岛西环线的蜿蜒深入，这"二线一渡"的完美结合，构成了前所未有的交通壮举，即广东省湛江至海安的坚实铁轨、琼州海峡上气势磅礴的铁路轮渡，以及海南省海口至叉河间风景如画的铁路线。

粤海铁路的开通，对于海南的开发与发展而言，无疑是一股强劲的东风，它不仅极大地促进了岛内资源的流通与经济的繁荣，更为海南的旅游业插上了翅膀，为旅人提供了一个便捷而惬意的海岛畅游新途径。从此，前往海南，不仅是一场对自然美景的追寻，更是一次穿越海峡、感受现代交通的非凡旅程。

粤海铁路项目自1992年起在国家计委获准立项后，历经四年的精心筹备，于1996年圆满完成了项目可行性研究，其工程总投资高达458亿元，显示出国家对于跨海交通基础设施建设的坚定决心。

1998年8月30日，粤海铁路通道的关键咽喉——湛海线正式破土动工，与此同时，粤海通道火车轮渡南港防波堤也在海口这片热土上拉开了建设的序幕。

2002年1月28日，粤海铁路湛江至海安段线路顺利建成并投入运营，初期以铁路货运业务为主，为区域物流发展注入了强劲动力。随后，在2003年1月7日，琼州海峡铁路轮渡也宣告建成并投入货运服务，同年12月28日，更实现了汽车与散客的渡海运输，极大地便利了民众出行与货物运输。

2004年4月6日，粤海铁路西环线圆满竣工，并与既有线路顺利接轨，标志着粤海铁路全线正式建成投产，这一壮举不仅是中国铁路建设史上的重要里程碑，也是海南与大陆经济文化交流的新篇章。同年7月1日，为进一步优化资源配置，提升运营效率，原海南铁路总公司（石碌至三亚段）顺利并入粤海铁路统一管理，至此，粤海铁路全线营业里程达到710公里，编织出一张覆盖广泛、高效便捷的铁路网络。

2004年12月5日，粤海铁路客运正式开通，我国铁路史上首对跨海旅客列车——K408/407次（海口至广州）列车风驰电掣般穿梭于琼州海峡之上，不仅实现了海南与大陆之间的"零换乘"旅行体验，更开启了我国铁路跨海客运的新纪元。

"粤海铁一号"，这一中国自主研发的火车渡船，不仅是一次技术创新，更展现了国家制造的实力。该渡船由上海江南造船厂建造，总投资高达2.1亿元人民币，排水量达12 400吨，设计航速最低可达每小时15海里，具有良好的航行性能。其船体长达165.4米，宽22.6米，吃水深度5.5米，载车量大，可承载重达4080吨的列车与车辆。

作为一艘艉端开敞式渡船，"粤海铁一号"巧妙地布局了三层甲板，自下而上分别服务于火车、汽车与旅客的便捷运输，其中主甲板专为火车设计，宽敞而安全。底部的火车甲板铺设了四股长达145米的铁轨，既能容纳40节标准货物列车（每节长14米，重80吨），也能轻松装载18节长达26.5米的旅客列车，展现了其高度的灵活性与强大的运载能力。而第二层甲板则为汽车预留了56个车位，进一步满足了多元化的运输需求。渡船后半部精心设计的旅客舱室，能够接待多达1360名乘客，让乘客旅途充满舒适与便捷。

即便在八级强风的海况下，"粤海铁一号"依然能够稳健航行，确保了每年约350天的可靠运营时间，为海南岛与大陆之间的互联互通提供了强有力的保障。

与此同时，海口南港栈桥，这座我国自主设计并建造的首座跨海铁路栈桥，是连接海南岛与内陆的咽喉要道。全长95.35米的栈桥，巧妙地分为四车道，总宽度达到22米，与"粤海铁一号"完美对接。它由土建、钢梁与液压三大部分精密构成，历经四年的精心施工，于1998年11月8日破土动工，至2002年12月8日圆满竣工，总投资高达8100万元。这座栈桥不仅见证了我国跨海铁路技术的飞跃，更为火车顺利驶上海南岛铺设了一条坚实的通途。

## （二）新的希望

粤海铁路的开通，不仅从根本上缓解了海南岛与内地之间长期存在的交通瓶颈难题，更为海南省开辟了一个广阔的交通运输市场。不仅让海南省迎来了前所未有的发展机遇，同时也为毗邻的广东省带来了显著的经济红利，真正实现了"火车轰鸣，财富涌动"的繁荣景象，极大地促进了粤琼两地间的客货流通，为双方经济注入了强劲活力。

随着改革开放浪潮的持续推进，长江三角洲与珠江三角洲两大经济区域的竞争态势日益激烈，珠江三角洲区域正面临着前所未有的挑战与机遇并存的局面。在此背景下，构建华南经济圈、整合区域资源、优化投资环境，成为推动该区域持续健康发展的必由之路。粤海铁路的横空出世，无疑为这一宏伟蓝图添上了浓墨重彩的一笔，它不仅极大地改善了华南地区的基础设施建设，更为吸引和稳定外资创造了更加有利的条件，对于提升区域整体竞争力具有不可估量的价值。

海南，这片被大自然慷慨馈赠的宝地，拥有丰富的自然资源和独特的旅游资源，然而，长期以来，四面环海的地理条件如同一道天然的屏障，严重制约了其经济的快速发展。无论是游客前往海南享受海岛风情，还是海南的特色产品走向全国市场，都不得不依赖于飞机或汽车渡船等成本高昂、效率有限的交通方式。缺乏一条安全、便捷、经济且大容量的交通动脉，成为海南经济发展的重大瓶颈。因此，粤海铁路的建成，犹如一把钥匙，打开了连接海南与内地的天然地理之门——琼州海峡，将海南经济重新融入国家整体发展战略的宏大格局之中。从这个意义上讲，粤海铁路被形象地誉为"海南岛的生命线"，其战略地位和意义之重大，不言而喻。

粤海铁路的顺利贯通，为华南地区，尤其是对海南省的基础设施建设与投资环境的优化，其深远影响不仅在于稳固了现有的外资基础，更极大地增强了对外资的吸引力，成为推动区域经济发展的强劲引擎。

从铁路交通的维度审视，粤海铁路的建成无疑具有里程碑式的意义，它实现了广东与周边省份铁路网络的无缝对接，构建起四通八达的铁路通道体系。这一体系涵盖了通往广西的茂名通道、连接湖南的坪石通道、与江西相通的定南通道，以及直达福建的琥市通道，极大地拓宽了广东的铁路运输网络。而海南，这个曾因地理隔阂而交通受限的岛屿，伴随着粤海铁路的开通，迎来了前所未有的发展机遇，成为这一国家重大基础设施项目的最大受益者，其农副产品运输效率得到显著提升，经济活力被全面激发。

粤海铁路的建成，虽在一定程度上对广东水路运输造成了影响，促使部分海峡货运向铁路转移，但这并不意味着水路运输的衰退。相反，两者在运输市场中形成了互补共生的关系。货物运输方式的选择，依据货源地、货物特性、铁路航班密度及运输成本等多重因素灵活调整。对于中长距离、时效性要求不高的重型货物，水路运输依然保持着其独特的优势；而高附加值、急需快速送达的货物，则更倾向于选择铁路运输。这种多元化的运输模式，不仅丰富了物流运输的选择，也促进了广东乃至整个华南地区物流运输企业的繁荣发展。

作为我国首条跨海铁路，粤海铁路的成功建设、运营与管理，为我国未来跨海铁路项目的推进提供了宝贵的经验借鉴。其开通不仅加速了我国南海资源的开发利用步伐，更为国家的国防建设提供了坚实的交通保障。

## （三）天堑变通途

### 火车开进了海南岛

当历史的时针轻轻拨至2003年1月7日的上午9时15分，一场激动人心的盛景在广东省湛江市海安码头缓缓拉开序幕。一艘气势恢宏、长达160余米、宽逾20米的"粤海铁1号"巨轮，在万众瞩目下，缓缓驶离了码头，踏上了通往海南岛的壮丽航程。码头的栈桥上，人头攒动，欢呼声与祝福声交织成一片，共同见证着这一历史性的时刻。

在那艘巨轮宽广而坚实的主甲板上，四列沉稳的深色货运列车整齐排列，它们如同即将远征的勇士，静静地等待着即将到来的光辉时刻。此刻，海南岛上，800多万颗心因激动而跃动，无数双眼睛闪烁着期待与喜悦的光芒，共同聚焦在这片即将被火车轰鸣声唤醒的土地上。

10点46分，一个将被永远铭记的瞬间，时任中共中央政治局常委、国务院副总理吴邦国亲临栈桥火车前，以庄重而有力的手势，为粤海铁路的正式开通剪断了象征性的彩带。这一刻，不仅标志着海南岛与大陆之间火车"互不往来"历史的终结，更预示着我国海岛交通问题解决方案的崭新篇章就此翻开。

紧接着，10点48分，随着一声响彻云霄、昂扬嘹亮的汽笛长鸣，粤海铁路的第一节火车，满载着希望与梦想，稳稳地驶上了海南岛上的第一节铁轨。这一刻，不仅是车轮与铁轨的亲密接触，更是海南岛与祖国大陆紧密相连、共同繁荣发展的新起点。粤海铁路的通车，不仅书写着我国交通史上的辉煌，更为我国海岛交通事业的发展树立了新的里程碑。

### 为何选择轮渡

粤海铁路，作为我国交通史上的创举，其跨海之旅巧妙运用了轮渡方式，这一决策是深思熟虑、多方权衡后的智慧结晶。为何独辟蹊径，选择轮渡跨海？这背后蕴含了深刻的考量与严谨的科学论证。

面对琼州海峡的天堑，如何架设铁路通道，曾引发广泛讨论与激烈争辩。从挖隧道、架桥到轮渡，每一种方案都经历了时间的沉淀。隧道方案虽前瞻性强，能显著提升通行效率，并不乏国际先例如英吉利海峡隧道，但琼州海峡独特的海底地质条件——浅滩与深沟并存，使得隧道建设面临前所未有的技术挑战与高昂成本，远超粤海铁路通道整体预算，对海南经济而言无疑是沉重的负担。

跨海大桥方案同样引人瞩目，却受限于复杂多变的海底地质及高昂的建设成本，难以在短期内实现。相比之下，轮渡方案以其低成本、短周期、低技术难度的优势脱颖而出，成为最为经济合理的选择。

在轮渡方案的实施过程中，粤海铁路团队直面两大核心挑战：乘客适应性与火车稳定性，尤其是在琼州海峡恶劣海况下的保障问题。为此，项目汇聚了我国铁路与船舶行业的顶尖技术力量，融合国内外先进经验，创新性地解决了防摇晃、防横倾等关键技术难题，创造了多项全国乃至世界领先的工程奇迹，确保了跨海轮渡的安全与高效运行。

粤海铁路选择轮渡跨海，是技术可行性、经济合理性与时间效率等多方面因素综合考量的结果，它不仅打破了海南岛与大陆之间的交通瓶颈，更为我国海岛交通建设树立了新的标杆。

### 一条铁路对于一个国家意味着什么

海南岛，虽仅以一衣带水、不过18海里的琼州海峡与祖国大陆温柔相望，却曾长久地扮演着流放之地的角色，成为古人笔下那遥不可及、充满神秘与荒凉的"天涯海角"。古有诗云："一去一万里，千之千不还。崖州在何处，生渡鬼门关。"字里行间，透露出对海南遥远与艰难的无限感慨，历史的长河也因此而在这狭窄的海峡间刻下了深深的印记。

岁月流转，语言成为这阻隔的见证者。在琼州海峡之南，海南岛上，以闽南方言为基础的海南话悠扬传唱，加之黎话、临高话、儋州话等十余种方言并存，构成了一幅丰富多彩的语言画卷；而海峡之北，广东地区则是以粤语、客家话为主流，方言纷繁复杂，数十种方音交织成另一番景象。粤海铁路通车前，记者沿线探访，惊觉这区区海峡，竟让两岸的语音世界如此迥异，且距离海峡越远，语言的差异愈发显著，仿佛每一句乡音都承载着厚重的历史与文化的沉淀。

语言差异的背后，映射出的是交通的闭塞，是进而导致的经济与文化的隔阂，是发展步伐的迟缓。然而，粤海铁路的横空出世，正逐步消融这些自古以来的时空壁垒，让历史的尘埃在车轮的轰鸣中渐渐散去。它不仅是一条物理上的连接，更是心灵与梦想的桥梁，让海南岛与大陆母亲的心紧紧相连，千万海南人民与全国同胞同呼吸、共命运。

海南，这片仅占陆地面积3万余平方公里的岛屿，却拥有从曾母暗沙延伸至两广的广阔海域，蓝色国土面积逾200万平方公里，占全国海洋面积的三分之二，是名副其实的海洋大省。粤海铁路的建成，无疑将进一步拉近陆地与海洋的距离，为中华民族迈向深蓝、探索海洋的宏伟蓝图奠定坚实的基础。

海南，作为印度洋与太平洋的交汇点，更是连接亚洲、大洋洲、非洲、欧洲的重要枢纽，其战略地位不言而喻。粤海铁路的开通，不仅在国内层面促进了区域经济的融合发展，更在更广阔的国际舞台上，为不同文明间的交流与融合搭建了坚实的平台，成为推动人类文明共同进步的重要力量。

因此，这条铁路，不仅是中华民族伟大复兴之路上的坚实骨架，更是奏响时代强音、激发民族自豪感的壮丽乐章。它见证了中华民族的坚韧与智慧，预示着未来更加灿烂辉煌。

# 三、最后的涟漪

在粤海铁路辉煌启航的初期，一个不容忽视的现实逐渐浮出水面：这条承载着厚望的铁路并未能如预期般充分发挥其战略作用与潜力。

回溯至2003年3月1日，一个具有里程碑意义的时刻，粤海铁路海南西环线的货运核心——海口南站，正式宣告落成并投入运营，标志着海南岛与外界的物流通道进一步拓宽。紧接着，3月3日，粤海铁路通道全面开通，首批货物承载着希望与梦想，顺利踏上了海南这片热土。仅仅数日之后，即3月7日，粤海铁路更是迎来了历史性的一刻，首列满载瓜菜的列车启程前往西安，预示着农产品外销的新篇章。

然而，理想与现实之间往往存在差距。根据原先的宏伟蓝图，粤海铁路货运系统被设计为年吞吐量可达150万吨的强劲引擎。然而，当真实的数据摆在眼前时，却不禁让人深思：在海南每年大量外销的瓜菜中，通过铁路这一高效渠道运出的比例竟不足2%，这一数字与铁路的设计能力相比，显得尤为苍白无力，差距之大，令人咋舌。

那么，问题的症结究竟何在？这背后是否隐藏着物流体系的不完善、市场需求与供给之间的错配，抑或其他更为复杂的因素？

## （一）希望里的失望

粤海铁路，作为连接海南岛与广袤大陆的桥梁，不仅完善了海南的交通运输网络体系，更如同一条血脉，为海南经济特区的蓬勃发展注入了强劲动力。它对于优化投资环境、深度挖掘旅游资源潜力、促进货物大规模且高效的流通，以及加速海南经济的全面腾飞，均扮演着无可替代的关键角色。然而，自粤海铁路通道正式开通并投入运营以来，其经营表现却未能如愿以偿地迎来蓬勃发展的春天，无论是客运量还是货运量，都未能迅速实现显著增长，导致企业自运营之初便背负上了沉重的亏损包袱。

这一现状与海南经济正以前所未有的速度向前迈进的现实背景，以及海南公路、海运、航空运输等多领域并进的繁荣景象形成了鲜明对比，显得尤为格格不入。这种反差不仅令人深思，也迫切呼唤着对粤海铁路运营策略、市场拓展、服务优化等方面进行深入分析与调整，以期让这条承载着海南人民希望与梦想的铁路动脉，能够真正焕发出应有的活力与光芒，与海南整体经济的蓬勃发展相得益彰。

统计资料显示，从2000—2003年，按可比价格计算，海南省GDP比上年分别增长8.8%、8.9%、9.3%、10.5%，2004年达到790.12亿元，人均达到1000美元，这一段正是运输需求快速增长的时期，但铁路占有的市场份额却很低。究其原因，主要有：

首先，海南岛独特的自然条件，加之其公路、水运及民航运输体系的现状与蓬勃发展的前景，共同构筑了铁路在海南及琼州海峡区域难以占据主导地位的客观现实。海南，四周碧波环绕，为发展成本低廉且高效的水上运输提供了得天独厚的自然条件。沿海分布的海口、八所、三亚、洋浦、南山等港口群，以102个泊位（含17个万吨级以上泊位）为支撑，年旅客吞吐量达580万人次，货物吞吐量高达3258万吨，集装箱吞吐量亦达21万TEU，彰显了其作为水上交通枢纽的强劲实力。

琼州海峡，作为海南与雷州半岛的天然分界，其9.4至39.4公里不等的宽度，非但没有成为障碍，反而孕育了一个成熟的航运市场。十余家航运企业竞相角逐，20多个渡轮专用泊位与50余艘营运船舶共同编织了一张密集的海上交通网，近千个载车位与万余个载客位，满足了多样化的运输需求。

与此同时，海南岛内的航空与公路网络亦同样发达。美兰与凤凰两大国际机场，以772.35万人次的年旅客吞吐量与6.8万吨的货邮吞吐量，尤其是美兰机场跻身全国十大之列，彰显了空中运输的强劲动力。而"三纵四横"的公路网，覆盖全岛，通车里程逾2万公里，密度领先全国，加之626公里的高速公路环绕全岛，进一步巩固了公路运输在岛内客运中的主导地位。

在此背景下，铁路在海南的竞争力显得尤为有限。中长途客运方面，飞机以其灵活的折扣票价策略（有时甚至低于软卧票价），加之全年无休的优惠，轻松击败铁路。岛内短途客运，则完全由公路运输主宰，其便捷性、通达性远非铁路所能及。铁路站点远离市区，配套交通不便，加之市内交通成本的叠加，使得旅客更倾向于选择更为便利的过海方式。

至于货运领域，尽管铁路运输有其优势，但汽车运输的灵活性、门到门服务及全程货物追踪能力，加之海南完善的沿海水运系统提供的低成本、高效能运输方案，使得汽车与水运成为岛内货物出岛的首选。特别是反季节果菜等生鲜产品，更是依赖于汽车运输的快速响应与细致服务。

综上所述，海南独特的地理条件与发达的公路、水运、民航体系共同决定了铁路在海南及琼州海峡运输市场中的辅助地位，而非主导力量。这一现状，既是市场自然选择的结果，也是海南交通体系多元化、高效化发展的生动体现。

第二，粤海铁路通道效能的受限，显著归因于相关设施与设备的严重不配套。岛内既有铁路技术规格滞后，列车运行速度迟缓，乘车环境欠佳，加之与公路网络缺乏直通的客货运能力，使得内地旅客列车抵达海口站后便戛然而止，无法深入岛内腹地，为旅客与货主平添了诸多不便与成本。这一现象不仅导致西环线运量未达饱和，运力闲置，更让粤海铁路通道的整体效能未能充分释放。

此外，海峡两岸在环境、道路、公共交通等公共设施与设备上与铁路系统的脱节，亦是削弱铁路运输竞争力的关键所在。这种不配套状况，从根本上限制了铁路运输在市场竞争中的优势发挥。

更值得注意的是，岛内铁路网络的布局失衡问题显著，西部海岸线铁路密集，而经济蓬勃发展、旅游资源富集的东部却铁路空白，这无疑进一步制约了粤海铁路通道的运量增长潜力。

第三，粤海铁路经营状况的不尽如人意，深刻反映了其运输组织与经营管理方式与市场需求的脱节。这不仅仅是粤海铁路独有的问题，更是整个铁路运输体系在面对市场需求变化时适应性不足的缩影。具体表现为：对市场需求变化的响应迟缓、运输条件严苛、手续烦琐冗长、中转环节众多、送达效率低下且时限模糊、总运费成本偏高、服务质量欠佳、货损赔偿机制不畅等。这些问题在新开通线路及需快速运输鲜活货物的线路上尤为凸显，亟须通过整个铁路系统的深层次改革来加以解决，而非局限于单一线路或小型运输公司的调整。

此外，地方保护主义的干扰也不容忽视。铁路轮渡投入运营前，琼州海峡运输市场主要由水运企业占据，而铁路轮渡的加入打破了原有的利益格局，各行业为维护自身利益而设置的壁垒，使得铁路轮渡在初期运营中面临重重困难与挑战。

# （二）发展大道

海南岛独特的地理位置，以及在国家工业战略布局中的特定角色，固然决定了铁路运输在海南及其与琼州海峡的连接中难以独占鳌头。然而，从海南与华南乃至全国经济一体化的宏观视角审视，将海南无缝融入国家发展大局，粤海铁路的建设不仅是战略必需，更是促进区域协调发展的关键桥梁。

正确认识铁路运输在综合交通运输体系中的独特地位与作用，是激发其潜能、实现价值最大化的核心所在。当前，我们需立足现实，通过强化运营管理效能，主动拓宽市场边界，精心设计符合市场需求的运输服务产品，并积极争取有利的政策扶持，以改善经营现状，提升经营效益。这一过程不仅是对既有潜力的深度挖掘，更是对未来可能性的积极探索。

随着经济的持续繁荣与人民生活水平的稳步提升，加之基础设施不断完善、设备配套日益齐全、经营环境逐步优化，粤海铁路的运营状况将迎来显著的改善与提升。未来，这条连接海岛与内地的钢铁动脉，有望成为推动海南经济腾飞、促进区域间资源高效流动的重要引擎，展现出更加广阔的发展前景与无限可能。

第一，致力于多样化列车服务的全面拓展，精准对接旅客与货主的多元化需求。尽管在岛内综合交通体系中，铁路面临公路、水运及航空的激烈竞争，但鉴于庞大的市场运输需求，铁路依然具备争夺显著市场份额的坚实基础，特别是在岛内与内陆腹地间大宗重质货物的运输，如煤炭、铁矿石、盐、水泥、木材及化肥等方面，铁路以其独有的高效低耗优势，成为不可或缺的运输方式。采取一系列积极措施，包括逐步加密海口至内地的旅客列车班次，推出特色旅游列车，增设直达快运货物列车，灵活编组客货混编列车，并积极参与琼州海峡的汽车、散客运输，以全方位满足市场需求。

第二，聚焦于运营管理的强化与优化，为粤海铁路公司营造更加有利的经营环境。空车调配难题是当前亟须破解的关键问题之一，其解决需跨越柳州局管辖的复杂网络。我们深知，在确保空车来源与排空组织的高效顺畅上，挑战重重。为此，深入研究黎湛线等历史线路的现状与潜力，通过优化线路布局、改进调排组织流程，力求在现有条件下最大限度地提升运营经济效益。

第三，深化运输组织改革，创新营销策略，以管理驱动成本降低与效益提升。粤海铁路公司将持续加强运输管理，注重设备改造升级与配套完善，同时不断优化服务设施，致力于提升服务意识、服务水平与服务质量。通过多样化的营销手段，如精准市场定位、差异化价格策略、品牌塑造与客户关系管理等，不断拓展市场份额，增强市场竞争力。

第四，加速岛内铁路网的建设与升级，推动既有线直通客货运输业务的全面开通。鉴于海南岛东部沿海经济的快速发展与旅游资源的丰富性，加快东线铁路新线建设与西线铁路改造步伐已成为当务之急。这不仅有助于促进区域经济一体化与旅游业的蓬勃发展，更是完善粤海铁路通道、提升岛内运输能力与铁路竞争力的关键所在。同时，此举还将为国防建设提供有力支撑，确保海南岛交通运输的安全与畅通，全力以赴推进相关工程建设，力求早日实现岛内铁路网的全面升级与优化。

尽管粤海铁路通道在初期运营阶段遭遇了运输能力显著过剩的困境，但这一挑战并未掩盖其潜在的巨大价值。鉴于海南省得天独厚的资源禀赋与战略地位，在国家南海战略深入实施的背景下，海南经济正展现出蓬勃的发展潜力，这为交通运输业的繁荣奠定了坚实的基础。铁路运输以其低能耗、少占地、低污染、高效省时及安全可靠的独特优势，无疑将在海南综合交通体系中占据举足轻重的地位。

在新一轮粤海区域经济腾飞的浪潮中，铁路作为基础设施的支柱，其需求显得尤为迫切且巨大。粤海铁路的顺利开通，标志着海南客货运输能力迈入了一个全新的发展阶段，通过运力的大幅扩容、运价的合理优化、运输时间的显著缩短以及物流效率的全面提升，海南商品流通的硬件环境得到了根本性改善，为海南投资环境的优化与经济竞争力的增强注入了强劲动力。

具体而言，粤海铁路的开通首先为进出海南的旅客与货物开辟了一条经济高效、空间广阔的新通道，有效降低了海南旅游市场的运营成本，促进了旅游业的蓬勃发展。其次，这一交通动脉的畅通，极大地削减了海南农产品外运的物流成本，提升了海南农产品的市场竞争力，进一步巩固了海南作为热带农业强省的地位。再者，更为便捷的交通条件不仅吸引了更多居民涌入海南，推动了房地产市场的繁荣，还促进了人口流动与区域经济的深度融合。

粤海铁路还成为连接广西、贵州、四川等西南地区与广东、海南的重要纽带，使得海南省及西南各省的物资流通更加灵活便捷，为区域经济的协同发展提供了强有力的支撑。展望未来，随着海南岛社会经济的持续深化发展以及国家战略的稳步推进，琼州海峡上曾经的挑战与波折，终将化作通往经济繁荣坦途上的坚实基石，并为之铺就一条宽广无阻的发展大道。

# 第九章

# 跨空结飞梁，渡此来往人

千万年的守候，千万年的等待。自那浩瀚无垠的海峡将中国岭南的先民生生地分隔两岸以来，血脉相连、情深意长的两岸人民，便踏上了对这片水域不懈的探索与征服之旅。从远古时期"刳木为舟，剡木为楫"的朴素智慧，到"衣冠南渡"中承载的流离与坚韧，直至今日高铁轮渡穿梭自如的便捷时代，勤劳而充满创造力的中华儿女，心中始终怀揣着一个跨越天堑的梦想——在波涛汹涌的海峡之上，构筑起一座凌空的桥梁，"跨空结飞梁，渡此来往人"，让两岸亲人得以无阻地相逢，不再畏惧风浪的阻隔，共享和平与安宁。

昔日，这愿景或许仅是一抹遥不可及的"幻梦"，人们只能立于岸边，望海兴叹，将思绪寄予无边的碧波之中。然而，时至今日，这一切已化为现实，不再是镜花水月。"一桥飞架南北，天堑变通途"的壮丽图景，正缓缓铺展于世人眼前，它不仅是一座物理上的桥梁，更是连接心灵、促进融合的纽带，见证了人类智慧与勇气的辉煌成就。

## 一、跨空结飞梁，渡此来往人

绍兴十一年（公元1141年）的凛冽冬日，权臣秦桧的心腹爪牙——御史中丞万俟卨，以"阴怀怨望"之罪名，向圣上诬告李光。圣上受其蒙蔽，遂将李光贬谪为建宁军节度副使，远放至藤州，这一贬谪，竟开启了李光后半生近二十载的岭南流放岁月。

藤州，即今日广西之藤县，一方水土不仅见证了南宋副宰相李光的坎坷遭遇，更承载了北宋文豪苏轼胞弟苏辙及其高足秦少游（秦观）的足迹。尤其是秦少游，其才华横溢，最终却在此地光华亭黯然离世，为这片土地平添了几分文人的哀愁与风骨。

追溯历史，为何众多朝廷重臣纷遭贬谪至此？缘由在于藤县自古以来便是战略要地，地位显赫。回溯至公元前214年，秦始皇派遣史禄开凿灵渠，此举不仅连接了湘江与漓江，更使长江与珠江两大水系得以贯通。及至隋炀帝时，京杭大运河的开通，更是让藤州的水路交通网络四通八达，成为中国南北交通的枢纽之一。藤州，坐落于浔江与北流河交汇之处，控三江之要冲，扼八桂之咽喉，其地理位置之重要不言而喻。

此地不仅因战略位置而显赫，更是文化交融的沃土。广西首位进士李尧臣，唐贞观七年（633年）生于藤州，足见其文化底蕴之深厚。此外，明代兵部尚书袁崇焕，太平天国时期的忠王李秀成、英王陈玉成、侍王李世贤等历史名人皆与藤州有着不解之缘，而海南琼崖纵队副司令员李振亚，虽战死沙场，但其英勇事迹亦与藤州这片土地紧密相连。

公元1097年，文坛巨匠苏东坡遭贬，其足迹自惠州迢迢，特意绕道藤州，只为探望同样遭贬至此的亲弟苏辙，二人相聚数日，情深意长。随后，兄弟俩携手穿越雷州，直至徐闻海边，方含泪惜别，此情此景，令人动容。五十年后，南宋副宰相李光，作为苏东坡的忠实拥趸，亦步前辈后尘，被贬谪至藤州，在此谪居近四载春秋，其间他笔耕不辍，留下了众多脍炙人口的诗文。

转至绍兴十四年（公元1144年），李光再遭迁徙，此番目的地是遥远的琼州。在自藤州赴琼的漫漫长路上，行至桂北盘石山前，他触景生情，吟咏出《雪中过盘石山寄刘季山》中的佳句："明朝过盘石，仰见苍苍山。……南行敢踌躇，履险如惊湍。我心本无念，莫作拘囚看。"字里行间，尽显其虽将身陷孤岛，心如囚徒，却依旧保持豁达胸襟，无畏无惧的豪迈情怀。彼时，李光年已六十七岁，较之于五十年前同赴天涯的苏轼，更添了七分岁月的风霜与沉稳。

然而，当李光真正渡海前往琼州之际，其心境非但未显丝毫沮丧，反而在波涛汹涌中寻得了一份别样的宁静与超脱。此等心境，皆被其《渡海二首》所记录，字里行间洋溢着对命运的淡然与对自然的敬畏，成为了后世传颂的佳话。

其一：

> 三载藤江守药炉，身轻那复羡飞凫。
> 琼山万里乘风便，始觉惊涛异坦途。

其二：

> 潮回齐唱发船歌，杳渺风帆去若梭。
> 可是胸中未豪壮，更来沧海看鲸波。

李光的这两首七言绝句，乃是他横渡琼州海峡时，心潮随浪涌，灵感迸发之作。字里行间，虽跃动着海峡间汹涌澎湃的惊涛骇浪，实则抒发的是他内心那份超凡脱俗、豪迈不羁的旷达胸襟。

第一首中，尽管"三载藤江"的岁月里，他不得不依傍"药炉"以度病中时光，缠绵病榻，但面对贬谪渡海的命运，李光却以非凡的胸襟，将万里风涛视为人生征途上的一段独特历练，吟出"琼山万里乘风便"，将原本令人畏惧的海峡狂风，视为助力他踏上新程的顺风，从而有了"始觉惊涛异坦途"的豁达感悟。此番胸襟与气魄，相较于其偶像苏东坡，更显其超脱与高远。

第二首则是一幅生动的琼州海峡启航图。李光屹立于船首，耳畔是船工们粗犷而豪迈的号子声，眼前风帆鼓胀，借着海峡的劲风，船儿犹如穿梭于织机的梭子，疾驰向前。航行于这浩瀚无垠、波澜壮阔的琼州海峡之上，李光内心的豪情被彻底点燃，他以"更来沧海看鲸波"之句，铿锵有力地宣告：即便人生路上屡遭权奸打压，他依旧能保持那份乐观向上、豪放不羁的赤子之心，无惧风雨，勇往直前。

琼州海峡，自古以来便是横亘在海南与内陆之间的一道天堑，无数贬谪官员视其为渡海的"幽冥之关"，心中满是不安与绝望。即便是文学巨匠苏东坡，在渡海前夕，面对茫茫无际的海峡，也不禁悲从中来，吟出"此生当安归，四顾真途穷"的沉痛之句，甚至为后世子孙预留下"首当作棺，次当作墓"的凄婉遗言。

然而，李光却以非凡之姿，将渡海之旅视作人生旅途中一次寻常的风景，他不仅未像东坡那般前往"伏波庙"祈求庇护，反而以鲸波骇浪为伴，胸中豪情更添几分。李光的两首《渡海诗》，连同他日后北归途中在雷州所作之诗，共同铸就了琼州海峡文化的华章，成为后世传颂的佳话。

尤为值得一提的是，李光在九百年前的诗句中，竟已预见了"跨空结飞梁"的壮阔景象，这一设想不仅预示了今日粤海铁路海上通车的辉煌成就，更为琼州海峡跨海大桥的构想奠定了历史基础。

那年，李光终得赦免，北归途中途经雷州，受到了太守谢彦恭及当地官员的热情款待。值此中秋佳节，月色皎洁，他对酒当歌，心中感慨万千，挥毫泼墨，赋诗一首，以表其内心之激动与感激，诗中字字句句，皆是对生命之坚韧、对友情之珍视的深刻诠释。

> 中秋有佳月，名酝来海康。海康太守贤，怜我持空觞。
> 远分十具至，呼儿唤邻墙。坐客尽饮流，一举空罍缸。
> 酒酣对明月，不藉灯烛光。移席俯清流，照我两鬓霜。
> 海北与海南，各在天一方。我老归无期，两地遥相望。
> 宴坐桄榔庵，守此岁月长。愿子一咄嗟，跨空结飞梁。
> 度此往来人，鱼盐变耕桑。篱边白衣来，莫待菊蕊黄。

这首诗名曰《中秋谢彦恭惠酒》，字里行间流淌着深沉的感慨：海北与海南，遥遥隔天涯，各守一方土，归期杳无涯。我老迈之年，归途渺渺，唯余两地相望，思绪绵绵。李光由此及彼，思绪万千，跃然纸上的是一个超越时代的宏伟构想，他激昂地吟唱：愿君一挥而就，霎时"咄嗟"间，凌空筑就飞梁，横跨碧波万顷，使此间往来之人，不再受鱼盐与耕桑之限，两地交融，共谋繁荣。

"咄嗟"一词，在此处意为"瞬间""迅速"，李光借此表达了其迫切希望琼州海峡能即刻有桥相连的美好愿景。诚然，这一设想在宋代的技术与条件下如同痴人说梦，但李光的诗句却如同一曲穿越时空的赞歌，深刻反映了琼州海峡两岸民众千百年来对于通途无阻、和谐共生的深切渴望与不懈追求。他的诗作，不仅是对个人情感的抒发，更是对时代梦想与人民愿望的艺术升华。

# 二、"梦想"逐渐浮出水面

21世纪，属于海洋的世纪。在这一时代背景下，中国共产党第十八次全国代表大会具有里程碑意义地首次将"建设海洋强国"的宏伟蓝图镌刻在党的纲领性文件中，标志着海洋发展正式上升为国家战略的核心高度。紧随其后，2014年的政府工作报告更是明确提出了"全面实施海洋战略"的号召，进一步彰显了国家对海洋资源开发利用及海洋权益维护的坚定决心。

步入新时代，党的十九大报告不仅重申了海洋强国的重要性，更创新性地提出了"坚持陆海统筹，加快建设海洋强国"的战略导向，将海洋与陆地的发展视为一个不可分割的整体，共同推动国家全面协调可持续发展。至此，重视海洋、开发海洋的理念已深深植根于我国宏观战略体系之中，成为国家发展不可或缺的一部分。

2013年9月7日，习近平总书记在对哈萨克斯坦的访问中，高瞻远瞩地提出了以创新模式共建"丝绸之路经济带"的倡议，旨在通过以点带面、连线成片的策略，逐步构建区域大合作的崭新格局。同年10月3日，在对印度尼西亚的访问中，他又进一步阐发了与东盟国家携手发展海洋合作伙伴关系，共同打造"21世纪海上丝绸之路"的愿景，为海洋领域的国际合作开辟了新篇章。

随后，经过深入酝酿与广泛论证，由国家发展改革委、外交部及商务部联合起草，并经国务院正式授权的《推动共建丝绸之路经济带和21世纪海上丝绸之路的愿景与行动》于2015年3月横空出世。"一带一路"这一简称，简洁而有力地概括了"丝绸之路经济带"与"21世纪海上丝绸之路"两大倡议，它们犹如两条巨龙，自东向西穿越欧亚大陆，一头连接着活力四射的亚太经济圈，另一头则深入历史悠久的欧洲经济圈，编织起一张覆盖全球的经济合作网络。

而在这条浩瀚的"海上丝绸之路"上，"南海丝绸之路"（简称"南海丝路"）以其独特的地理位置和历史底蕴，成为连接中国与印度、贯穿东南亚地区的黄金水道，是海上丝绸之路不可或缺的重要组成部分。琼州海峡作为"南海丝路"上的明珠，不仅是海上贸易与文化交流的重要通道，更是中国海洋战略深度与广度的关键一环。

琼州海峡，作为中国三大海峡之一，横亘于雷州半岛与海南岛之间，其绵延80公里之躯，宽度介于20～40公里之间，平均水深达44米，最深处更是探及120米之渊，它不仅是自然地理上的壮丽奇观，更是"南海丝绸之路"上连接海口这一重要节点城市与内陆大地的天然屏障，同时也是海口、湛江、北海三座城市间因遥远距离而经济互动受限的关键因素之一。为了激活环北部湾区域（涵盖海南、粤西及广西北部湾经济区）的经济活力，特别是确保海南省跨海物资运输的畅通无阻，琼州海峡的通联问题显得尤为迫切。

2018年春节之际，一场突如其来的罕见大雾，仿佛自然界的考验，致使琼州海峡连续数日封航，恰逢春节返乡高峰，海口三大港口周边迅速积聚起庞大的车流与人潮，上万车辆与数万旅客在此滞留，这一幕深刻揭示了琼州海峡通航能力对天气的高度依赖及其潜在的脆弱性。

在此背景下，建设琼州海峡固定式跨海通道（涵盖隧道、桥梁或桥隧结合体）的构想被赋予了前所未有的战略高度，它不仅被正式纳入国家"十二五"发展规划的宏伟蓝图，更成为行使南海主权、开发南海丰富资源的关键一步。同时，在"一带一路"倡议的宏大框架下，基础设施的互联互通被视为优先发展的重点领域，琼州海峡跨海通道的建设，无疑将成为这一倡议在南海区域的生动实践，它不仅将海南省、粤西地区与广西北部湾经济区紧密相连，促进三地的经济、文化深度融合，更将有力推动"南海丝绸之路"倡议的深入实施，加速对南海这片"蓝色国土"的开发利用，为海洋强国的建设注入强劲动力。

琼州海峡既是"南海丝路"的重要环节，又是海南岛与大陆交流的天堑，其通畅性、安全性自古以来就受到关注。

1974年，日本便以其卓越的工程技术，成功构筑了连接本州岛与九州岛的折关门海底隧道，这一壮举迅速传遍了国际。得知此讯，周恩来总理高瞻远瞩，立即向时任国务院副总理的万里同志发出重要指示，要求立即着手研究在琼州海峡建设海底铁路隧道的可行性，这标志着共和国第一代领导人首次明确提出了跨越琼州海峡、构建跨海铁路通道的宏伟构想。

自20世纪90年代初期起，中国交通部、铁道部及广东省便相继启动了琼州海峡跨海通道的项目研究，展现了国家对该战略性通道的高度重视。2008年，在国家发展改革委的精心指导与协调下，铁道部、交通运输部携手广东省、海南省，共同绘制该项目的宏伟蓝图。这一重任，最终落在了中国中铁大桥勘测设计院的肩上，该设计院以其丰富的东海大桥、杭州湾大桥等跨海工程设计经验，领衔该项目的前期研究工作。

琼州海峡，这片水域以其深邃的水域、强劲的风力、汹涌的浪涛、复杂的地质构造、潜在的火山与地震活动、严苛的通航要求以及环境敏感性，构成了前所未有的建设挑战。然而，依托中国多年来在深水大跨度桥梁技术领域的创新突破与丰富的工程实践积累，通过集聚科研、设计、施工、设备制造等多方力量，攻坚克难，琼州海峡上建桥的愿景正逐步变为现实。

经过细致勘测与科学论证，专家团队在约80公里的海峡区域内，初步锁定了两个极具潜力的桥位方案：西线方案，连接雷州半岛的徐闻县放坡村与海南岛的道伦角，其优势在于海底相对平坦，最大水深仅五十五米，但工程跨度较长，对既有交通网络的接入需更多绕行，且需妥善规避徐闻珊瑚礁国家级自然保护区核心区；中线方案，则横跨雷州半岛炮台角与海南天尾角，以其线位顺直、跨海距离短、与两岸交通设施无缝对接、投资成本及运营成本低廉等优势脱颖而出，尽管面临最大水深达七十五米的挑战。

跨海通道的最终选址，成为万众瞩目的焦点。在项目初期，曾有九条线路被纳入考量范围，后经综合评估，桥梁与隧道两种形式下，东线位置因种种原因被遗憾舍弃，留下中、西两线进入最后的激烈角逐。那么，东线桥位缘何出局？而中、西两线之间，又将在技术难度、经济效益、环境保护等多个维度上展开怎样的精彩对决？这一切，都将会在未来的研究进程中逐一揭晓。

# 后　记

# 穿梭在海峡的摆渡人

时间是一条"孟婆汤"汇集的河流，而岁月的流淌，使越来越波澜壮阔的水面似乎总想掩盖着底下平缓的流水与沉积的物什。

《丝路之琼海：沧海何曾断地脉》要讲述的是一段从远古走来的故事。

于我们而言，这无异于一场逆流而上的灵魂摆渡之旅，我们努力想让自己成为这一时空的摆渡人。那些长久以来沉睡于记忆深处的往事，犹如躺在海峡深处的礁石上，待到海水退去时，便以它们独有的峥嵘之姿，赫然展现在眼前。每一次指尖轻触这些沉甸甸的过往，都是一次深刻的觉醒，提醒我们正置身于一个被无数生命轨迹交织覆盖的生活舞台。海岛，海峡，这里的每一寸土地，都刻印着前人的足迹；每一片浪花，都留有渡海人的血汗乃至生命气息。

我们所经历的每一份荣耀与挫败，无论是春风得意马蹄疾的畅快，还是心如刀绞、痛彻心扉的挣扎，皆不过是漫漫旅途中的些微回响。那曾令我们心潮澎湃、满怀憧憬的晨曦之光，早已在无数遥远的心灵上空绚烂绽放；无须擦拭那些素未谋面的已经蒙尘的面庞，他们永远都在星空凝望。

在雨后的田野间、椰林中，我们亲手采摘的每一朵无名小花，或者一束画眉草，装点的不仅是我们的风景，更是在不经意间触动了跨越千万年的情感共鸣，仿佛每一瓣芬芳、每一束草香都寄寓着远古飘来的欢愉与忧伤。

海南岛，这片镶嵌于蔚蓝边际的翠绿瑰宝，对于世代栖息其上的人们而言，它曾是逃离尘嚣的避风港、历史沧桑的流放所、心灵向往的眺望台。跨越千万年的时光长河，史前人类的足迹在自然的慷慨馈赠与庇护下，悠然穿梭于繁茂的蕉丛、摇曳的椰影、硕果累累的芒果林间。彼时，尽管台风肆虐、暴雨如注，让他们的生活平添了几分艰辛与挑战，但雨霁初晴之时，彩虹横跨天际，万物沐浴在生机盎然的绿意之中，竟展现出一种难以言喻的清新脱俗与秀美绝伦。

然而，这份自然的恩赐并未即刻被先民们全然感知，因为在茂密的雨林深处、湍急的河流之畔、浩瀚的波涛之间，危机四伏，生存之战无时无刻不在上演。正是这份对生命无尽的敬畏与渴求，驱使着他们与大陆上的同类先祖一样，在逆境中坚韧不拔，悄然间完成了从原始到文明的蜕变与进化。

在某一个风和日丽、碧空如洗的午后，当野兽的威胁远去，腹中的饥饿得以慰藉，对岸的血脉亲族或许也曾在同样的心境下，踏上海边悬崖之巅，孤独而深情地眺望着那片浩瀚无垠的蔚蓝。对岸的山峦在云海中若隐若现，直至夕阳缓缓沉入波光粼粼的海面，将天际染成一抹温柔的红。这一刻，跨越海峡的心灵共鸣，让两个世界的灵魂得以在静默中对话，共同见证时间的流转与生命的奇迹。

花开花谢，岁岁年年，对岸的讯息如同潮汐，时隐时现，让人在时光的迷雾中渐渐模糊了归途的印记。终于，在岁月的沉淀下，他们缓缓拾起了遗忘的碎片：我是谁？源自何方？这岛屿，悄然间承载了人类的记忆篇章，其中镌刻着无数凄美动人的故事。这些故事的起源，是源自他们自身的悲欢离合，还是对岸旅人涉水而来时的低语，已然交织成一片难以辨别的历史织锦。

直至某日，对岸之人，乘一叶扁舟，挥一桨轻楫，缓缓跨越了那道似乎永不可逾越的海峡。这份重逢，解锁了尘封的记忆，让两岸的人们心灵再次紧密相连，无间无隙。此刻，唯有那浩瀚的海峡，仿佛成了天地间唯一的阻隔，而摆渡人，则成了这自然鸿沟间最被渴望也最具挑战的职业，他们的身影在茫茫大海与孤舟之间，既守护着海岛的宁静，也见证了它的孤寂与等待。

古人的传奇，已随着船帆的远去，沉睡于深邃的海底，而新时代的篇章，正于此地悄然铺展。如今，这座岛屿已蜕变为坚固的基石，它既是梦想的起点，也是心灵的归宿，是一个足以让人昂首挺胸、屹立不倒的地方。在这一刻，岛屿的轮廓如此完整，它汇聚了生命所需的一切元素，展现着勃勃生机与无限可能。

岛屿，宛若大陆板块之精致缩影，不仅补充了大陆的浩瀚记忆，更以其独特的时空凝练性，勾勒出清晰的边界，与无垠虚空交织出一幅幅既空灵又深邃的画卷。在这片虚空之中，似乎有古老而悠长的钟声穿越时空的壁垒，悠悠回响，引人遐想。海岛上的时光流转得异常迅疾，那些漂浮于水面之上的事物，尚未及细辨河流的流向，便已匆匆沉入海峡深处，化作了坚硬的礁石，静静地诉说着岁月的沧桑。

这些色彩斑斓的礁石，在阳光下闪烁着短暂而耀眼的光芒，仿佛是大自然最绚烂的笔触，却又在眨眼间，随着时光的流转，在我们的视线中悄然消逝，唯余下我们无尽的感慨与淡淡的无奈，萦绕心间。

心怀惴惴、如履薄冰，实则是一种对未知的敬畏，亦是一场心灵的修行。《丝路之琼海：沧海何曾断地脉》的创作之旅，对我们而言，既是对远古祖先智慧与坚韧的深深敬仰，也是对那些在茫茫海峡间，以舟为家、以波为伴的摆渡人无尽的敬意。

本书的创作，充分参考了周伟民和唐玲玲两位作者的《海南通史》（人民出版社2017年版）、孔见的《海南岛传：一座岛屿的前世今生》（新星出版社2020年版），感谢他们为本书的撰写提供了大量的史料支撑和叙事参考，在此首先向周伟民、唐玲玲和孔见表示崇高的敬意和由衷的感谢！同时，本书亦参考了《广东航运史》（人民交通出版社1989年版）、《珠江航运史》（人民交通出版社1998年版）和《广东省省志·船舶工业》（广东人民出版社2000年版）等资料，并查阅了大量的参考文献，在此一并向以上文献资料的作者表示感谢！

本书由广州市人文社会科学重点研究基地"广州海丝文化赋能新质生产力研究中心"提供平台，得到中远海运海南海峡航运股份有限公司和《珠江水运》杂志社的大力支持，同时获得广东省教育厅高校特色创新项目"广州21世纪海上丝绸之路话语体系创新研究"的资助，在此致以最诚挚的谢意。正是由于你们的关心与支持，让《丝路之琼海：沧海何曾断地脉》得以顺利问世，也衷心希望这本小书能够传递出关于海岛、关于时间、关于人性的些许感悟。

# 参考文献

[1]（先秦）佚名.逸周书 [M]. 北京：中华书局，1985.

[2]（春秋）左丘明.左传·文公十八年 [M]. 北京：中华书局，2012.

[3]（西汉）司马迁，著.（明）茅坤，选编.史记钞 [M]. 北京：中华书局，2017.

[4]（西汉）司马迁.史记 [M]. 北京：中华书局，1959.

[5]（西汉）刘向.淮南子 [M]. 北京：中华书局，2011.

[6]（东汉）班固.汉书·地理志 [M]. 北京：中华书局，1999.

[7]（东汉）刘熙，著.张元济，等，辑.四部丛刊初编景宋明嘉靖翻宋书棚本：释名 [M]. 上海：商务印书馆，1919-1922.

[8]（东晋）郭璞.山海经笺 [M]. 北京：中国致公出版社，2016.

[9]（东晋）刘昫，等.旧唐书 [M]. 北京：中华书局，1975.

[10]（西晋）陈寿.三国志·吴书·吕岱传 [M]. 北京：中华书局，1959.

[11]（西晋）张华.博物志 [M]. 南京：凤凰出版社，2018.

[12]（南北朝）范晔，撰.（唐）李贤，注.后汉书 [M]. 台北：台湾商务印书馆，1986.

[13]（南北朝）贾思勰.齐民要术 [M]. 北京：中华书局，2015.

[14]（南北朝）任昉.述异记 [M]. 北京：中华书局，1973：25.

[15]（南北朝）沈约.宋书 [M]. 北京：中华书局，1974.

[16]（南北朝）萧绎.金楼子 [M]. 上海：上海古籍出版社，2022.

[17]（南北朝）萧子显.南齐书 [M]. 北京：中华书局，1972.

[18]（南北朝）刘义庆.世说新语 [M]. 北京：中华书局，2007.

[19]（南北朝）谢灵运.谢灵运集：宋武帝诔 [M]. 长沙：岳麓书社，1999.

[20]（北魏）郦道元.水经注·温水注 [M]. 北京：中华书局，2013.

[21]（唐）姚思廉，等.梁书 [M]. 北京：中华书局，1973.

[22]（唐）魏征.隋书 [M]. 北京：中华书局，1973.

[23]（唐）房玄龄，等.晋书 [M]. 北京：中华书局，1974.

[24]（唐）李大师，李延寿.北史 [M]. 北京：中华书局，1974.

[25]（唐）刘知几.史通 [M]. 北京：中华书局，2014.

[26]（唐）段成式.酉阳杂俎 [M]. 北京：中华书局，1981.

[27]（唐）李肇.唐国史补·因话录 [M]. 上海：上海古籍出版社，1957.

[28]（唐）司马贞.史记索引 [M]. 北京：中华书局，1999.

[29]（唐）韩愈，著.刘真伦，岳珍，笺注.韩昌黎文集汇校笺注 [M]. 北京：中华书局，2000.

[30]（后晋）刘昫，等.旧唐书 [M]. 北京：中华书局，1975.

[31]（北宋）李昉，等.太平广记 [M]. 北京：中华书局，1961.

[32]（北宋）乐史.太平寰宇记 [M]. 北京：中华书局，2007.

[33]（北宋）司马光.（元）胡三省，注.资治通鉴 [M]. 北京：中华书局，1956.

[34]（北宋）欧阳修，（北宋）宋祁.新唐书 [M]. 北京：中华书局，1975.

[35]（北宋）欧阳修.新五代史 [M]. 北京：中华书局，1974.

[36]（北宋）宋敏求.（明抄本影印）唐大诏令集 [M]. 台北：台湾华文书局，1968.

[37]（北宋）苏轼.苏轼文集 [M]. 北京：中华书局，1986.

[38]（南宋）赵汝适，著.杨博文，校释.诸蕃志 [M]. 北京：中华书局，2000.

[39]（南宋）范成大.范成大笔记六种·桂海虞衡志（五）[M]. 北京：中华书局，2002.

[40]（南宋）王象之.舆地纪胜 [M]. 北京：中华书局，1992.

[41]（南宋）李焘.续资治通鉴长编 [M].北京：中华书局，1992.

[42]（南宋）周去非，著.杨武泉，校注.岭外代答校注 [M].北京：中华书局，1999.

[43]（元）马端临.文献通考 [M].北京：中华书局，1986.

[44]（元）脱脱，等.宋史 [M].北京：中华书局，1975.

[45]（元）脱脱.辽史 [M].北京：中华书局，1974.

[46]（明）宋濂，等.元史 [M].北京：中华书局，1976.

[47]（明）唐胄.正德琼台志 [M].海口：海南出版社，2004.

[48]（明）陶宗仪.说郛 [M].上海：上海古籍出版社，1988.

[49]（明）芳钟.钟筠溪家藏集 [M].海口：海南出版社，2006.

[50]（明）海瑞.海瑞集 [M].海口：海南出版社，2003.

[51]（明）王弘诲.天池草 [M].海口：海南出版社，2004.

[52]（明）王佐.鸡肋集 [M].海口：海南出版社，2004.

[53]（明）戴熺，欧阳灿.万历琼州府志 [M].海口：海南出版社，2003.

[54]（明）张翰.松窗梦语 [M].海口：海南出版社，2006.

[55]（明）黄省曾.西洋朝贡典录 [M].北京：中华书局，2000.

[56]（明）顾炎武.天下郡国利病书 [M].上海：上海古籍出版社，2012.

[57]（明）顾炎武.顾炎武全集 [M].上海：上海古籍出版社，2011.

[58]（清）顾炎武.天下郡国利病书 [M].上海：上海古籍出版社，2012.

[59]（清）顾炎武.顾炎武全集 [M].上海：上海古籍出版社，2011.

[60]（清）陈梦雷.古今图书集成 [M].海口：海南出版社，2006.

[61]（清）屈大均.广东新语 [M].北京：中华书局，1997.

[62]（清）明谊，修.（清）张岳崧，纂.琼州府志 [M].海口：海南出版社，2006.

[63]（清）王云清.儋县志初集 [M].海口：海南出版社，2004.

[64]（清）龙朝翊.澄迈县志 [M].海口：海南出版社，2004.

[65]（清）张廷玉.明史 [M].北京：中华书局，1974.

[66]（清）纽秀.觚剩续编 [M].上海：上海古籍出版社，1991.

[67]（清）蒋亮骐.东华录 [M].济南：齐鲁书社，2005.

[68]（清）徐继畬.瀛环志略 [M].北京：文物出版社，2007.

[69]（清）顾祖禹.读史方舆纪要 [M].北京：中华书局，2005.

[70]（清）苏云峰.海南历史论文集 [M].海口：海南出版社，2002.

[71]（清）张庆长.黎岐纪闻 [M].王甫，校注.广州：广东高等教育出版社，1992.

[72]（清）褚人获.坚瓠集 [M].上海：上海古籍出版社，2012.

[73]（清）张之洞.张文襄公全集 [M].北京：中国书店，1990.

[74]（清）赵尔巽.清史稿 [M].北京：中华书局，1986.

[75]（清）世续，监修.（清）陈宝琛，（清）朱汝珍，等，编纂.王钟翰，等，点校.德宗景皇帝实录 [M].北京：中华书局，1987.

[76]（清）章开沅.清通鉴 [M].长沙：岳麓书社，2000.

[77] 王国宪，总纂.彭元藻，曾友文，修.民国儋县志 [M].海口：海南出版社，2006.

[78] 郝思德，王大新.新中国考古五十年·海南省近五十年文物考古工作概述 [M].北京：文物出版社，1999.

[79] 周伟民.东南考古研究·海南岛黎族聚居地树皮布石拍的文化价值 [M].厦门：厦门大学出版社，2003.

[80] 张星烺.朱杰勤，校注.中西交通史料汇编 [M].北京：中华书局，2003.

[81] 徐松石.民族学研究著作五种 [M].广州：广东人民出版社，1993.

[82] 林惠祥.中国民族史 [M].北京：商务印书馆，199.

[83] 王俞春.海南移民史志 [M].北京：中国文联出版社，2003.

[84] 葛剑雄.中国人口史 [M].上海：复旦大学出版社，2000.

[85] 葛剑雄.中国移民史 [M].福州：福建人民出版社，1997.

[86] 苏云峰.海南历史论文集 [M].海口：海南出版社，2002.

[87] 刘昭蜀.海南地质 [M].北京：科学出版社，2002.

[88] 梁振球.海南省志 [M].海口：海南出版社，2010.

[89] 李家彪.中国区域海洋学——海洋地质学 [M].北京：海洋出版社，2012.

[90] 郝思德.海南史前考古概述 [M].北京：社会科学文献出版社，2019.

[91] 郝思德，黄万波.三亚落笔洞遗址 [M].海口：南方出版社，1999.

[92] 海南地方志办公室.海南省志·交通志 [M].海口：海南出版社，2010.

[93] 海口市地方史志编纂委员会.海口市志 [M].北京：方志出版社，2004.

[94] 琼海市地方志编纂委员会.琼海县志 [M].广州：广东科技出版社，1995.

[95] 文昌市地方志编纂委员会.文昌县志 [M].北京：方志出版社，2000.

[96] 孔见.海南岛传：一座岛屿的前世今生 [M].北京：新星出版社，2020.

[97] 王春煜，等.王兴瑞学术论文选 [C].北京：长征出版社，2007.

[98] 周伟民，唐玲玲.黎族数千年前的土陶皿是怎样制成的 [J].今日海南，2005（9）.

[99] 林惠祥.中国东南区新石器文化特征之一：有段石锛 [J].考古学报，1958（3）.

[100] 岑家梧.海南岛黎人来源考略 [J].边事研究，1940，10（6）.

[101] 刘咸.海南岛黎人口琴之研究 [J].科学，1938，22（1、2）.

[102] 刘咸.海南黎人文身之研究 [J].民族学研究集刊，1936（1）.

[103] 张介文.透过地名看临高人在历史上的几个问题 [J].中国地名，1996（4）.

[104] 詹慈.试论海南岛临高人与骆越的关系 [J].中央民族学院学报，1982（3）.

[105] 李冬娜，李辉，等.从 Y 染色体遗传结构看海南仡隆人群的起源 [J].人类遗传学杂志，2010，55（6）.

[106] 符镇南，欧阳觉亚.海南岛村话系属问题 [J].民族语文，1988（1）.

[107] 刘丽.唐代贬官与海南文化 [J].咸阳师范学院学报，2010（5）.

[108] 唐若玲.海南人下南洋的历史考察 [J].南海学刊，2015（1）.

[109] 何启拔.琼崖华侨与琼崖社会 [J].边政公论，1945 (1).

[110] 梁敏.海南"村话"和"临高话"调查简报 [R].中国科学院少数民族语言调查分队，1957.

[111] 海南文物调查报告 [R].广东省博物馆，1957.

[112] 吴华.马新海南族群史料汇编.马来西亚海南会馆联合会，1999.

[113] ［德］史图博.海南岛民族志.中国科学院广东民族研究所，1964.